GOLDMANN

Eleanor Haley | Litsa Williams

worum trauerst du?

DEIN WEGWEISER FÜR EINEN LEICHTEREN UMGANG MIT EINEM STARKEN GEFÜHL

Aus dem Amerikanischen
von Annika Tschöpe

Mit Illustrationen
von Andie Reid

GOLDMANN

Die amerikanische Originalausgabe erschien 2022 unter dem Titel »what's your grief?« bei Quirk Books, Philadelphia, Pennsylvania.

FSC www.fsc.org MIX Papier | Fördert gute Waldnutzung FSC® C147178

Penguin Random House Verlagsgruppe FSC® N001967

1. Auflage
Deutsche Erstausgabe September 2023

Illustrationen und Gestaltung: Andie Reid
Dieses Buch wurde vermittelt von
Michael Meller Literary Agency GmbH
Umschlag: Uno Werbeagentur, München
Umschlagmotiv: Nach einer Gestaltung und
mit Illustrationen von Andie Reid
Redaktion: Ralf Lay
Satz: Buch-Werkstatt GmbH, Bad Aibling
Druck und Bindung: Alcione, Lavis
Printed in Italy
KF/CMT · CB
ISBN 978-3-442-17976-3

www.goldmann-verlag.de

Inhalt

EINLEITUNG

Willkommen zu einem Buch, von dem wir hoffen, dass es niemand braucht

Liebe Leserin, lieber Leser,

es fällt uns nicht leicht, dich zu diesem Buch zu begrüßen. Einerseits würden wir uns wünschen, dass du es gar nicht brauchst, andererseits freuen wir uns sehr, dass du es liest.

Wir beide sind von Natur aus eher skeptisch und können die meisten Bücher (insbesondere Selbsthilfe-Ratgeber) nur mit Vorsicht genießen. Obwohl wir nicht davon ausgehen, dass du genauso misstrauisch bist, möchten wir trotzdem vorab ein paar wichtige Fragen beantworten, die den Hintergrund dieses Buches erläutern.

Warum haben wir dieses Buch geschrieben?

Da wir beruflich mit Menschen arbeiten, die von Trauer und Verlust betroffen sind – und da wir Trauer auch aus eigener Erfahrung kennen –, haben wir uns das Ziel gesetzt, die breite Palette an Gefühlen und Erfahrungen zu vermitteln, die nach einem Verlust »normal« sind. Deshalb haben wir Ende 2012 das Online-Angebot *What's Your Grief* gegründet und seither Hunderte von Beiträgen über Trauer und Verlust verfasst, die alljährlich von Millionen von Trauernden und Trauerbegleitenden gelesen werden.

Die Arbeit an diesem Buch begann im Jahr 2020. (Falls du nicht mehr weißt, was 2020 passiert ist, hält sich das Buch weitaus länger auf dem Markt, als wir uns jemals vorgestellt hätten.) Es war ein Jahr voller Veränderungen – Stornierungen, Quarantäne, Homeoffice, Verlust, Einsamkeit, Krankheit und Tod. Dieses Jahr hat das allgemeine Bewusstsein für die verschiedenen Arten der Trauer geschärft, weil alle in irgendeiner Weise von Verlusten betroffen waren. Dennoch wurden diese Gefühle oft kritisch hinterfragt: »Bin ich egoistisch, wenn ich über scheinbar Unbedeutendes trauere, während so viele andere krank sind und sterben?« Unsere einfache Antwort auf diese Frage lautet: »Nein.« Und zwar deshalb:

Manche Verluste mögen unbedeutender erscheinen als andere, doch jeder Verlust, ganz gleich wie groß, hat seine Berechtigung und verdient es, zur Kenntnis genommen zu werden.

Es gibt keine Schwelle, die überschritten werden muss, damit etwas als Trauer gilt.

Die Trauer der anderen wird durch die eigene Trauer nicht entwertet.

Ganz gleich, welche Art von Verlust du erlebst – wie sehr du darunter leidest, weißt nur du selbst. Deine Trauer ist eine einzigartige, subjektive Erfahrung, die durch viele Faktoren beeinflusst wird. Hier nur eine Auswahl:

Trauer spiegelt dich und deine Beziehung zu der Person oder der Sache, die du verloren hast.

Ein Verlust bewirkt oft einen Dominoeffekt, sodass weitere Verluste folgen. Vermutlich trauerst du also um eine Reihe von miteinander verbundenen Verlusten.

Jeder erlebt Schicksalsschläge, Stress und Emotionen unterschiedlich. Es gibt keine einzig richtige Trauermethode, es gibt keinen festen Zeitplan, sondern viele (sehr viele) Möglichkeiten, mit Trauer umzugehen.

Um die Trauer ranken sich viele Mythen und falsche Vorstellungen, die den Eindruck erwecken, sie laufe nach einem bestimmten Schema ab. Viele meinen, dass ein Verlust vom Typ *X immer Trauer vom Ausmaß Y* auslöst oder dass man einfach die einzelnen Phasen der Trauer durchlaufen müsse, bis sie überstanden sei. Aber Trauer ist nicht vorhersehbar oder gleichförmig, sondern extrem unterschiedlich und individuell.

Aufgrund dieser Individualität ist Trauer schwer zu verstehen, und viele Betroffene sind ratlos, wenn das, was sie empfinden, nicht ihren Erwartungen entspricht. Oft fragen sie sich: »Ist das normal, oder werde ich langsam verrückt?« In den meisten Fällen lautet die Antwort allerdings: »Ja, das ist normal.« In seinem Buch … *trotzdem Ja zum Leben sagen* schrieb der Holocaust-Überlebende und Psychiater Viktor E. Frankl 1946 die klugen Worte: »In einer abnormalen Situation ist eine abnormale Reaktion eben das normale Verhalten« (Frankl 2018).

Wir können niemanden vor den Schrecken der Trauer schützen, aber wir können hoffentlich dazu beitragen, dass sie leichter zu bewältigen sind.

Und in vielerlei Hinsicht besteht das Ziel darin, mit Trauer umzugehen (statt sie zu überwinden). Wenn dir das besser gefällt, könnte das Ziel auch lauten, Trauer zu ertragen, sie anzunehmen, mit ihr zu leben, sie zu verstehen und vielleicht sogar an ihr zu wachsen, sofern du dir das zutraust. Uns ist klar, dass bei diesen Zielen kein Schlussstrich gezogen wird, doch die Wahrheit lautet, dass die allermeisten Menschen nicht einfach über etwas »hinwegkommen«, sondern einen langwierigen Prozess erleben. Diese Vorstellung mag beängstigend wirken – aber es wird dir irgendwann besser gehen, das versprechen wir.

Wenn sich dein Verhältnis zur Trauer ändert, wirst du höchstwahrscheinlich Hoffnung schöpfen und Heilung finden, weil du auf die Trauer anders reagierst, anders damit umgehst und sie anders deutest. Unser Ziel ist es, dir mit diesem Buch dabei zu helfen.

Warum Listen?

Trauer ist, wie wir gerade ermittelt haben, eine komplexe menschliche Erfahrung. Deshalb fragst du dich vielleicht, wie wir es wagen können, an etwas so Kompliziertes mit etwas so Einfachem wie Listen heranzugehen. Das verstehen wir.

Trauer an sich ist schon intensiv und überwältigend genug, deshalb sind wir seit jeher der Ansicht, dass Trauernde sich nicht auch noch mit umständlicher, unübersichtlicher Trauerbegleitung abmühen sollten. Ein so komplexes Thema wie

Trauer geht man nämlich am besten Schritt für Schritt an – zum Beispiel, indem man sich ein neues Konzept erschließt oder sich mit einem Aspekt des Verlusts befasst. Unsere Listen filtern die wichtigsten Informationen heraus und vermitteln sie so, dass du sie leicht verstehen und anwenden kannst.

Außerdem möchten wir betonen, dass mit »Listen« die verschiedensten Arten von Listen gemeint sind: To-do-Listen, Not-to-do-Listen, Informationslisten, Bucket-Listen, von uns erstellte Listen und Listen, die du selbst zusammenstellst. Du kannst dir sicher sein, dass wir niemals behaupten werden, du könntest deine Trauer mit wenigen Stichpunkten einordnen oder abstellen. Uns ist klar, dass das, was du erlebst, einzigartig ist und dass deine eigenen Antworten die sinnvollsten sind.

Letztendlich hoffen wir, dass dieses Buch dir die Möglichkeit gibt, dich mit deiner Verlusterfahrung auseinanderzusetzen, sie zu begreifen und zu erkennen, wie du am besten damit umgehen kannst.

Wie wird dieses Buch benutzt?

Anfangs erschien es uns verlockend, dieses Buch wie eine Geschichte aufzubauen, mit einem Anfang, einem Mittelteil und einem Ende. Schließlich verläuft die Trauer tatsächlich im Bogen – wäre es deshalb nicht tröstlich, dieser verwirrenden Erfahrung eine so vertraute Struktur zu geben? Beruhigend vielleicht, aber angemessen? Eher nicht.

In Wirklichkeit haben Trauergeschichten nur selten ein Ende, und sie sind so unterschiedlich wie die Bücher in deinem Regal. Wir können nicht sagen: »Erst empfindest du das und dann jenes«, denn es gibt Millionen von Möglichkeiten, wie du bei einem Verlust denken, fühlen und handeln könntest. Wir können auch nicht sagen: »Erst kommt der Schmerz, dann die Heilung«, denn die Wahrheit lautet, dass du irgendwie überleben musst, während das Unwetter wütet.

Letztendlich haben wir uns für drei einfache Abschnitte entschieden:

→ Teil eins, »Grundlegendes zur Trauer«, liefert umfassende Informationen zum Einstieg in das Thema.

→ Teil zwei, »Das breite Spektrum der Trauer«, behandelt eine Vielzahl von Trauererfahrungen.

→ Teil drei, »Umgang mit Trauer«, umfasst Strategien und Anregungen zur Trauerbewältigung.

Die Reihenfolge dieser Abschnitte beruht auf einer bestimmten Logik, doch deine persönliche Trauererfahrung springt vermutlich wie ein Pingpongball zwischen den einzelnen Phasen hin und her.

Wir hoffen, dass du dieses Buch komplett lesen wirst. Die Listen mögen in sich geschlossen wirken; sie sind jedoch oft enger miteinander verknüpft, als es scheint. Gut möglich, dass dir manche Listen im Augenblick nicht relevant vorkommen, aber Trauer entwickelt sich ständig weiter. Strategien und Gedanken, die dich heute nicht ansprechen, helfen dir vielleicht später, wenn sich deine Trauer verändert hat. Deshalb kann es nicht schaden, sich darüber zu informieren.

Wir raten also dazu, das *ganze* Buch zu lesen, doch das muss nicht linear von vorne bis hinten sein. Vielleicht möchtest du dir zunächst die Listen herauspicken, die dir persönlich am relevantesten erscheinen. Vielleicht hast du den Eindruck, dass manche Listen nicht zu deinen Erfahrungen passen, oder es werden Themen behandelt, für die du dich noch nicht bereit fühlst. Wenn du etwas überspringen möchtest, nur zu! Uns ist vor allem daran gelegen, dass du dieses Buch so nutzt, wie es für dich sinnvoll ist.

Hier noch ein paar Tipps:

→ Wenn du nur einen Teil komplett lesen willst, dann am besten »Grundlegendes zur Trauer«. Dort findest du eine Menge Basisinformationen, die unabhängig von deinem konkreten Verlust und deiner Erfahrung gelten.

→ Achte auf den Bereich »Weitere Listen zu diesem Thema«. Nach jeder Liste weisen wir auf verwandte Listen hin – dort findest du weiterführende Anregungen, Gedanken und Bewältigungsstrategien.

→ Lass es langsam angehen und gönn dir eine Pause, wenn dir das nötig erscheint. Dieses Buch behandelt eine breite Palette an Themen. Manche können Bereiche berühren, die für dich persönlich sehr schmerzhaft sind. Wenn das der Fall ist, nimm dir reichlich Zeit, um den betreffenden Abschnitt zu verarbeiten und neue Kraft zu schöpfen.

→ Wenn du dir gerne erst einen Überblick verschaffst, ehe du ein Buch liest, sieh dir am besten die Übersicht mit allen Listen auf Seite 371 an.

→ Versuch dich an den »eigenen Listen«. Wir möchten mit diesem Buch erreichen, dass du deine persönliche Trauergeschichte besser verstehst. Mit den »eigenen Listen« kannst du reflektieren, wie du Verlust und Trauer erlebst und wie du am besten damit umgehen kannst.

→ Schließlich möchten wir dir raten, auch für die Ideen offen zu sein, die dich nicht auf Anhieb ansprechen. Trauer ist eine neue Herausforderung, und das bedeutet manchmal, dass wir neue und ungewohnte Wege finden müssen, um damit umzugehen.

Das kann dieses Buch nicht leisten

Ehe es losgeht, müssen wir ganz deutlich machen, was dieses Buch *nicht* leisten kann. Es wird nicht bewirken, dass du wieder der Mensch wirst, der du vor dem Verlust warst.

Viele meinen, dass es beim Trauern darum geht, einen bestimmen Verlust zu bewältigen – und natürlich spielt das eine große Rolle. Allerdings trauert man immer auch um *sich selbst*, denn der Verlust verändert dich und deine Welt. Ein Verlust ist wie ein Tornado, der mitten in dein Leben fährt und alles, was er trifft, in winzig kleine Stückchen zerschlägt, die sich unmöglich wieder zusammensetzen lassen.

Natürlich wiegen manche Verluste schwerer als andere. Doch selbst kleine Verluste können deine Selbstwahrnehmung und dein Weltbild erschüttern, da sie deine Glaubenssätze ändern und sich darauf auswirken, wie du Sicherheit, Vertrauen, Sinn oder Bedeutung siehst.

Der Tornado des Verlusts hinterlässt zwar eine Spur der Verwüstung, doch er zerstört nicht alles. Die Stürme des Lebens übersteht meist das, was fest in dir verankert ist – deine grundlegenden Werte, deine Prinzipien, tief verwurzelte Überzeugungen und enge Beziehungen (auf Beziehungen gehen wir später ausführlich ein). Diese Dinge schaffen dir ein Fundament für das Leben in einer Welt, die sich ändern *muss*.

Und das *kann* dieses Buch leisten: Es wird dir helfen, ein solides Fundament zu schaffen.

TEIL EINS

Grundlegendes zur Trauer

Die Mythen und Missverständnisse rund um das Trauern sind für uns in gewisser Weise ein wunder Punkt. Für Trauernde können sie verheerende Folgen haben, deshalb ist es wichtig, sie frühzeitig und oft genug anzusprechen. Wir werden uns in diesem Buch alle Mühe geben, dir zu erklären, wie du Trauermythen auf Anhieb entlarven kannst.

Vor diesem Hintergrund wollen wir nun deinen aktuellen Trauermythos-Sensor mit dem folgenden Richtig-oder-falsch-Quiz testen. Du musst dir die Antworten nicht notieren; hier gibt es keine Zensuren, achte nur darauf, was du denkst.

Richtig oder falsch?

1 TRAUER HÄNGT IMMER MIT TOD ZUSAMMEN.

2 TRAUER LÄUFT IN VERSCHIEDENEN PHASEN AB.

3 DIE ZEIT HEILT ALLE WUNDEN.

4 TRAUER BEDEUTET AUSSCHLIESSLICH NEGATIVE GEFÜHLE.

5 TRAUER ENDET, WENN MAN SICH DAMIT ABFINDET.

6 GESUNDES TRAUERN BEDEUTET, DASS MAN DEN VERLUST VERWINDET UND DAMIT ABSCHLIESST.

7 DAS ERSTE JAHR NACH EINEM VERLUST IST IMMER DAS SCHWERSTE.

8 DEN MEISTEN MENSCHEN GEHT ES NACH EIN PAAR WOCHEN WIEDER SO WIE FRÜHER.

9 UM DINGE ODER PERSONEN, DIE EINEM GESCHADET HABEN, MUSS MAN NICHT TRAUERN.

10 HILFE ZUR TRAUERBEWÄLTIGUNG SOLLTE MAN NUR IM ÄUSSERSTEN NOTFALL IN ANSPRUCH NEHMEN.

Wenn du sämtliche Aussagen mit »falsch« beantwortet hast, dann herzlichen Glückwunsch, volle Punktzahl! Wenn du manchen Aussagen zugestimmt hast, kannst du dir sicher sein, dass du damit nicht allein bist. Ganz ehrlich, die allermeisten Menschen glauben einige dieser Mythen, denn solange man sie noch nicht am eigenen Leib erlebt hat, kann man nur vermuten, was Trauer wirklich bedeutet.

Deine Vorstellung von Verlust und Trauer wird von klein auf durch die Gesellschaft, durch deine kulturelle Gemeinschaft, deine Religion, die Einstellung deiner Familie, eigene Erfahrungen, Fernsehen, Bücher, Filme und andere Medien geprägt. Diese Einflüsse liefern zwar manchmal wertvolle Erkenntnisse, doch in Wirklichkeit weicht die Trauer ganz erheblich von dieser Darstellung ab. Man könnte sich darüber ärgern, dass ein verzerrtes Bild von der Trauer vermittelt wird, aber höchstwahrscheinlich will man uns nicht absichtlich täuschen. Die falschen Annahmen gehen oft auf den Wunsch zurück, die Trauer zu verstehen, zu kontrollieren, zu bewältigen und zu überwinden. So unzutreffend sie auch sein mögen, dahinter steckt keine böse Absicht, sondern Hoffnung.

Dennoch haben diese Mythen unangenehme Folgen. Letztendlich machen sie die Trauer nicht leichter, sondern ganz im Gegenteil weitaus schwieriger, denn so entstehen falsche Erwartungen und willkürliche Regeln, die festlegen, um was, wo, wann, warum und wie getrauert werden darf. Mythen und falsche Vorstellungen schaffen hinderliche, unpassende Vergleichsmaßstäbe. Viele Trauernde stellen fest, dass das, was sie durchmachen, nicht dem entspricht, was andere für normal halten, und fürchten deshalb, dass sie nicht richtig trauern.

Grundlegende Informationen zum Thema Trauer und Verlust sind für alle, die von einem Trauerfall betroffen sind, sinnvoll und hilfreich. Besonders wichtig erscheinen sie uns jedoch, wenn du dich in diesem Buch und in anderen Lebenslagen genauer mit spezifischen, ganz persönlichen Trauererfahrungen auseinandersetzen willst. Die Listen in Teil eins sollen dazu beitragen, einige der Barrieren abzubauen, die durch falsche Vorstellungen entstanden sind, und dir ein umfassenderes Bild der Trauer zu verschaffen.

Und wenn du Trauer bereits im größeren Kontext wahrnimmst, werden diese Listen hoffentlich weitere Erkenntnisse liefern und dir dabei helfen, das Leben nach dem Verlust differenzierter zu sehen.

5 unbekannte Fakten über die Trauer

Es lässt tief blicken, dass es zum Thema Trauer viel mehr falsche Annahmen gibt als richtige. Das zeigt uns, wie beängstigend es ist, eine so überwältigende Erfahrung ohne Gewissheiten zu machen – und dass wir Menschen uns nach dem Gefühl der Kontrolle sehnen, das entsteht, wenn man weiß, was man zu erwarten hat. Allerdings gibt es in Sachen Trauer nur wenig Allgemeingültiges – bis auf die Tatsache, dass wir alle irgendwann einmal davon betroffen sein werden.

Unser Wunsch nach festen Kategorien und verlässlichen Vorhersagen sorgt für Probleme, weil dadurch unnötige Grenzen gezogen werden, die einschränken, worum und in welcher Weise man trauern sollte. Die folgende Liste mit Wahrheiten hebt diese Grenzen auf und beseitigt dadurch viele Mythen rund um die Trauer.

Diese Liste ist sehr weit gefasst und soll dir deutlich machen, dass es ganz normal ist, in den Tagen, Monaten und sogar Jahren nach dem Verlust ein breites Spektrum an Gedanken, Gefühlen und Reaktionen zu erleben.

1

Du kannst alles betrauern, was dir wichtig ist.

Wir werden es immer wieder betonen: Trauerreaktionen können durch die unterschiedlichsten Verluste hervorgerufen werden. Diese Reaktionen sind von Mensch zu Mensch verschieden und unterscheiden sich in Bezug auf Dauer, Intensität und Komplexität. Das solltest du unbedingt wissen, denn bei Verlusten, die nicht mit einem Todesfall zu tun haben, meinen die Betroffenen oft, sie sollten nicht trauern oder hätten keine Trauerbegleitung verdient.

2

Trauer ist kein vorhersehbarer Prozess mit festem Ablauf und eindeutigem Ende.

Dass es in der Trauer einen festen Ablauf mit bestimmten Fristen gibt, ist vermutlich der größte Irrglaube zu diesem Thema. Trauer verläuft jedoch nicht nach einem einheitlichen Schema, bei dem man der Reihe nach bestimmte Stadien oder Phasen durchmacht, und führt auch nicht zu einem eindeutigen Ende, nach dem sie abgeschlossen, überwunden oder vorbei ist.

In der Trauer können sich zu unterschiedlichsten Zeiten und unterschiedlich lange unerwartete Gefühle, Rückschläge, Durchbrüche, Blockaden, Trigger und Lösungen einstellen. Für Trauernde ist das Leben in etwa so, als wollten sie in der Meeresbrandung schwimmen – sie wagen sich hinein, doch hin und wieder erfasst sie eine heftige Welle, die sie ein paar

Meter zurückschleudert. Dann müssen sie zwar nicht wieder ganz von vorne anfangen, sind aber auch nicht mehr so weit wie vor der Welle.

Wenn die Trauer sich einmal in deinem Leben eingenistet hat, wird sie nie wieder ganz verschwinden. Manchmal wird sie sich unauffällig im Hintergrund halten, aber sie ist immer da, weil sie mit etwas Wichtigem zusammenhängt, das großen Einfluss auf dein Leben hatte. In der Anfangsphase der Trauer kann die Aussicht, für immer zu trauern, sehr entmutigend sein. Aber daran solltest du nicht verzweifeln: Dass die Trauer für immer bleibt, heißt nicht, die dunklen Tage der Hoffnungslosigkeit würden ewig andauern.

Trauern bedeutet, dass du dich an den Verlust anpasst und dass das, was du erlebt hast, Teil deines Lebens wird. Wenn du im Laufe der Zeit lernst, mit dem Verlust umzugehen, sollten sich die intensiven Trauergefühle abschwächen. Vielleicht findest du neue Quellen, aus denen du Trost schöpfen kannst, zum Beispiel indem du die Verbindung zu einem geliebten Verstorbenen weiterhin pflegst oder in einem Verlust, der kein Todesfall war, einen Sinn und Zweck erkennst.

3

Jeder Mensch hat seine ganz eigene Art zu trauern.

Trauer ist eine universelle menschliche Erfahrung, und doch ist sie individuell ganz unterschiedlich. Selbst wenn zwei Menschen denselben Verlust erleben, reagieren sie darauf nicht gleich – zum Beispiel wenn Geschwister um den Tod der Eltern trauern oder Kollegen gleichzeitig ihren Arbeitsplatz verlieren.

Wie dein Blick auf die Vergangenheit, Gegenwart und Zukunft durch den Verlust geprägt wird, hängt von vielen Faktoren ab. Eine entscheidende Rolle spielt dabei, welchen Stellenwert die Sache oder die Person, die du verloren hast, in deinem Leben hatte. Fast genauso wichtig ist jedoch dein ganz persönlicher Umgang mit Schicksalsschlägen und Verlusten. Dieser wird von vielen verschiedenen Faktoren beeinflusst, darunter deine individuellen Bedürfnisse, deine Bewältigungsstrategien, dein Unterstützungssystem, dein Zugang zu Ressourcen, dein Trauerstil, frühere Traumata und Verluste sowie der größere gesellschaftliche und kulturelle Kontext, in dem du trauerst.

4

Trauer umfasst viele Facetten.

Die Überzeugungen, dass Trauer ausschließlich Traurigsein bedeutet oder eine ausschließlich emotionale Erfahrung ist, sind weit verbreitet. Diese Mythen haben zur Folge, dass viele Menschen überrascht sind, wie vielschichtig ihr Kummer nach einem Verlust ist. Trauer betrifft nämlich viele Aspekte des Lebens, darunter die körperliche, psychologische und spirituelle Ebene, zwischenmenschliche Beziehungen und das Verhalten.

5

Trauerbewältigung hat viele Gesichter.

Aus unserer Arbeit mit Trauernden kennen wir die gängigen Tipps zum Umgang mit der Trauer, zum Beispiel Tagebuchschreiben, Bücher zum Thema Trauer, Selbsthilfegruppen und Trauerbegleitung. Das ist für viele Menschen sehr hilfreich, aber nicht für alle geeignet. Darüber hinaus gibt es viele andere kreative und sinnvolle Ansätze, die nur selten erwähnt werden.

In der Trauer muss man sich mit vielen verschiedenen Gedanken, Gefühlen und Stressfaktoren auseinandersetzen. Deshalb solltest du nicht nach einer einzigen Bewältigungsstrategie suchen, sondern dir eine breite Palette zusammenstellen, auf die du im Laufe deines Trauerprozesses zurückgreifen kannst. Konstruktive Trauerarbeit umfasst letztendlich alles, was dabei hilft, die mit der Trauer verbundenen Gedanken, Gefühle und Erinnerungen zu verarbeiten. Dazu gehört auch alles, was dazu beiträgt, dass man sich besser fühlt, dass das Wohlbefinden steigt oder dass man die Trauer vorübergehend vergessen kann. Auf welche Strategie du setzen willst, hängt von deinem ganz individuellen Verlust und deinen persönlichen Vorlieben ab. Hier ein paar Vorschläge:

- Koch Gerichte, die deine Mutter immer zubereitet hat.
- Sprich mit Freunden, die dich »verstehen«.
- Schreib über den Schmerz der Scheidung.
- Gönn dir eine Pause von familiären Pflichten, und verbring ein Wochenende mit guten Freunden.
- Engagiere dich ehrenamtlich, um etwas zu bewirken oder anderen zu helfen, die einen Verlust erlitten haben.

WEITERE LISTEN ZU DIESEM THEMA:

6 Lebensbereiche, die bei einem Verlust betroffen sind, Seite 48

Deine eigene Liste: Wie trauerst du?, Seite 66

4 Fragen, die du dir über deinen Bewältigungsstil stellen solltest, Seite 220

64

Dinge, die wir gerne über Verlust gewusst hätten

Die Antworten in dieser Liste stammen aus der Online-Community *What's Your Grief.*

1. Schlimme Dinge stoßen nicht nur anderen zu.
2. Selbst wenn du meinst, dass du auf Verlust und Trauer gut vorbereitet bist, wird es immer etwas geben, mit dem du nicht rechnest.
3. Es ist niemals ganz vorbei.
4. Trauer kennt keinen Zeitplan. Man kann sie nicht schnell hinter sich bringen.
5. Trauer verläuft nicht in bestimmten Phasen.
6. Du wirst nie wieder der Mensch sein, der du vor dem Verlust warst. Trauer verändert dich, und das ist in Ordnung.
7. Man kann um etwas trauern, das man nie hatte – zum Beispiel um Hoffnungen und Träume für die Zukunft.
8. Jeder Mensch trauert anders. Versuche nicht, dich mit anderen zu vergleichen.
9. Es ist normal, dass man Schuldgefühle hat.
10. Es ist normal, dass man wütend ist.
11. Es ist normal, dass man Angst hat.
12. Es ist normal, dass man sich wie betäubt fühlt.
13. Es ist normal, dass man hundert verschiedene Dinge gleichzeitig empfindet.

14. Trauer ist chaotisch und verwirrend.
15. Trauer kann bewirken, dass du meinst, den Verstand zu verlieren.
16. Trauer kann körperliche Beschwerden wie Kopf- und Gliederschmerzen auslösen.
17. In der Trauer kann es schwerfallen, sich zu konzentrieren und Alltägliches zu erledigen.
18. Es ist okay, wenn man weint, und es ist okay, wenn man nicht weint.
19. Die Zeit heilt nicht alle Wunden.
20. Trauer kann dazu führen, dass du an deinem Glauben zweifelst.
21. Verluste können den religiösen Glauben auch verstärken.
22. Trauer kann dazu führen, dass du dein Leben, deine Ziele und deine Absichten in Frage stellst.
23. Manchmal wird es schlimmer, bevor es besser wird.
24. Trauer kann dazu führen, dass du dir egoistisch und selbstgerecht vorkommst.
25. Trauer kann dazu führen, dass du niemanden an dich heranlässt.
26. Trauer dauert viel länger an als Mitgefühl.
27. Es kann sein, dass man dich dazu drängt, zu schnell nach vorne zu schauen.
28. Trauer weckt bei anderen unbehagliche Gefühle, deshalb ist mit unangenehmen Situationen zu rechnen.
29. Wenn jemand Hilfe anbietet, nimm das Angebot an.
30. Manche wissen nicht, was sie sagen sollen, oder sagen das Falsche; aber das bedeutet nicht, dass sie kein Mitgefühl haben.
31. Trauer kann bewirken, dass du wütend und von allen genervt bist.
32. Du wirst viele Ratschläge bekommen; ob du sie befolgst oder nicht, ist deine Sache.

33. Manche werden dir sagen, was du empfinden solltest und was nicht. Du darfst das gerne ignorieren.
34. Nur du selbst kannst entscheiden, wie du dich fühlen solltest.
35. In der Krise zeigen sich Familien von ihrer besten und ihrer schlimmsten Seite.
36. Unterschiedliche Trauerarten können unter Angehörigen und Freunden für Belastung und Irritationen sorgen.
37. Es kann vorkommen, dass du von unerwarteter Seite Trost erfährst.
38. Verluste kann man nicht vergleichen, auch wenn manche das versuchen.
39. Jeder Verlust, um den du trauerst, hat seine Berechtigung, auch wenn man dir das Gefühl gibt, das sei nicht so.
40. Diejenigen, von denen du dachtest, dass sie für dich da sein würden, lassen dich manchmal im Stich; und manchmal sind dir Menschen, von denen du es nie erwartet hättest, die größte Stütze.
41. Es ist in Ordnung, anderen deutlich zu machen, dass ihr Verhalten dir nicht hilft.
42. So anstrengend es auch sein mag, manchmal musst du anderen dabei helfen, dir zu helfen.
43. Es lässt sich nicht verhindern, dass Kinder nach einem Verlust schwierige Gefühle erleben. Hilf ihnen dabei, mit ihren Gedanken und Gefühlen zurechtzukommen.
44. Möglicherweise gibt es eine ganze Liste mit Dingen, von denen du denkst, du hättest sie anders machen können oder sollen.
45. Die Fragen »Warum?« und »Was wäre, wenn …?« lassen sich nicht beantworten. Du musst lernen, ohne die Antworten zu leben.

46. Wenn du so viel über Schuld und Reue nachgrübelst, dass es schädlich oder unproduktiv ist, solltest du vielleicht mit jemandem darüber sprechen.
47. Es ist kein Zeichen von Schwäche, wenn du Beratung in Anspruch nimmst.
48. Gefühle lassen sich nicht nur durch Reden verarbeiten.
49. Du wirst auf Schritt und Tritt etwas sehen, was dich an deinen Verlust erinnert.
50. Es wird Tage geben, an denen du dich mutterseelenallein fühlst, ob du es bist oder nicht.
51. Trauer kann dazu führen, dass du dumm oder impulsiv handelst. Wenn du das später bereust, sei nicht zu streng mit dir.
52. Triff keine weitreichenden Entscheidungen, nur weil du dich an einem bestimmten Tag besonders gut oder besonders schlecht fühlst.
53. Du kannst nicht nur um die Vergangenheit und die Gegenwart trauern, sondern auch um die Zukunft, die du gerne gehabt hättest.
54. Bedeutende Lebensereignisse, Feiertage und Jahrestage können einen traurigen Beigeschmack bekommen.
55. Achte auf deinen Alkoholkonsum und andere negative Bewältigungsstrategien, denn diese können schnell außer Kontrolle geraten.
56. So schwer es auch sein mag, nach einem Verlust das »normale« Leben wiederaufzunehmen – irgendwie muss das Essen auf den Tisch kommen.
57. Dass man schon einmal einen Verlust erlebt hat, macht den nächsten nicht zwangsläufig leichter. Jeder Verlust ist anders.
58. Oft summiert sich die Trauer. Bei einem erneuten Verlust kommen wieder die Gefühle zutage, die durch einen früheren Verlust entstanden sind.

59. Zum Trauerprozess gehört, dass du dich von einer anderen Seite kennenlernst.
60. Sobald du für Verlust sensibilisiert bist, nimmst du ihn überall auf der Welt wahr.
61. Liebe, Wärme und glückliche Erinnerungen haben Bestand; du kannst sie weiterhin für eine Person oder eine Sache empfinden, die du verloren hast.
62. Es ist in Ordnung, zu leben und zu lachen, während du trauerst. Man kann zwei scheinbar widersprüchliche Gefühle gleichzeitig empfinden.
63. Trauer kann dazu führen, dass du stärker wirst als zuvor.
64. Es wird besser. Langsamer, als dir lieb sein mag, aber es wird besser.

WEITERE LISTEN ZU DIESEM THEMA:

5 unbekannte Fakten über die Trauer, Seite 22
Deine eigene Liste: Welche Trauergefühle empfindest du?, Seite 81
3 häufige Fragen zur Bewältigung eines Verlusts, Seite 215

7

Arten der Trauer, die du kennen solltest (aber wahrscheinlich nicht kennst)

Mittlerweile weißt du, dass Trauer unsere normale und natürliche Reaktion auf einen Verlust ist, und zwar auf alle Arten von Verlust. Doch schon der Begriff »Trauer« an sich kann irreführend sein, denn er legt nahe, dass es sich um eine singuläre Erfahrung handelt, einen emotionalen Monolithen.

In Wirklichkeit trauern wir nicht nur um verschiedenartige Verluste, die mit Tod und Sterben zusammenhängen können, aber nicht müssen, sondern erleben auch verschiedene *Arten der Trauer*. Wenn du weißt, dass es diese Unterschiede gibt, wirst du deine eigene Trauer ein Stück weit besser verstehen.

Die folgenden Trauerarten sind besonders weit verbreitet. Da sie sich zum Teil überschneiden, treffen aller Wahrscheinlichkeit nach mehrere auf dich zu.

1 ANTIZIPATORISCHE ODER VORWEGGENOMMENE TRAUER

Neben der »ganz normalen« Trauer ist die antizipatorische Trauer vermutlich die bekannteste. Der Psychiater Erich Lindemann prägte in den 1940er-Jahren diesen Begriff für Trauer, die bereits vor einem Verlust auftritt. Sie setzt in dem Augenblick ein, in dem man begreift, dass der Verlust unvermeidlich ist und (in näherer Zukunft) eintreten wird. Wenn du die bittere Wahrheit erkennst, dass eine Beziehung in nicht allzu langer Zeit enden wird, dass du das Haus verkaufen musst, in dem du schon lange lebst, oder dass jemand im Sterben liegt, fängst du an, um die Person oder den Verlust zu trauern. Du trauerst dann um die Zukunft, von der du ausgegangen bist, und stellst dir vielleicht vor, wie das Leben nach dem Verlust aussehen oder sich anfühlen wird. Wichtig zu wissen: Antizipatorische Trauer bedeutet nicht, dass es dich weniger traurig oder weniger betroffen macht, wenn der Verlust dann tatsächlich eintritt.

2 UNEINDEUTIGE TRAUER

Uneindeutige Trauer ist die Trauer um einen Menschen, der noch lebt. Ja, man kann durchaus um jemanden trauern, der noch am Leben ist, und das kommt sogar erstaunlich oft vor.

Pauline Boss, die »Mutter« der uneindeutigen Trauer, schreibt und forscht seit den 1970er-Jahren zu diesem Konzept und unterscheidet zwei Hauptkategorien des uneindeutigen Verlusts:

Trauer um einen Menschen, der physisch anwesend, aber psychisch abwesend ist.

Diese Trauer tritt auf, wenn jemand nach wie vor Teil deines Alltags ist, sich aber kognitiv oder psychologisch so verändert hat, dass sich die Veränderung auf die Identität dieser Person und damit auch auf eure Beziehung auswirkt. Der Mensch ist zwar noch physisch anwesend, doch du trauerst um den Verlust der Persönlichkeit, die er früher hatte, und um eure frühere Beziehung. Typische Beispiele sind die Trauer um Alzheimer-

oder Demenzkranke, um Drogenabhängige, um Menschen mit akuten psychischen Erkrankungen oder schweren Hirnverletzungen.

Etwas abweichend davon stellt Boss fest, dass ein uneindeutiger Verlust auch vorliegen kann, wenn sich die Identität einer Person ändert und sie weiter als der Mensch behandelt wird, der sie früher war. Das kann der Fall sein, wenn jemand sein von Geburt an zugewiesenes Geschlecht ändert, einer religiösen Gruppierung beitritt oder diese verlässt, aufgrund einer Sucht einen Entzug antritt oder nach einem schweren Verlust oder einem Trauma wieder genauso sein soll wie früher.

Trauer um einen Menschen, der physisch abwesend, aber psychisch anwesend ist.

In diesem Fall trauert man um einen Menschen, weil er nicht mehr Teil des täglichen Lebens ist. Seine Abwesenheit ist belastend, weil man nicht weiß, wie es ihm geht; manchmal weiß man auch nicht, ob oder wann man ihn wiedersehen wird. Es kann sein, dass man viel an ihn denkt, grübelt und sich Sorgen macht, vielleicht so sehr, dass man davon ganz in Beschlag genommen wird. Diese Art der Trauer kommt oft bei Scheidungen oder Trennungen, Militäreinsätzen, Haftstrafen, Entfremdung, Familientrennungen durch das Jugendamt und Auswanderung vor.

Diese Arten von Verlusten mögen sehr unterschiedlich wirken, doch sie haben gemeinsam, dass sie uneindeutig sind. Es gibt kein definitives Ende. Es gibt keine Möglichkeit, die Situation zu ändern oder zu beheben, sondern man muss lernen, mit der Ungewissheit und dem Kummer zu leben (Boss 2008).

3 INFINITE TRAUER

In die Gruppe der Verluste ohne eindeutiges Ende fällt auch der infinite Verlust, der ebenfalls weit verbreitet ist. Schon im Kindesalter entwickeln wir bestimmte Vorstellungen davon, wie unser Leben vermutlich (und hoffentlich) verlaufen wird. Wir stellen uns eine Zukunft vor, von der wir glauben, dass wir sie wollen oder brauchen, treffen entsprechende Entscheidungen und arbeiten darauf hin. Auf vieles haben wir jedoch keinen Einfluss. Wenn das Leben den eigenen Erwartungen nicht entspricht, kann sich die sogenannte infinite Trauer einstellen (Bruce und Schultz 2002).

Das ist oft der Fall, wenn wir nicht das Kind, den Partner, den Arbeitsplatz oder das Leben haben, das oder den wir uns vorgestellt oder erhofft haben, sei es aufgrund einer Krankheit oder Verletzung, aufgrund von Unfruchtbarkeit, eines Traumas, einer Scheidung oder aus einem beliebigen anderen Grund.

4 KUMULATIVE TRAUER

Von kumulativer Trauer spricht man, wenn zu einem bereits bestehenden Verlust noch ein weiterer Verlust hinzukommt, also mehrere solcher Ereignisse kurz hintereinander oder gleichzeitig eintreten. Wird man von zu vielen Verlusten überwältigt, kann der Verstand einen unglaublich starken Abwehrmechanismus aktivieren – Vermeidung. Dann entsteht das Gefühl, die vielen Verluste nicht bewältigen zu können, weil alles zu viel ist.

5 ABWESENDE (ODER VERZÖGERTE) TRAUER

Von abwesender Trauer spricht man, wenn jemand nach einem schweren Verlust nur minimalen emotionalen Schmerz empfindet. Das kann ratlos machen, denn man erwartet intensive Trauergefühle und ist stattdessen wie betäubt. Nach gängiger Ansicht kann es zu abwesender Trauer kommen, wenn Schock oder Vermeidung vorliegen oder die Realität des Verlusts zu schmerzhaft ist. Für derartige Trauererfahrungen gibt es keine einheitliche Ursache, aber die Wahrscheinlichkeit steigt, wenn jemand zum Zeitpunkt des Verlusts Rauschmittel konsumiert, mehrere Verluste erlitten hat, erheblichen anderen Belastungen ausgesetzt ist oder nicht anwesend war, als sich der Verlust ereignete, zum Beispiel aufgrund eines Militäreinsatzes, eines Gefängnisaufenthaltes oder weil er weit entfernt wohnt (VandenBos 2015).

6 ANHALTENDE TRAUER

Die *anhaltende Trauerstörung* (englisch *prolonged grief disorder* [PGD]), manchmal auch als »komplizierte Trauer« bezeichnet, wurde 2002 in das *Diagnostic and Statistical Manual of Mental Disorders* (DSM-5) aufgenommen, in dem die American Psychiatric Association psychische Störungen definiert und klassifiziert. Diese Entscheidung wird nach wie vor kontrovers und zwiespältig gesehen und ist weitaus differenzierter zu betrachten, als es hier in dieser Liste möglich wäre.

Als trauernder Mensch solltest du unserer Ansicht nach aber Folgendes wissen: Kaum jemand wird bestreiten, dass Trauer eine normale und natürliche Reaktion auf einen Verlust ist und von Mensch zu Mensch unterschiedlich ausfällt.

Auch dass manche Betroffene länger mit intensiver Trauer zu kämpfen haben als andere und größere Schwierigkeiten damit haben, die Trauer zu bewältigen und zu ertragen, ist allgemein anerkannt. Wo also liegt die Kontroverse? Nach Ansicht einiger Fachleute könnten Personen, die über längere Zeit an bestimmten Trauersymptomen leiden, von PGD betroffen sein und professionelle Hilfe benötigen.

Andere dagegen meinen, länger anhaltende Trauersymptome seien wahrscheinlich darauf zurückzuführen, dass Trauer ein unvorhersehbares und verheerendes Ereignis ist, das unterschiedlich lange nachwirkt und mit dem die Betroffenen unterschiedlich gut umgehen können (aus einer ganzen Reihe von Gründen). Entscheidend ist dabei, dass dieser Umstand in ihren Augen keine psychische Störung darstellt, obwohl sie nicht bestreiten, dass professionelle Unterstützung helfen kann, wenn jemand mit einem Verlust nicht gut zurechtkommt.

Das mag sehr akademisch oder klinisch klingen, doch was das für die einzelnen Trauernden bedeutet, ist unserer Ansicht nach ziemlich simpel. Zum einen muss man nicht in eine bestimmte Kategorie fallen oder gewisse Kriterien für eine Diagnose erfüllen, um als trauernder Mensch um Hilfe zu bitten oder Hilfe in Anspruch zu nehmen. Zum anderen machen wir uns Gedanken, welche gesellschaftlichen Auswirkungen es haben könnte, wenn Trauer künftig als Krankheit gilt. Was unsere Gesellschaft im Zusammenhang mit Trauer als »normal« oder »gesund« betrachtet, hat sich bereits in den letzten dreißig Jahren erheblich gewandelt, ganz zu schweigen von den kulturübergreifenden Unterschieden. Wenn wir Trauer als einzigartige, andauernde, natürliche (wenn auch unglaublich schwierige) menschliche Reaktion auf einen Verlust verstehen, gibt es ein gewaltiges Spektrum an subjektiven Einschätzungen und Fehlertoleranz hinsichtlich dessen, was als problematisch gelten könnte. Trauer ist kompliziert. Wenn das nicht so wäre, hättest du nicht zu diesem Buch gegriffen.

7 NICHT ANERKANNTE TRAUER

Alle vorgenannten Arten der Trauer haben gemeinsam, dass sie manchmal nicht anerkannt werden; der Fachausdruck lautet *disenfranchised grief*. Gemeint ist damit das Gefühl, dass die Gesellschaft den Trauernden ihre Trauer nicht zugesteht – das ist bei Verlusten der Fall, die nicht »offen anerkannt, gesellschaftlich sanktioniert oder öffentlich betrauert« werden (Doka 2002).

Eine Gesellschaft kennt nicht nur ungeschriebene Regeln für Verhalten, Kleidung, Ausdrucksweise und Benehmen, sondern auch für die Trauer. Diese ungeschriebenen Regeln werden uns von Freunden, Angehörigen, der Gemeinschaft und den Medien vermittelt. Sie sagen uns, welche Verluste wir zu betrauern haben und wann und wie wir sie betrauern sollen.

Ken Doka prägte den Begriff des *disenfranchised grief* und erklärte, dass diese Art der Trauer mit höherer Wahrscheinlichkeit auftritt, wenn:

- die Gesellschaft oder Gemeinschaft den Verlust nicht als Verlust anerkennt,
- die Gesellschaft oder Gemeinschaft einen trauernden Menschen nicht als Trauernden anerkennt,
- der Verlust mit einem Stigma behaftet ist (zum Beispiel Tod durch Suizid),
- die Beziehung mit einem Stigma behaftet war (zum Beispiel eine außereheliche Affäre),
- nicht so getrauert wird, wie die Gesellschaft sich Trauer vorstellt.

WEITERE LISTEN ZU DIESEM THEMA:

3 Fragen über das Nichts-Fühlen, Seite 121
8 Risikofaktoren für Isolation, Seite 168
Deine eigene Liste: Worum trauerst du? (Deine Verlustliste), Seite 46

8

Trauertheorien neben den fünf Phasen der Trauer

In den 1960er-Jahren erkannte die schweizerisch-amerikanische Psychiaterin Elisabeth Kübler-Ross bei ihrer Arbeit mit todkranken Patienten fünf Phasen, die Sterbende durchmachen: Verleugnen, Zorn, Verhandeln, Depression, Annahme. Diese Phasen wurden später auch auf Trauernde übertragen. Obwohl diese Phasen nie als lineare Abfolge oder als umfassendes Trauerschema gemeint waren, wurden sie oft so aufgefasst.

Von Kübler-Ross' Theorie hast du vermutlich schon gehört, doch vor und vor allem nach ihr haben sich auch viele andere mit diesem Thema befasst. Aus den umfassenden Arbeiten haben wir hier die wichtigsten Erkenntnisse herausgefiltert.

Das soll dir einen ganz groben Überblick liefern, falls du dich selbst weiter informieren möchtest. Vor allem jedoch hoffen wir, dass du erkennst, wie gewisse Vorstellungen aus früheren Trauertheorien das Bild prägten, das die Gesellschaft von der Trauer hat. In den letzten hundert Jahren entwickelte sich die Trauerforschung erheblich weiter, doch der kulturelle Diskurs hielt mit diesen Veränderungen nicht Schritt.

1

Sigmund Freuds Theorie der Trauer

(1920er-Jahre)

Freud entwickelte als Erster eine Theorie für den Umgang mit der Trauer. Er sagte, um Trauer zu überwinden, müsse der Mensch seiner Trauer Ausdruck verleihen und sich emotional von den Verstorbenen lösen.

2

Erich Lindemanns Theorie der Trauerarbeit

(1940er-Jahre)

Lindemanns Theorie stützt sich auf Freuds Modell, verknüpft es jedoch mit seinen eigenen Forschungen, für die er Menschen beobachtete, die nach einem unerwarteten Verlust trauerten. Sie kommt zu dem Schluss, dass ein Mensch die folgenden Aufgaben *(Trauerarbeit)* abschließen muss, um die Trauer zu überwinden:

- Emanzipation von der Bindung an den verstorbenen Menschen,
- Anpassung an eine neue Umgebung ohne den verstorbenen Menschen,
- Aufbau neuer Beziehungen.

3

Die vier Phasen der Trauer nach John Bowlby und Colin Murray Parkes

(1970er-Jahre)

Bowlby und Parkes entwickelten eine Theorie mit vier Trauerphasen, die ein Mensch durchlaufen muss, um sich an das Leben nach einem Verlust anzupassen:

- Schock und Lähmung,
- Sehnsucht und Suche,
- Verzweiflung und Desorganisation,
- Neuorganisation und Erholung.

4

Die vier Traueraufgaben nach J. William Worden

(1980er-Jahre)

Worden ging davon aus, dass ein trauernder Mensch vier Aufgaben bewältigen muss:

- den Verlust als Realität akzeptieren,
- den Schmerz verarbeiten,
- sich an eine Welt ohne den verstorbenen Menschen anpassen,
- im Aufbruch in ein neues Leben eine dauerhafte Verbindung zu dem verstorbenen Menschen entwickeln.

5

Die sechs »R« der Trauerarbeit nach Therese Rando

(1980er-Jahre)

Rando beschreibt fließende Prozesse, die während der Trauer durchgemacht werden müssen und die sie in die sogenannten sechs »R« der Trauerarbeit unterteilt:

- den Verlust zur Kenntnis nehmen (*recognize*),
- auf die Trennung reagieren (*react*),
- an den verstorbenen Menschen zurückdenken und ihn noch einmal erleben (*recollect* und *reexperience*),
- die frühere Bindung lösen (*relinquish*),
- an eine neue Welt anpassen (*readjust*),
- emotionale Energie neu investieren (*reinvest*).

6

Zwei Schienen des Verlusts nach Simon Rubin

(1990er-Jahre)

Diese Theorie geht davon aus, dass die Trauer auf zwei interaktiven Achsen oder »Schienen« abläuft: den biopsychosozialen Funktionen eines Menschen (dazu gehören körperliche Symptome, Ängste oder Depressionen, Beziehungen, Selbstwertgefühl und dergleichen) sowie seiner Beziehung zu der verstorbenen Person (zum Beispiel emotionale Nähe zu ihr, Konflikte, positive und negative Assoziationen bei dem Gedanken an den/die Verstorbene[n] oder Gedanken, die um den Tod kreisen). Nach dieser Theorie müssen beide Schienen der Trauer beachtet werden, wenn der Verlust beurteilt und bewältigt werden soll.

7

Das Duale Prozessmodell der Trauerbewältigung nach Stroebe und Schut

(1990er-Jahre)

Das Duale Prozessmodell geht davon aus, dass sich in der Trauer keine eindeutigen Stadien oder Phasen unterscheiden lassen, sondern dass es sich um einen kontinuierlichen Prozess handelt, bei dem die Betroffenen zwischen verlustorientierten Stressoren und wiederherstellungsorientierten Stressoren hin- und herpendeln. Die Verlust-Stressoren sind die Dinge, die wir gemeinhin mit Trauer in Verbindung bringen, während die Wiederherstellungs-Stressoren mit dem Alltag zusammenhängen, der auf die Trauer keine Rücksicht nimmt. Stroebe und Schut erklären, dass beide Bereiche berücksichtigt werden müssen. Wenn man sich ausschließlich mit den Verlust-Stressoren befasse, so betonen sie, koste das zu viel Kraft und lasse viele andere Lebensbereiche außer Acht.

8

Theorie der fortgesetzten Bindung nach Klass, Silverman und Nickman

(1990er-Jahre)

Diese Theorie räumte mit der Vorstellung auf, dass es bei der Trauer um »Loslassen« oder »Nach-vorne-Schauen« geht, denn sie besagt, dass Menschen normalerweise und ganz natürlich eine fortdauernde Bindung zu ihren verstorbenen Lieben aufbauen. Diese Bindungen haben Bestand. Sie entwickeln sich mit der Zeit und können einen normalen, adaptiven Teil der Trauer bilden.

WEITERE LISTEN ZU DIESEM THEMA:

4 Möglichkeiten, in deinem Umfeld Trauerunterstützung zu finden, Seite 325
3 häufige Fragen zur Bewältigung eines Verlusts, Seite 215
4 Gründe, wieso die Vorstellung von der fortgesetzten Bindung so ansprechend ist, Seite 329

DEINE EIGENE LISTE

Worum trauerst du? (Deine Verlustliste)

Wenn du etwas verlierst, das dir wichtig ist, erlebst du nicht einen einzigen dramatischen Verlust, sondern vielmehr einen gewaltigen Verlust, auf den dann eine Reihe kleinerer Verluste folgt. Diesen Dominoeffekt von anschließenden Verlusten nennt man »sekundäre Verluste«.

Führt man sich vor Augen, welche Auswirkungen ein Todesfall, eine Scheidung, ein Trauma, eine Krankheit und andere schwerwiegende Verluste haben, wird offensichtlich, dass Begleitverluste unvermeidlich sind. Dennoch sind viele Trauernde nicht darauf vorbereitet, welche weiteren Verluste sich einstellen und wie diese die Trauer verstärken.

Zudem werden die sekundären Verluste von wohlmeinenden Freunden, Angehörigen und dem sozialen Umfeld oft nicht richtig zur Kenntnis genommen. Uns ist noch nie eine Beileidskarte untergekommen, auf der stand: »Es tut mir sehr leid, dass du das Vertrauen in deine grundlegenden Glaubenssätze verloren hast.« Oder: »Mein aufrichtiges Beileid zum Verlust der Hälfte deines Haushaltseinkommens.« Auf einer Karte klingt so etwas seltsam und unpassend, aber genau darin liegt das Problem. Sekundäre Verluste sind oft so persönlich und privat, dass es schwierig ist, diesbezüglich Unterstützung zu leisten und zu bekommen.

Eine Liste deiner ganz persönlichen sekundären Verluste können wir zwar nicht liefern, aber mit den folgenden vier Kategorien kannst du dir selbst einen Überblick verschaffen.

Konkrete sekundäre Verluste

Beispiele: Verlust eines Hauses, eines Unternehmens, wichtiger Gegenstände oder finanzieller Mittel

Sekundäre Verluste, die Beziehungen betreffen

Beispiele: Verlust von Freunden, die dich nicht unterstützt haben, Verlust von Angehörigen aufgrund von Konflikten, Verlust der Gemeinschaft aufgrund eines Umzugs

Sekundäre Verluste, die das Glaubenssystem betreffen

Beispiele: Verlust von Hoffnungen und Träumen für die Zukunft, Verlust des Glaubens an eine höhere Macht, Verlust des Glaubens an eine faire, gerechte oder sichere Welt

Sekundäre Verluste, die deine Identität betreffen

Beispiele: Verlust der Rolle in der Ehe oder als Betreuungsperson, Verlust des Selbstbewusstseins, Verlust der beruflichen Identität im Ruhestand, Verlust der körperlichen oder kognitiven Fähigkeiten, der Unabhängigkeit oder Eigenständigkeit

So gehst du vor:

Du solltest dir ausreichend Zeit nehmen, um deine eigenen sekundären Verluste zu ermitteln. Wie komplex die Trauer eigentlich ist, wird manchmal erst richtig deutlich, wenn man all diese Verluste schwarz auf weiß vor sich sieht. Außerdem kann dir diese Übung auch ganz praktisch veranschaulichen, in welchem Bereich du Unterstützung bei der Trauerarbeit benötigst:

- Nimm dir ein Blatt Papier oder dein Tagebuch.
- Notiere deinen Primärverlust (oder deine Primärverluste).
- Dann schreibe die sekundären Verluste auf, die mit dem (oder den) Primärverlust(en) zusammenhängen.
- Wenn die sekundären Verluste weitere Verluste nach sich ziehen, notiere diese ebenfalls.
- Achte beim Schreiben darauf, ob du bei manchen sekundären Verlusten zögerst, weil sie dir weniger wichtig oder schlimm erscheinen. Setz dich über diesen Impuls hinweg. Diese Übung soll dir dabei helfen, dir das gesamte Ausmaß deiner Trauer deutlich zu machen, deshalb musst du sämtliche sekundären Verluste aufführen – große und kleine.

SEKUNDÄRE VERLUSTE

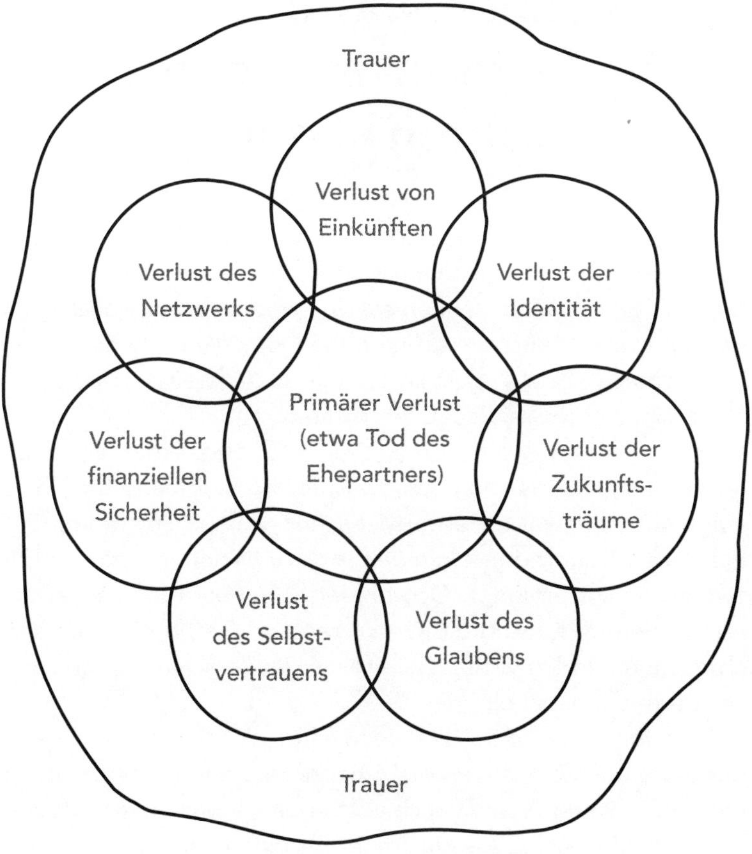

4

Gründe, warum neue Verluste an alte Verluste rühren können

Wenn ein Mensch um mehrere Verluste gleichzeitig trauert, spricht man von *kumulativem Verlust*. Auf Seite 32 unter *7 Arten der Trauer, die du kennen solltest (aber wahrscheinlich nicht kennst)* sind wir kurz darauf eingegangen. Wenn du mehr zum Thema kumulativer Verlust liest, wirst du feststellen, dass dabei meist eines von zwei Szenarien vorliegt.

Im ersten Szenario treten die Verluste zeitgleich oder unmittelbar nacheinander auf, zum Beispiel wenn jemand innerhalb eines Monats zwei geliebte Menschen verliert. In diesem Fall bleibt den Trauernden kaum Zeit, sich zu besinnen, ehe sich der zweite Verlust ereignet. Obwohl jeder Verlust für sich betrauert werden muss, sind die Gedanken und Gefühle zu den sich überschneidenden Verlusten miteinander verschlungen wie verhedderte Garnknäuel.

Im zweiten Szenario tritt der weitere Verlust auf, während der erste noch betrauert wird. Dieses Szenario ist viel häufiger und trifft unserer Ansicht nach auf Verluste jeder Art zu. Oft entsteht der Eindruck, dass die Trauer um einen Verlust niemals ein Ende nimmt. Neue Verluste und schwierige Phasen wecken oft schmerzliche Gedanken und Gefühle, die mit früheren Verlusten zusammenhängen, darunter zum Beispiel:

1 EIN VERLUST WECKT GEDANKEN AN DIE VERGANGENHEIT.

Hast du schon einmal einen Ort besucht, an dem du lange nicht warst, sodass Erinnerungen über dich hereingebrochen sind, an die du seit Jahren nicht mehr gedacht hattest? Das liegt daran, dass der Kontext Impulse liefert, welche die Erinnerung an jenen Ort verstärken. Das Gedächtnis ist in dieser Hinsicht eigentümlich: Nicht alles ist fein säuberlich abgespeichert. Du kannst nicht jederzeit jede Erinnerung abrufen. Manche tauchen erst auf, wenn sie mit bestimmten Hinweisen und Auslösereizen hervorgelockt werden.

Auch bei zustandsabhängigen Erinnerungen gibt es einen Auslösereiz für das Gedächtnis. In diesem Fall hängen die Erinnerungen mit bestimmten körperlichen oder geistigen Zuständen zusammen. Deshalb ist es bei belastenden Erlebnissen ganz normal, dass man sich an andere belastende Erfahrungen aus der Vergangenheit erinnert. Wenn man sich ärgert, weil der Ehepartner die Wäsche nicht aus der Reinigung geholt hat, kann es also sein, dass man plötzlich von Erinnerungen an andere Situationen überschwemmt wird, in denen man sich aus völlig anderen Gründen über seinen Partner geärgert hat. Und bei einem erneuten Verlust können die emotionalen und körperlichen Reaktionen stark an frühere Verlusterfahrungen erinnern.

2 EIN VERLUST KANN BEWIRKEN, DASS MAN DEN AKTUELLEN MIT EINEM FRÜHEREN VERLUST VERGLEICHT.

Du wirst feststellen, dass wir immer davon abraten, deinen Verlust und deine Trauer mit den Erfahrungen anderer zu vergleichen. Allerdings ist es ganz normal und natürlich, dass du deine eigenen Verluste miteinander vergleichst. Solche Vergleiche können dir helfen und dir zum Beispiel eine Bewältigungsstrategie in Erinnerung rufen, die sich bei früheren Verlusten bewährt hat. Andererseits kann das Vergleichen auch Enttäuschung auslösen, wenn du beispielsweise den Eindruck gewinnst, dass dich deine Angehörigen und Freunde bei früheren Verlusten stärker unterstützt haben.

3 EIN VERLUST KANN DAZU FÜHREN, DASS DU DIR AUSMALST, WAS HÄTTE SEIN KÖNNEN.

Auch dass man nach einem Verlust alternative Realitäten durchspielt, ist ein weit verbreitetes Phänomen. Der Fachbegriff dafür lautet *kontrafaktisches Denken*, und wir werden später noch näher darauf eingehen (siehe Seite 151). Vorläufig reicht es zu wissen, dass wir in unseren Verlusten manchmal einen kausalen Zusammenhang sehen, der in Wirklichkeit gar nicht existiert. So könntest du zum Beispiel denken: »Wenn ich durch die Scheidung nicht so abgelenkt gewesen wäre, hätte ich mich bei der Arbeit besser konzentrieren können und mir die Beförderung gesichert.« Oder: »Wenn meine Mutter nicht gestorben wäre, könnte sie meiner Schwester bei ihrem Suchtproblem helfen und alles wäre in Ordnung.«

4 NEUE VERLUSTE KÖNNEN DICH DARAN ERINNERN, DASS DU TRAUER ÜBERWINDEN KANNST.

Bei einem Verlust kann es manchmal sinnvoll sein, dass man sich zurückerinnert und fragt: »Wie bin ich damals mit schwierigen Situationen umgegangen?« Das kann dir dabei helfen, sinnvolle Bewältigungsstrategien zu ermitteln. Vielleicht fällt dir auch wieder ein, welche Form von Unterstützung du damals hilfreich und tröstlich fandest. Außerdem könntest du Hoffnung und Kraft aus der Erkenntnis schöpfen, dass du frühere Verluste überlebt hast und auch diesen Verlust überstehen wirst.

WEITERE LISTEN ZU DIESEM THEMA:

7 Arten der Trauer, die du kennen solltest (aber wahrscheinlich nicht kennst), Seite 32
4 Dinge, die passieren können, wenn man Verluste vergleicht, Seite 173
4 Fakten, die dir Mut geben sollen, wenn das Leben nicht den geplanten Verlauf nimmt, Seite 343

4

Schwierigkeiten, wenn der Verlust nicht mit Sterben und Tod zusammenhängt

Auf Seite 46 hatten wir dich gebeten, eine Liste der Verluste zu erstellen, die dich zu diesem Buch geführt haben. Wenn schon etwas Zeit vergangen ist, seit du diese Liste erstellt hast, kein Problem! Dann denke einen Moment über den Verlust (oder die Verluste) nach, der dir aktuell zu schaffen macht.

Auch wenn du gerade wegen eines Todesfalls trauerst, hast du mit ziemlicher Sicherheit schon einmal einen Verlust erlebt, der nichts mit einem Tod zu tun hatte – das trifft zum Beispiel auf die meisten sekundären Verluste zu. Diese Art von Verlust bringt wie alle anderen Verluste ihre ganz eigenen Schwierigkeiten mit sich.

1

Verluste, die nicht mit dem Tod zusammenhängen, werden von der Gesellschaft weniger anerkannt.

In unserer Gesellschaft scheint folgende Logik zu gelten: »Wenn jemand stirbt, wird getrauert.« Von klein auf ist der Zusammenhang zwischen Tod und Trauer so tief in uns verankert, dass viele auch den Umkehrschluss glauben: »Ohne Todesfall keine Trauer.« Du weißt, dass dies falsch ist, denn wie bereits erörtert kannst du um *alles* trauern, was dir wichtig ist. Leider erkennen die meisten Menschen das erst, wenn sie es selbst erleben. Und da viele nicht ahnen, dass eine Scheidung, Unfruchtbarkeit, Behinderung und dergleichen mit Trauer einhergehen, erfahren die Betroffenen nur selten ernst zu nehmende Anteilnahme oder Unterstützung.

2

Verluste, die nicht mit dem Tod zusammenhängen, bleiben oft privat.

Der Verlust des Selbstwertgefühls, Zweifel an den eigenen Überzeugungen oder Fehlgeburten in der Frühschwangerschaft vertraut man oft nur wenigen Menschen an oder behält sie ganz für sich. Manche tun derartige Verluste zwar offenkund, viele jedoch nicht, sodass es schwierig ist, dabei Unterstützung zu leisten (und anzunehmen).

3

Verluste, die nicht mit dem Tod zusammenhängen, lassen sich nicht immer leicht erkennen.

Derartige Verluste werden oft nicht als Verlust, sondern als schwierige Lebensphase wahrgenommen, als Hürde, Rückschlag oder Missgeschick. Das trifft zwar auf die meisten Verlusterfahrungen zu, doch eine solche Einschätzung übersieht die Aspekte, die betrauert werden müssen.

4

Verluste, die nicht mit dem Tod zusammenhängen, sind oft unerwartet schwierig.

Wir Menschen können nur schlecht voraussehen, wie wir uns in der Zukunft fühlen werden. So mag man zwar sagen, man würde sich furchtbar fühlen, wenn man seinen Job verlöre, kann aber nicht wissen, wie entsetzlich das Gefühl wirklich ist und wie lange es anhalten wird. Gleichzeitig rechnet man vielleicht nicht mit anderen Gedanken und Gefühlen, zum Beispiel Wut über eine ungerechtfertigte Kündigung, Erleichterung, weil man den ungeliebten Job losgeworden ist, oder das Gefühl, auf einmal nichts mehr wert zu sein. Bei einem Todesfall ist in der Regel jedem klar, dass der Verlust das Leben verändern wird, doch bei anderen Verlusten werden die Auswirkungen häufig unterschätzt.

WEITERE LISTEN ZU DIESEM THEMA:

5 unbekannte Fakten über die Trauer, Seite 22
Deine eigene Liste: Worum trauerst du? (Deine Verlustliste), Seite 46
5 Dinge für deine Not-to-do-Liste, Seite 71

6

Lebensbereiche, die bei einem Verlust betroffen sind

Beim Trauern geht es nicht nur um Gefühle, sondern die Trauer ist ein Zusammenspiel von Gedanken, Gefühlen und Erfahrungen, das sich auf viele Lebensbereiche auswirkt, darunter Emotionen, die kognitive Leistung, das Verhalten, das spirituelle Empfinden, der Körper und der Bereich des Existenziellen. Wenn du dir die einzelnen Bereiche vor Augen führst, wirst du erkennen, inwieweit die Trauer darauf Einfluss nehmen kann.

1 DEINE GEFÜHLE

Trauer kann deine Emotionen auf Hochtouren bringen, sodass du mehr Gefühle empfindest als je zuvor und diese intensiver wahrnimmst als bisher. Die Emotionen können schnell wechseln oder über Monate hinweg gleich bleiben. Manchmal empfindest du scheinbar widersprüchliche Gefühle gleichzeitig. Von einer Achterbahn der Gefühle zu sprechen, wäre noch untertrieben.

2 DEINE GEDANKEN

Bei der Trauer geht es nicht nur darum, was du fühlst, sondern auch darum, was du denkst. Es kann gut sein, dass du den Kopf voller Gedanken hast – schmerzhafter Gedanken, komplizierter Gedanken, lähmender Gedanken. »Ich werde nie wieder glücklich sein«, »Ich habe einen gewaltigen Fehler gemacht«, »Es ist alles seine Schuld«, »Niemand versteht mich« – die Liste der Gedanken, die durch einen Verlust ausgelöst werden können, ließe sich endlos fortsetzen. Dass man sie versteht, ist ein wichtiger Schritt der Trauerbewältigung, deshalb werden wir in Teil zwei ausführlich auf Gedanken eingehen.

3 DEIN VERHALTEN

Wenn dein Leben durch einen Verlust erschüttert wurde, erwischst du dich vielleicht dabei, dass du etwas tust, das du sonst nie getan hast, oder dass du dich anders verhältst als je zuvor. Vielleicht fährst du anderen gegenüber aus der Haut, obwohl du sonst immer locker geblieben bist. Oder du ziehst dich zurück, obwohl du früher sehr gesellig warst. Vielleicht war Shopping nie dein Ding, doch jetzt bist du auf einmal mit der Paketzustellerin per Du. Kurz gesagt: Trauer verändert dein Verhalten.

4 DEINE ÜBERZEUGUNGEN

Sei es Religion oder einfach deine Verbindung zu Bereichen, die außerhalb der üblichen Sinneserfahrung liegen – ein Verlust, ob groß oder klein, kann deine spirituellen Glaubenssätze beeinträchtigen. Ob dein Glaube erschüttert wurde oder ob du daran zweifelst, dass guten Menschen Gutes widerfährt, Trauer kann deine spirituelle Welt aus der Bahn werfen. Andererseits kommt es bei manchen Menschen vor, dass Trauer die Spiritualität stärkt und dazu führt, dass sie mehr Trost in der Religion oder im Vertrauen auf eine höhere Macht finden. Ein neu entdecktes Bewusstsein für die Universalität des menschlichen Leids bewirkt manchmal, dass man eine tiefere spirituelle Verbindung mit der Menschheit verspürt.

5 DEINE GESUNDHEIT

Fast jede Woche erreicht uns die Frage: »Ich habe … [hier steht dann ein körperliches Symptom]. Könnte das an der Trauer liegen?« Die kurze Antwort: Hol dir ärztlichen Rat. Sicher ist sicher. Die lange Antwort: Ein Verlust kann die verschiedensten physiologischen Reaktionen auslösen, zum Beispiel dass man sehr viel oder nicht genug schläft, dass man vergesslich wird, unter Aufmerksamkeitsstörungen leidet, zu viel oder zu wenig isst, an Kopf-, Magen- oder Muskelschmerzen leidet und vieles andere mehr.

6 DEIN LEBENSSINN

Der dänische Philosoph Søren Kierkegaard vertrat die Ansicht, dass Existenzkrisen auftreten können, wenn unerwartete Lebensumstände nicht zu der eigenen Weltanschauung passen; und das ist häufig nach Verlusten oder Traumata der Fall. Alles, was uns deutlich macht, wie die Zeit vergeht, wie wir leiden und wie unbeständig das Leben ist, kann bewirken, dass wir am Sinn des Lebens zweifeln.

Vielleicht kreisen in deinem Kopf Gedanken wie: »Spielt

das alles überhaupt eine Rolle?« oder »Wir werden doch ohnehin alle sterben und bald vergessen sein«. Diese Fragen können zwar tiefe Gefühle von Angst und Schrecken hervorrufen, doch derartige existenzielle Erfahrungen sind ein normaler Teil der menschlichen Entwicklung und Reifung (Yalom 1989).

WEITERE LISTEN ZU DIESEM THEMA:

6 widersprüchliche Gefühle, die bei Verlusten auftreten können, Seite 84
4 psychologische Phänomene, die das Trauern schwierig machen, Seite 148
6 Gründe, wieso die Trauer deine Prioritäten verschieben kann, Seite 181

5

Ws, mit denen du Unterstützungssysteme besser verstehst

Irgendwann in deiner Kindheit wurdest du sicher einmal von Erwachsenen aufgefordert, deine Familie zu malen. Vielleicht hast du dich selbst als Strichmännchen an der Hand eines viel größeren Strichmännchens gezeichnet: Vater oder Mutter, Oma oder Opa. Möglicherweise waren auch andere Erwachsene zu sehen sowie Geschwister, Haustiere, imaginäre Freunde und alle anderen, die in deiner Welt wichtig waren.

Nun stell dir vor, du solltest heute ein ähnliches Bild mit den Menschen malen, die für dich da sind. Wer wäre darauf zu sehen? Wären da Eltern, Geschwister, Freunde, eine Therapeutin? Würde jemand Wichtiges fehlen? Hättest du mit einem solchen Bild Schwierigkeiten, weil du dir nicht mehr sicher wärst, wer dazugehören sollte?

Dein Unterstützungssystem kann sich ganz erheblich auf deine Trauer auswirken, sowohl im Positiven als auch im Negativen. Deshalb solltest du schon in diesem Teil, in dem es um die Grundlagen der Trauer geht, über dein Sicherheitsnetz nachdenken. Auf Seite 290 geht es dann darum, wie du dein Unterstützungssystem beurteilen kannst. Doch vorerst möchten wir, dass du dir ein allgemeines Bild von diesem Netzwerk verschaffst. Die Kernfragen lauten dabei »Wer?«, »Was?«, »Wo?«, »Wann?« und »Warum?«.

1 · Wer?

Ein Unterstützungssystem ist eine Gruppe von Menschen, die sowohl direkt als auch indirekt zusammenarbeiten, damit ein Mitglied des Systems Hilfe und Unterstützung bekommt. Das mag so klingen, als sei ein Unterstützungssystem sehr aktiv, und manchmal ist das tatsächlich der Fall, vor allem in Krisensituationen. Aber wenn das Leben ruhig seinen Gang geht, ist das Unterstützungssystem eher eine Reserve, die bei Bedarf einspringen und helfen kann.

Wir selbst bilden immer den Mittelpunkt unseres Unterstützungssystems, gehören gleichzeitig aber auch zu den Unterstützungssystemen der anderen. Das bedeutet, dass wir nicht nur für uns selbst, sondern auch für andere sorgen. Im Idealfall wäre es so, dass alle abwechselnd Support benötigen, aber manchmal ist eine ganze Gruppe von einem Verlust betroffen, und dann kann es schwierig werden. Vielleicht hilft es dir, wenn du dir vorstellst, dass dein Unterstützungssystem verschiedene Ebenen umfasst. Auf der ersten Ebene befinden sich deine engen Angehörigen und Freunde. Weniger vertraute Personen wie Menschen aus deinem Umfeld und Fachkräfte bilden eine weitere Ebene. Wenn deine erste Unterstützungsebene ebenfalls mit einem Verlust konfrontiert ist, kann es schwierig sein, allen Bedürfnissen gerecht zu werden. In solchen Fällen ist es oft sinnvoll, die zweite oder dritte Ebene um Hilfe zu bitten.

2 · Was?

Unterstützung kann vieles bedeuten – dass dir jemand bei praktischen Aufgaben hilft, dich emotional unterstützt oder dich aufheitert. Im Idealfall deckt dein Unterstützungssystem ein breites Spektrum an Bedürfnissen ab, aber manchmal reicht schon die Gewissheit, dass du Menschen an deiner

Seite hast, wenn du jemanden brauchst. Die allermeisten Trauernden, mit denen wir über die Jahre zu tun hatten, wünschten sich von ihrem Unterstützungssystem, es möge mit Worten und Taten zeigen, dass es jetzt und in Zukunft für sie da sein wird.

3 · Wo?

Überall! Die Unterstützung kann zwanglos sein, zum Beispiel bei einer Tasse Kaffee, oder in einem festen Rahmen stattfinden, etwa in einer Therapiesitzung oder einer Selbsthilfegruppe. Sie kann über eine Textnachricht, online (zum Beispiel in virtuellen Support-Foren) oder über das gute alte Festnetz erfolgen.

4 · Wann?

Gute Unterstützung im Trauerfall ist kontinuierlich. Sie hört nicht auf, wenn die erste Anteilnahme vorbei ist. Im Idealfall gibt es Menschen in deinem Leben, die sich weiterhin melden und an die du dich an schlechten Tagen wenden kannst, auch noch Jahre nach dem Verlust.

5 · Warum?

Schon die Beatles wussten: »You get by with a little help from your friends.« Und das ist kein Klischee, sondern die Forschung bestätigt, dass sich gute soziale Unterstützung bei Verlust, Trauma und Notlagen in vielerlei Hinsicht positiv auf die physische und psychische Gesundheit auswirkt (Hibberd et al. 2010).

Das soll dir allerdings nicht den Eindruck vermitteln, ohne überragendes Unterstützungssystem an deiner Seite hättest du keine Chance. Wenn wir ehrlich sind, finden die meisten

Menschen ihr Unterstützungssystem eher unzureichend. Sofern das auch für dich gilt, solltest du in deiner Gegend nach Gruppen, Organisationen und Fachleuten Ausschau halten, mit denen du Lücken in deinem bisherigen Unterstützer-Netzwerk schließen kannst.

WEITERE LISTEN ZU DIESEM THEMA:

Deine eigene Liste: Welche Trauerunterstützung brauchst du?, Seite 288
3 Tipps zur Nutzung deines Unterstützungssystems, Seite 290
4 Möglichkeiten, in deinem Umfeld Trauerunterstützung zu finden, Seite 325

DEINE EIGENE LISTE

Wie trauerst du?

Natürlich sind wir Elisabeth Kübler-Ross dankbar dafür, dass sie mit ihren fünf Phasen der Trauer eine neue Diskussion über Sterben und Trauer in unserer Kultur angestoßen hat, doch damit hat ein Missverständnis Einzug gehalten, das allgegenwärtig und ziemlich problematisch ist – die Vorstellung, die Trauer liefe bei den meisten Menschen gleich ab. Mittlerweile sollte dir klar sein, dass deine Trauer einzigartig ist: Sie hat keine immer gleich verlaufenden Phasen und keinen festen Zeitplan.

Allerdings haben wir festgestellt, dass es in der Art und Weise, wie wir trauern, durchaus bestimmte Gemeinsamkeiten gibt. Diese Gemeinsamkeiten sind nicht universell gleich und bewegen sich in einem gewissen Spektrum. Sie überschneiden sich, und du wirst vermutlich mal in die eine, mal in die andere Richtung tendieren. Bitte beachte dabei, dass keine dieser Arten zu trauern »besser« oder »schlechter« ist als die andere, sondern nur von einem unterschiedlichen Umgang mit einem Verlust zeugt.

Intuitives Trauern

Kenneth Doka und Terry Martin haben die Begriffe *intuitive Trauer* und *instrumentelle Trauer* geprägt. Ihre Forschung über Trauerarten kam zu dem Ergebnis, dass die meisten Menschen in diese beiden Kategorien passen. Intuitive Trauer liegt bei starken emotionalen Erfahrungen vor, wenn das äußere Verhalten die Gefühle im Inneren spiegelt. In der weißen, europäisch-amerikanischen Kultur gilt diese Art der Trauer oft als »normal«. Wenn du auf diese Art trauerst, hast du vielleicht den Wunsch, deinen Gefühlen durch Reden oder Schreiben oder sogar durch Schreien Ausdruck zu verleihen.

Instrumentelles Trauern

Die zweite Art der Trauer, die Doka und Martin beobachteten, ist in vielen westlichen Kulturen weniger akzeptiert. Wer instrumentell trauert, erlebt die Trauer oft eher kognitiv und verarbeitet den Verlust durch Gedanken. Die Trauernden tragen ihre Gefühle dann seltener nach außen und nehmen sie eher als körperlichen Schmerz wahr. Sie neigen dazu, immer wieder über die Person oder die Ereignisse nachzudenken, die zu dem Verlust geführt haben. Ihnen hilft es oft am besten, wenn sie etwas tun, zum Beispiel den Nachlass regeln oder einen Gedenkfonds planen. Das Tückische an dieser Art der Trauer ist, dass es den Anschein hat, als würde jemand gar nicht trauern, nur weil er seine Gefühle nicht zeigt. Dabei trauert dieser Mensch sehr wohl – nur nicht in der intuitiven Weise, die viele erwarten.

Introvertiertes Trauern

Ob du intro- oder extrovertiert bist, wirkt sich auf viele Lebensbereiche aus, und die Trauer ist da keine Ausnahme. Wenn du als introvertierter Mensch einen Verlust bewältigen musst, können dir starke soziale

Unterstützung und Kontakt zu anderen trotzdem helfen. Doch so gut die sozialen Interaktionen auch gemeint sein mögen, sie können dazu führen, dass du Zeit für dich brauchst, um neue Kraft zu schöpfen. Allerdings darf das tröstliche Alleinsein nicht in soziale Isolation abgleiten. Vielleicht stellst du fest, dass Selbsthilfegruppen dich nicht ansprechen – das ist vollkommen in Ordnung, solange du dir andere Möglichkeiten der Trauerbewältigung suchst, die für dich besser geeignet sind.

Extrovertiertes Trauern

Nach einem Verlust ziehen sich Extrovertierte manchmal ungewohnt zurück – sie lehnen Einladungen ab und gehen nicht einmal ans Telefon, weil ihnen einfach alles zu viel ist. Andere dagegen stürzen sich auf die Gesellschaft ihrer Mitmenschen, um ihren Gedanken und Gefühlen Luft zu machen oder zu verhindern, dass sie mit ihren Gedanken und Gefühlen allein sind. Wenn du extrovertiert bist, solltest du dir unbedingt ein paar zuverlässige Bezugspersonen suchen, dir aber auch Zeit nehmen, um mit deinem Kummer allein zu sein, damit die soziale Interaktion nicht in Vermeidung umschlägt.

Optimistisches Trauern

Optimisten und Pessimisten haben eine sehr unterschiedliche Sicht auf das, was ihnen im Leben zustößt, sowie auf die voraussichtliche Dauer und Auswirkung dieser Ereignisse. Wie du dir schwierige Lebensereignisse erklärst, hängt mit deiner Weltanschauung zusammen, und deine Erklärung kann sich maßgeblich auf deine Trauer auswirken. In seinem Buch *Pessimisten küsst man nicht: Optimismus kann man lernen* sagt der weltbekannte Psychologe Martin Seligman, wenn einem Optimisten etwas Schlimmes zustoße, führe er das eher auf Zufälle und unglückliche Umstände zurück. Er glaubt, dass die schwierige Situation nicht allzu lange andauern wird, dass sie zwar gewisse Folgen haben wird, das Leben jedoch weitergeht. Wenn Optimisten trauern, gehen sie eher davon aus, dass die negativen Auswirkungen schwieriger Ereignisse nicht von Dauer sein werden; deshalb fällt es ihnen leichter, auch in schlimmen Lebenslagen hoffnungsvoll zu bleiben. Das bedeutet jedoch keinesfalls, dass ihre Trauer weniger schmerzhaft ist. Für Optimisten ist es lediglich einfacher, nach einem Verlust wieder Hoffnung zu schöpfen.

Pessimistisches Trauern

Pessimisten neigen nach einem schwierigen Erlebnis eher zu einer zynischen Sicht. Seligmans Forschungen haben ergeben, dass Pessimisten sich häufiger selbst die Schuld an schlimmen Ereignissen geben (ganz gleich, ob sie dafür verantwortlich sind oder nicht), häufiger davon ausgehen, dass die Auswirkungen für immer andauern werden, und das Gefühl haben, das negative Ereignis betreffe sämtliche Lebensbereiche. Seligman fand auch heraus, dass Menschen mit eher pessimistischer Einstellung dazu neigen, negative Situationen als Dauerzustand zu betrachten. Wenn ein Pessimist von einer Kollegin angeschnauzt wird, denkt er nicht: »Sie hat wohl einen schlechten Tag«, sondern eher: »Sie ist ein schlechter Mensch« (Seligman 2001). Nach einem Verlust fällt es pessimistisch veranlagten

Menschen oft schwerer, Hoffnung zu schöpfen, weil es ihrem Naturell entspricht, in den negativen Auswirkungen der Trauer einen Dauerzustand zu sehen. Aber keine Panik, wenn du zum Pessimismus neigst! Das bedeutet nicht, dass es für dich nach einem Verlust nie wieder Hoffnung geben wird, sondern nur, dass du bei der Trauerarbeit bewusster und gezielter vorgehen musst.

So gehst du vor

- Vermutlich hast du schon eine Vorstellung davon, zu welcher der beschriebenen Kategorien du tendierst. Jede umfasst ein breites Spektrum, und die meisten Menschen liegen jeweils irgendwo zwischen den beiden Extremen.
- Nimm dir jetzt einen Moment Zeit und überlege, wo du dich selbst einordnen würdest. Das fördert nicht nur deine Selbsterkenntnis, sondern macht dir auch deutlich, welche Strategien zur Trauerbewältigung für dich am besten geeignet sein könnten.

Intuitiv Instrumentell

Introvertiert Extrovertiert

Optimistisch Pessimistisch

5

Dinge für deine Not-to-do-Liste

Wir sind große Fans von To-do-Listen. Sie sorgen nicht nur dafür, dass man den Überblick behält, sondern sorgfältiges Planen hilft auch gegen Ängste. Außerdem ist es ein schönes Gefühl, wenn man einen Punkt abhaken kann.

Not-to-do-Listen haben einen anderen Zweck. Sie machen dir deutlich, was dich daran hindert, dein Leben so zu leben, wie du es gerne möchtest – was auch immer das für dich bedeuten mag. Die Liste auf den folgenden Seiten soll verhindern, dass du etwas tust, was das Leben nach einem Verlust komplizierter macht und die Trauerarbeit behindert.

①

Rede dir deine Trauer nicht aus.

Manche Menschen reden sich ein, ihr Verlust sei keine Trauer wert, sie hätten keine Unterstützung verdient oder würden schon zu lange trauern. Aber es spielt keine Rolle, welche Art von Verlust du erlebt hast oder wie lange er schon zurückliegt – deine Gefühle sind echt und haben ihre Berechtigung. Ob du dazu bereit bist, deinen Verlust publik zu machen, ist deine Sache, aber du solltest wissen, dass er nicht verschwinden wird, nur weil du ihn verleugnest.

2

Setz dich nicht unter Druck.

Es gibt keine richtige oder falsche Art der Trauer um einen Verlust. Gedanken und Gefühle sind nicht von Natur aus richtig, falsch, gut oder schlecht. Dass du diese inneren Erfahrungen auf bestimmte Weise einordnest, liegt nur daran, wie du sie wahrnimmst.

Natürlich führen Gedanken und Emotionen oft zu gewissen *Verhaltensweisen*; und wenn du ein schlechtes Gewissen hast, weil du in einem schlechten Moment etwas gesagt oder getan hast – nun, das ist uns allen schon einmal passiert. Sei nicht zu streng mit dir. In der Trauer ist niemand in Bestform.

3

Verbanne das Trauermonster nicht unters Bett.

Anfangs erscheint die Trauer unüberwindlich und schrecklich furchteinflößend. Weil sie Angst haben und nicht wissen, wie sie damit umgehen sollen, versuchen viele, die Trauer an einen dunklen Ort zu verbannen. Die Trauer ist für sie wie ein Monster, vor dem sie weglaufen wollen, weil sie fürchten, verschlungen zu werden, wenn sie sich ihm stellen.

Aber mit Monstern, die unter dem Bett lauern, in dunklen Ecken hocken oder sich im Schrank verstecken, ist es so: Wenn man das Licht anknipst und genauer hinsieht, wirken sie längst nicht mehr so schrecklich wie befürchtet. Die meisten Ängste und Sorgen gehen darauf zurück, dass wir nicht wissen, was uns erwartet. Lässt man hingegen die Trauer an sich heran, um sie besser kennenzulernen, stellt man oft fest, dass sie ganz anders aussieht als gedacht.

4

Schreibe nicht die gesamte Menschheit ab.

Wenn du noch ein einziges weiteres Mal erlebst, dass jemand deine Gefühle kleinredet oder dich mit einem aufmunternden Instagram-Meme verhöhnt, verlierst du die Fassung – verstehen wir. Viele wissen nicht, wie sie trauernden Angehörigen und Freunden helfen können, und machen daher peinliche oder unsensible Versuche, obwohl du mit den Nerven bereits am Ende bist.

Verliere bitte trotzdem nicht den Glauben an die Menschheit. Trauernde berichten oft, dass der Verlust ihnen geholfen hat, innigere Beziehungen zu denen aufzubauen, die »verstehen«, und dass durch ihre Trauer neue Verbindungen entstanden sind (wir nennen diese Menschen *Trauerfreunde*, und wenn man sie gefunden hat, will man sie nie wieder verlieren).

5

Denke nicht, dass die Dunkelheit kein Ende nehmen wird.

Wir lassen uns leicht davon überzeugen, dass unsere aktuellen Lebensumstände von Dauer sein werden. Unser Körper altert immer weiter, unsere Gefühle sind ständig im Fluss und unsere Umwelt verändert sich unaufhörlich – und doch glauben wir unerschütterlich an die Realität unserer Gegenwart.

Wenn etwas sehr, sehr Schlimmes passiert ist, bricht die Dunkelheit sehr schnell herein. Intensive Gefühle haben dich fest im Griff, du stürzt im freien Fall in ein tiefes Loch, aus dem es keinen Ausweg zu geben scheint. Du kannst dir nicht vorstellen, jemals etwas anderes als Schmerz zu empfinden, und in diesen Momenten scheint es für alle Ewigkeit so zu bleiben.

Aber lass dir versichern, dass sich die Auswirkungen der Trauer mit der Zeit verändern. Der Nebel wird sich lichten, wenn du eine neue Sicht auf die Trauer gewinnst und neue Wege findest, wie du damit umgehen kannst. Mit der Zeit wirst du deutlicher erkennen, dass es vorwärtsgeht. Auch wenn die Trauer in Wellen kommt, vergiss nicht, dass das Glück ebenfalls ein Auf und Ab ist. Die Zukunft, die vor dir liegt, mag anders aussehen, als du sie dir jemals vorgestellt hast, doch es wird Platz für Hoffnung, Heilung, Sinn und Zweck geben.

WEITERE LISTEN ZU DIESEM THEMA:

3 wissenswerte Fakten zum Thema Vermeidung, Seite 94
5 Ratschläge, wie du dich mit der Trauer einrichtest, Seite 258
Deine eigene Liste: Was hoffst du?, Seite 362

TEIL ZWEI

Das breite Spektrum der Trauer

Mit dem ersten Teil dieses Buches wollten wir erreichen, dass du die Trauer besser verstehst – was sie ist, was sie nicht ist, wann sie auftritt und was du unserer Ansicht nach darüber wissen solltest. Wir haben auch zugegeben, dass wir dir eine ganze Menge nicht sagen können. In der Trauer gibt es zu viele Variablen, sodass sie nicht für alle gleich oder vorhersehbar sein kann.

Vielleicht fragst du dich, woher diese Variablen kommen. Nun, sie kommen aus dir selbst. Wir alle haben unsere eigene Geschichte, die uns zu diesem Moment geführt hat, und unseren ganz eigenen Kreis von Angehörigen und Freunden. Unsere Persönlichkeiten und Bewältigungsstrategien sind unterschiedlich. Wir haben unterschiedliche Stürme durchgemacht und jeweils andere Methoden, mit Gefühlen umzugehen. Wir alle haben eine eigene Beziehung zu der Person oder der Sache, die wir verloren haben.

Diese erstaunlichen Eigenheiten machen aus, wer wir sind. Und sie sind auch der Grund, wieso sich so schlecht einschätzen lässt, wie die Trauer verlaufen wird. Deine Trauer ist die emotionale, kognitive, verhaltensbezogene, spirituelle, körperliche und existenzielle Erfahrung, die du nach deinem Verlust machst. Niemand sonst wird genau das Gleiche erleben, denn niemand sonst fühlt, denkt, handelt, staunt, grübelt, bewältigt oder erschafft genau so wie du.

Somit können wir keine allgemeingültige Checkliste erstellen, die allen Menschen gleich gut dabei hilft, einen Verlust zu verstehen und zu bewältigen – das ist die schlechte Nachricht. Aber es gibt auch eine gute: Je mehr du über dich selbst weißt, desto besser kannst du deine Trauer kennenlernen. Sie wird nie vorhersehbar sein, aber du kannst erreichen, dass sie dir ein wenig leichter zu steuern erscheint.

Im ersten Teil haben wir einiges von dem erklärt, was wir über Trauer und Verlust wissen. Im zweiten Teil erläutern wir einige typische Reaktionen auf einen Verlust. Auf dieser Grundlage kannst du dich dann genauer mit deiner eigenen Trauer befassen, denn ohne etwas Anleitung ist man damit leicht überfordert. Einige der Reaktionen werden auf dich zutreffen, andere nicht, und manche treffen zu, obwohl du das gar nicht vermutest.

Ehe es losgeht, möchten wir ein kleines psychologisches Konzept vorstellen, das der Psychiater Aaron Beck in den 1960er-Jahren entwickelt hat. Er vertrat die Ansicht, dass die Art und Weise, wie wir Menschen Situationen oder Ereignisse erleben, stark von unseren Reaktionen auf diese Situationen oder Ereignisse abhängt. Nach seiner Theorie löst alles, was uns widerfährt, Gedanken aus. Dann haben wir Gefühle zu diesen Gedanken, und diese Gefühle steuern unser Verhalten, was wiederum zu mehr Gedanken, mehr Gefühlen und mehr Verhalten führt, und so weiter und so fort.

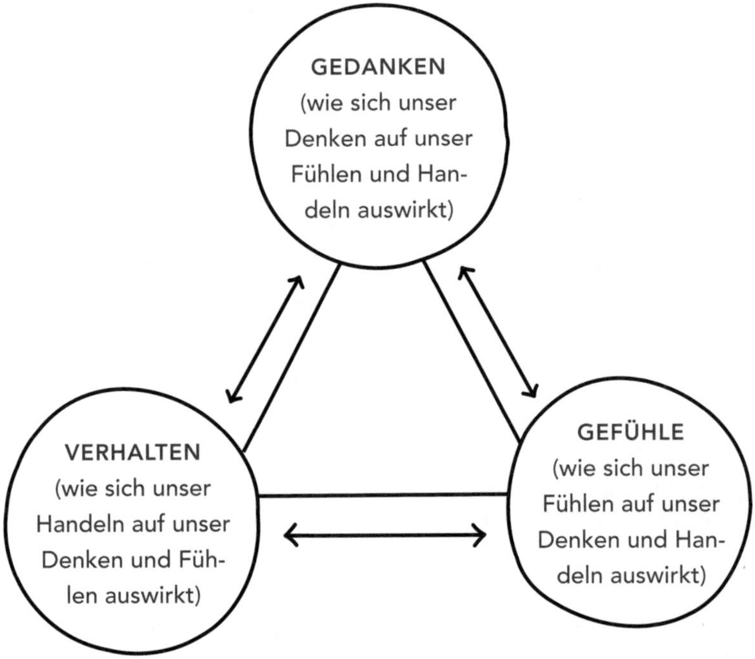

Hier ein kurzes Beispiel: Stell dir vor, du wirst gleichzeitig mit einem Kollegen entlassen, weil die Firma sparen muss.

Dein Kollege denkt: »Ich kann es nicht glauben, dass ich gefeuert wurde. Das war mein Traumjob. Bei mir geht immer alles schief. Ich werde nie wieder einen so guten Job finden.« Diese Gedanken lassen ein Meer an Gefühlen in ihm aufsteigen. Er fühlt sich unsicher, empfindet Scham, Verlegenheit, Angst und Hoffnungslosigkeit. Diese Gefühle steuern dann sein Verhalten: Aus Scham erzählt er kaum jemandem, was passiert ist. Er schiebt die Suche nach einem neuen Job wochenlang vor sich her, weil er keine Hoffnung hat und glaubt, nie wieder einen guten Posten zu finden. Wenn er sich schließlich auf die Suche macht, bewirbt er sich nicht auf die besten Stellen, weil er davon ausgeht, dass künftige Arbeitgeber ihm selbst die Schuld an seiner Entlassung geben werden.

Du selbst dagegen, so stellen wir uns vor, denkst dir: »Puh, die Kündigung ist echt enttäuschend. Ich habe den Job gerne gemacht und brauche das Geld. Aber es war nicht meine Schuld, die Budgetentscheidung lag nicht in meiner Hand. Ich habe damals diese Stelle bekommen, und wenn ich mich jetzt auf die Suche mache, werde ich auch wieder einen guten Job finden.« Obwohl die Umstände gleich sind, hast du ganz andere Gedanken als dein Kollege. Auch deine Gefühle sehen anders aus. Du bist enttäuscht und besorgt, aber auch optimistisch. Dein Verhalten unterscheidet sich ebenfalls von dem des Kollegen. Da du die Schuld nicht bei dir siehst, besprichst du den Verlust mit Freunden und Angehörigen, die dich unterstützen und dir Mut machen. Das stärkt dein Selbstvertrauen, und du fängst sofort an, dich auf Stellenanzeigen zu bewerben.

Dass die Wechselwirkung von Gedanken, Emotionen und Verhaltensweisen großen Einfluss darauf hat, wie man die Unwägbarkeiten des Lebens wahrnimmt und angeht, lässt sich daran erkennen, dass der gleiche Verlust oft ganz unterschiedlich erlebt wird. Dein persönlicher Umgang mit einem Verlust ist nicht besser oder schlechter als die Art und Weise, wie jemand anderes damit umgeht. Gedanken oder Gefühle sind niemals richtig oder falsch. Sie sind unterschiedlich, und in diesen Unterschieden liegt deine individuelle Trauer.

Die Listen in diesem Teil drehen sich um das, was Menschen nach einem schweren Verlust häufig *denken*, *fühlen* und *tun*. In einem Buchabschnitt lässt sich unmöglich alles abdecken, was du selbst in deiner Trauer erlebt hast oder noch erleben wirst. Wir gehen jedoch auf das ein, was nach dem Stand der Forschung sowie nach unserer persönlichen und beruflichen Erfahrung häufig auftritt.

Wenn ein Verlust deine Welt ins Wanken bringt, ist die Trauer oft anders, als du sie dir vorgestellt hast. Du denkst, fühlst und tust vielleicht Dinge, die du noch nie gedacht, gefühlt oder getan hast. Wenn du deinen Trauerreaktionen hilflos gegenüberstehst, ratlos bist oder sogar Angst davor hast, bist du nicht allein. Kaum eine Frage hören wir häufiger als »Ist das normal?«.

Auf diese Frage sollen die Listen in diesem Teil eine Antwort geben. Und wir hoffen, dass sie dir ermöglichen, deine ganz individuelle Trauerreaktion besser zu erkennen, zu erkunden und zu verstehen.

DEINE EIGENE LISTE

Welche Trauergefühle empfindest du?

Trauer ist zwar längst nicht nur eine emotionale Erfahrung, doch die überwältigenden Gefühle, die sie erleben, sind für viele Trauernde besonders besorgniserregend und rätselhaft. Du wirst Gefühle verspüren, die du noch gar nicht kanntest, Gefühle, die sich von Stunde zu Stunde oder von Minute zu Minute ändern. Eine Empfindung geht in eine andere über. Nicht selten wird man von Gefühlen überwältigt und kann gleichzeitig kaum identifizieren, um welche es sich eigentlich handelt.

Bevor wir weiter auf Gefühle eingehen, wollen wir eine umfassende Liste der Emotionen liefern, die nach einem Verlust besonders weit verbreitet sind. Diese Liste ist natürlich nicht vollständig. Vielleicht stellst du bei dir selbst Gefühle fest, die nicht auf dieser Liste stehen. Das ist auch gut so. Entscheidend ist, dass du dir klarmachst, welche dieser Gefühlsregungen Teil deiner Trauer sind (und dir notierst, welche auf unserer Liste fehlen, dir aber wichtig erscheinen).

So gehst du vor:

- Notiere dir mithilfe der Liste auf Seite 82 die Gefühle, die bei dir seit deinem Verlust besonders stark ausgeprägt sind. Ergänze gerne weitere Emotionen, die nicht dort aufgeführt sind.

- Wenn du fertig bist, kreise die beiden Gefühle ein, die dir am häufigsten zu schaffen machen.
- Um die Verbindung zwischen Gedanken und Gefühlen deutlich zu machen, notiere dir alle Gedanken, die du mit diesen Emotionen in Verbindung bringst.
- So schwer es auch sein mag, versuche, diese Gefühle und Gedanken nicht zu bewerten. Nimm sie lediglich zur Kenntnis.

Abgekämpft
Allein
Am Boden zerstört
Anders
Ängstlich
Bedauernd
Befreit
Befremdlich
Beraubt
Beschämt
Betäubt
Beunruhigt
Dankbar
Eifersüchtig
Eingeschüchtert
Einsam
Elend
Empathisch
Entfremdet
Entpersönlicht
Erleichtert
Erschöpft
Erschüttert
Freudlos
Geerdet
Gefangen
Gelähmt
Gequält
Gleichgültig
Hilflos
Hoffnungslos
Hoffnungsvoll
Hohl
Innerlich tot
Irre
Isoliert
Klein
Krank
Lebendig
Leer
Liebevoll
Losgelöst
Machtlos
Melancholisch
Menschlich
Missverstanden
Mitfühlend
Müde
Nachtragend
Neu verbunden
Nichts
Niedergeschlagen
Orientierungslos
Panisch
Ratlos
Schockiert
Schuldig
Schwach
Schwer
Schwermütig
Sehnsüchtig
Sehnsuchtsvoll
Stark
Tapfer
Taub
Traurig
Überfordert
Überlastet

Übersehen
Unbezwingbar
Ungeduldig
Ungläubig
Unglücklich
Unmotiviert
Unsicher
Unsichtbar
Untröstlich
Unvollständig
Unzulänglich
Verängstigt
Verärgert
Verbraucht
Verbunden
Verlassen
Verletzlich
Verloren
Verraten
Verrückt
Verstummt
Verwirrt
Verzweifelnd
Verzweifelt
Voller Schmerz
Wehmütig
Wertlos
Wie ertrinkend
Wütend
Zerbrochen
Zerrissen
Zornig
Zurückgezogen
Zwiespältig

6 widersprüchliche Gefühle, die bei Verlusten auftreten können

Wahrscheinlich wurdest du seit der schwierigen Lebenserfahrung, die dich zu diesem Buch geführt hat, schon häufiger »Wie geht es dir?« gefragt, als du zählen kannst.

Die Frage klingt so einfach, oder? Aber die Antwort kann erschreckend kompliziert sein.

Das Leben mit einem Verlust zwingt dich dazu, Raum für verworrene Gedanken, Gefühle und Wünsche zu schaffen, die oft Seite an Seite existieren. Du musst in der Lage sein, zwei scheinbar gegensätzliche Regungen gleichzeitig zu empfinden. Wir liefern hier keine Checkliste mit allen emotionalen Widersprüchen, auf die du stoßen wirst, sondern vielmehr einige Beispiele, die uns regelmäßig begegnen.

1

Du freust dich auf die Zukunft, obwohl du der Vergangenheit nachtrauerst.

Beispiel: Du bist dir vollkommen sicher, es war die richtige Entscheidung, dass ihr euch scheiden lasst; und du blickst dem Leben allein optimistisch entgegen. Trotzdem vermisst du die Vertrautheit und Intimität, die du mit deinem Partner genossen hast, und das Leben, das du dir mit ihm ausgemalt hattest. Die Vorfreude auf die Zukunft macht die Trauer um das gemeinsame Leben, von dem du ausgegangen warst, nicht weniger schmerzlich.

(2)

Du freust dich ehrlich für einen anderen Menschen, bist aber gleichzeitig neidisch.

Beispiel: Eine liebe Freundin wird schwanger, während es bei dir und deinem Partner nicht klappen will. Du freust dich ehrlich für deine Freundin, empfindest aber auch ein gewisses Maß an Neid, weil es dir selbst nicht gelingt, schwanger zu werden. Die Freude für die Freundin wird durch den Neid nicht geringer, sondern beides existiert nebeneinander. Das ist völlig normal, als Gefühl aber … kompliziert.

(3)

Du würdest alles dafür geben, die Vergangenheit zu ändern, obwohl du weißt, dass du daran gewachsen bist.

Beispiel: Wenn du überlegst, wie du dich seit dem Tod deiner Schwester entwickelt hast, erkennst du, dass du das Leben jetzt mehr zu schätzen weißt, bedeutungsvollere Beziehungen führst und stärker bist, als du dir jemals vorgestellt hättest. Gleichzeitig wünschst du dir natürlich deine Schwester zurück und hast manchmal ein schlechtes Gewissen, weil du froh über deine Veränderung bist. Deine Dankbarkeit für deine eigene Entwicklung schmälert in keiner Weise den Wunsch, deine Schwester möge noch leben. Du würdest dein persönliches Wachstum auf der Stelle opfern, wenn du dafür die Schwester zurückbekommen könntest, aber da das nicht möglich ist, kannst du trotzdem anerkennen und wertschätzen, wie du dich durch den Verlust verändert hast.

4

Du bist über einen Verlust todunglücklich, aber gleichzeitig auch ein wenig erleichtert.

Beispiel: Nachdem du deine demenzkranke Mutter sieben Jahre lang zu Hause gepflegt hast, wirst du ihren Bedürfnissen nicht mehr gerecht, sodass sie in ein Pflegeheim umziehen muss. Du bist am Boden zerstört, weil ihr Zustand immer schlechter wird und du ihr nicht die nötige Betreuung bieten kannst. Gleichzeitig bist du erleichtert – und hast dann sofort ein schlechtes Gewissen, weil du erleichtert bist. Du kannst dir wünschen, dass sich der Zustand deiner Mutter nicht verschlechtert hätte und sie weiter bei dir wohnen könnte, und trotzdem eingestehen, dass die Pflege unglaublich viel Kraft kostet und es deshalb normal ist, über Hilfe und Entlastung froh zu sein.

5

Du liebst einen Menschen innig und bist gleichzeitig unglaublich wütend auf ihn.

Beispiel: Deine siebzehnjährige Tochter ist drogenabhängig und hat sich angewöhnt, dich zu bestehlen und tagelang zu verschwinden. Du liebst sie so innig und bedingungslos wie eh und je, bist aber auch so wütend, angstvoll und verzweifelt, wie du es dir niemals vorgestellt hättest. All diese Gefühle empfindest du gleichzeitig und von ganzem Herzen.

6

Obwohl dir der Mensch, um den du trauerst, sehr fehlt, liebst du jemand Neues, der dir wichtig ist.

Beispiel: Du bist seit vier Jahren Witwe und fühlst dich endlich bereit für ein Date. Du triffst jemanden, mit dem es »Klick« macht. Das ist sehr tröstlich, führt aber gleichzeitig dazu, dass dir dein früherer Partner noch mehr fehlt. Die Gefühle für den neuen schmälern in keiner Weise die Liebe zum verstorbenen Partner und umgekehrt. Die beiden Gefühle schließen einander nicht aus.

Trauer öffnet die Augen für eine Welt, in der es gleichzeitig Regen und Sonnenschein geben kann. Es mag sein, dass dich das anfangs etwas überfordert, aber in vielerlei Hinsicht ist das positiv, denn es bedeutet, dass du dich nicht zwischen der

Trauer über die Vergangenheit und dem Leben in der Gegenwart entscheiden musst. Der Schmerz über den Verlust kann Seite an Seite mit anderen Gefühlen wie Dankbarkeit, Glück und Hoffnung existieren.

WEITERE LISTEN ZU DIESEM THEMA:

4 Strategien zum Umgang mit widersprüchlichen Gefühlen, Seite 242

9 Möglichkeiten, in der Trauer freundlich zu sich selbst zu sein, Seite 251

4 Tipps, wie du Ruhe findest, wenn die Trauer wütet, Seite 255

5

Fakten zur akuten Stressbelastung

Vor, während und nach einem großen Verlust oder einem lebensverändernden Ereignis ist deine einst so vertraute Welt manchmal nicht wiederzuerkennen, sondern erscheint dir wie ein Meer aus Verlust, Verwirrung, Chaos und Unklarheit. Vielleicht hast du etwas erlebt, was dich selbst oder jemand anders körperlich in Gefahr brachte. Oder dich hat dein Erlebnis emotional aus der Bahn geworfen. Angst und Ungewissheit bringen die biologischen Reaktionen deines Körpers auf Hochtouren.

1

Auf Stress reagiert der Körper von Natur aus mit der akuten Stressreaktion.

Dein Körper ist so programmiert, dass er reagiert, wenn du eine extreme Bedrohung deiner Sicherheit und deines Wohlergehens wahrnimmst. Das hat die Evolution so eingerichtet, damit wir vor Raubtieren flüchten können, doch deine Stressreaktion meldet sich nicht nur, wenn dich ein Löwe jagt. Sie wird immer dann ausgelöst, sobald du mit einer Situation konfrontiert bist, die dein Gehirn als Bedrohung wahrnimmt. Wenn du erfährst, dass du an einer schlimmen Krankheit leidest, dass jemand gestorben ist, dass ein geliebter Mensch verletzt wurde oder dass dein Partner dich verlassen will, wird dir damit auf der Stelle die emotionale und körperliche Sicherheit genommen. In Sekundenschnelle erkennt dein Gehirn die Gefahr und setzt einen Notruf ab, auf den dein sympathisches Nervensystem reagiert. Sofort versorgt dich der Körper mit Adrenalin (auch Epinephrin genannt), um dir Energie zu geben, damit du dich schützen kannst.

2

Mit der akuten Stressreaktion will der Körper dich schützen.

Wenn dein Herz rast, dein Atem schneller geht und dein Blutdruck in die Höhe schnellt, hast du vielleicht nicht gerade den Eindruck, dass dein Körper dir etwas Gutes tun will. Diese Symptome sind die Reaktion des sympathischen Nervensystems. Sie wird auch *Kampf-oder-Flucht*-Reaktion genannt, weil sie dich dazu veranlasst, entweder die Stellung zu halten und gegen die Bedrohung zu kämpfen oder um dein Leben zu laufen oder wie erstarrt reglos zu verharren. (Letzteres mag unlogisch klingen, doch aus evolutionärer Sicht ist es sinnvoll, denn Raubtiere verlieren dann manchmal das Interesse; und wenn Entkommen unmöglich ist, kann man sich mit dieser Taktik zumindest psychologisch lösen oder betäuben, sodass die Schmerzen erträglicher werden.) Leider ist das Gehirn oft nicht in der Lage, zwischen verschiedenen Arten von Bedrohungen zu unterscheiden.

3

Obwohl die akute Stressreaktion völlig normal ist, fühlen sich die Symptome nicht normal an.

Zu den körperlichen Symptomen zählen oft erhöhter Puls, beschleunigte Atmung, Muskelverspannungen, Übelkeit, Schwindel, Brustschmerzen, Kopfschmerzen und Bauchschmerzen. Psychologische Symptome sind unter anderem ein Gefühl der Losgelöstheit oder Benommenheit, ein Gefühl der Derealisation (Entfremdung, Verwirrung, fehlende Verbundenheit zum Umfeld und Fremdheit der Umgebung), der Depersonalisierung (das Gefühl, neben sich zu stehen und sich selbst zu beobachten), Gedächtnisverlust, hartnäckige Gedanken, erhöhte Erregung, übertriebene Wachsamkeit, Konzentrationsschwierigkeiten, Vermeidungsverhalten oder Angstzustände.

4

Die akute Stressreaktion sollte abklingen, wenn die Bedrohung vorüber ist.

Fachleute erläutern die akute Stressreaktion oft mit folgender Analogie: Stell dir vor, dein Körper sei ein Auto und Adrenalin das Benzin, das du brauchst, um in einer Krise zu reagieren. In der ersten Phase der akuten Stressreaktion tritt das Gehirn das Gaspedal durch und pumpt damit Adrenalin in den Motor, damit du reagieren kannst. In der nächsten Phase der akuten Stressreaktion ermittelt das Gehirn, was als Nächstes zu tun ist. Im Idealfall prüft es nach dem ersten Adrenalinstoß deine Umgebung, um sich zu vergewissern, ob sich die Gefahr verzogen hat. Ist dies der Fall, nimmt es den Fuß vom Gas, sodass sich dein Körper wieder beruhigt. Andernfalls bleibt der Fuß auf dem Pedal. Meist schätzt das Gehirn die Lage richtig ein, aber nicht immer. Manchmal, nach einem schweren Trauma oder Verlust, gibt es immer noch Gas. Dann läuft dein Nervensystem weiter auf Hochtouren, dein Körper wird mit Stresshormonen überflutet, und du erlebst noch lange nach dem eigentlichen Ereignis körperliche und psychische Symptome. Hält dies länger als zwei Tage und bis zu dreißig Tage an, spricht man von einer *akuten Belastungsstörung.* Dauert dieser Zustand länger als einen Monat, liegt eine *posttraumatische Belastung* vor. Wenn du meinst, du könntest davon betroffen sein, wende dich mit deinen Symptomen an eine therapeutische oder psychiatrische Fachkraft.

5

Es ist normal, dass man seine eigenen Reaktionen fürchtet.

Uns ist klar, dass dies ziemlich abgehoben klingt. Aber wir bitten um Nachsicht. Wenn man etwas sehr Schlimmes erlebt hat, hinterfragt man oft, wie man mit dem Ereignis umgegangen ist oder umgeht. Je nach Intensität des Verlusts und der Bedrohung, die dein Gehirn dabei wahrgenommen hat, kann es sein, dass du etwas gefühlt, gedacht, gesagt oder getan hast, das du im Nachhinein nicht mehr nachvollziehen kannst. Vielleicht hast du jemanden verprügelt. Oder du warst vor Angst gelähmt und hast dich völlig abgeschottet. Möglicherweise hast du die Situation gemieden. Wenn du dir nicht erklären kannst, warum du etwas getan hast – was auch immer es war –, ist das möglicherweise beängstigend. Vielleicht fürchtest du, das könne bedeuten, dass du mit Krisen nicht umgehen kannst und ihnen nicht gewachsen bist. Es mag sein, dass du dir Reaktionen übel nimmst, die auf den ersten Blick unlogisch erscheinen. Wenn dir das bekannt vorkommt, solltest du überlegen, ob das eine normale physiologische Stressreaktion deines Körpers gewesen sein könnte.

WEITERE LISTEN ZU DIESEM THEMA:

5 Ratschläge, wie du dich mit der Trauer einrichtest,
Seite 258
Deine eigene Liste: Was sind deine Trauer-Trigger?,
Seite 263
4 Tipps, wie du Ruhe findest, wenn die Trauer wütet,
Seite 255

3
wissenswerte Fakten zum Thema Vermeidung

Denke zurück an eine Phase in deinem Leben, in der du zufrieden warst. Vielleicht fühltest du dich sogar gut, sicher, ruhig, kompetent oder stark oder hattest das Gefühl, alles im Griff zu haben. Wenn du morgens aus dem Haus gingst, hattest du keine Angst vor Gefahren, sondern fühltest dich in deiner Welt geborgen.

Nun stell dir vor, dass du in einer Welt lebst, die voller Gefahren zu stecken scheint. Mit Gefahren sind dabei tatsächliche Bedrohungen für deine körperliche Unversehrtheit gemeint, aber auch all das, was zwar keine körperlichen Schäden, aber subjektive, emotionale Schmerzen auslöst – zum Beispiel Erinnerungen an deinen Verlust, Bedrohungen für dein Selbstwertgefühl und unangenehme Begegnungen im Supermarkt.

Vielleicht musst du dir diese emotionalen Bedrohungen gar nicht vorstellen, weil du sie aktuell gerade erlebst. Vielleicht hast du seit deinem Verlust den Eindruck, dass die Welt bedrohlicher ist, dass sich niemand für dich interessiert und du mit dem ganzen Stress überfordert bist. Plötzlich erscheint es dir gefährlich, sich ungezwungen durchs Leben zu bewegen, weil in jeder Ecke deiner Welt eine Scherbe oder ein Trümmer deines Verlusts lauern könnte. Viele Menschen, die so empfinden, setzen deshalb auf Vermeidung.

1

Vermeidung bedeutet, dass du deinen Gefühlen aus dem Weg gehst, nicht Menschen oder Situationen.

Wenn in der Trauerarbeit von Vermeidung die Rede ist, meint man in der Regel *Erlebnisvermeidung*. Erlebnisvermeidung bedeutet kurz gesagt, dass man unangenehme Gefühle vermeiden will und deshalb versucht, belastende Gedanken, Emotionen oder Körperempfindungen zu verdrängen, zu reduzieren oder zu verändern.

Diese Unterscheidung ist sehr wichtig, denn spontan könnte man meinen, dass die Vermeidung eine bestimmte Person, einen Ort oder eine Sache betrifft. Erlebnisvermeidung heißt jedoch, dass du die Gefühle vermeiden willst, die diese Person, dieser Ort oder diese Sache bei dir weckt. Eine Frau, die kürzlich ihren Mann verloren hat, könnte beispielsweise nicht zur Silberhochzeit einer Freundin gehen – nicht etwa, weil sie etwas gegen die Freundin hat oder keine Feiern mag, sondern weil diese Situation schmerzhafte Gedanken und Gefühle auslösen könnte, die den eigenen Verlust betreffen.

2

Kurzfristige Vermeidung kann hilfreich sein.

Die Betonung liegt dabei auf *kurzfristig.* Du weißt ja bereits, dass Trauer sich nicht in einer geschlossenen Blase abspielt. Das Leben geht weiter, und manchmal musst du deiner Trauer sagen, dass sie sich für einen Moment verziehen soll, damit du etwas erledigen kannst. Außerdem brauchst du hin und wieder eine kurze Atempause von der intensiven Trauer, da kann eine solche vorübergehende Vermeidung gesund sein. Und schließlich ist man manchmal schlichtweg noch nicht bereit, sich mit bestimmten Dingen auseinanderzusetzen, und vermeidet sie deshalb, bis man sich stärker fühlt.

3

Längere Vermeidung kann schädlich sein.

Vermeidungsverhalten löst oft einen Teufelskreis aus, der eine Heilung verhindert. Viele Menschen glauben fälschlicherweise, dass schmerzhafte Emotionen mit der Zeit verschwinden, wenn man den Gefühlen nur lange genug aus dem Weg geht. In Wirklichkeit jedoch heilt die Zeit *nicht* alle Wunden; und wenn man bewusst versucht, bestimmte Gedanken zu unterdrücken, tauchen diese eher wieder auf. (Zur Veranschaulichung: Denke jetzt bitte auf gar keinen Fall an einen weißen Bären. Woran hast du gerade gedacht?)

Vermeidung verstärkt die ängstlichen Gedanken nicht nur, sondern verhindert auch, dass du dich mit ihnen auseinandersetzt. Wenn du die gefürchteten Situationen vermeidest, lernst du nie, dass sie dir erstens in den meisten Fällen nichts anhaben können, sie zweitens manchmal weniger schrecklich sind als erwartet und du sie drittens trotzdem ertragen kannst, selbst wenn sie doch ganz schrecklich sind.

Zu guter Letzt, und das ist vielleicht das Wichtigste, isolierst du dich von Menschen, Orten und anderem, was dir einst wichtig war, wenn du alle Gedanken und Gefühle vermeidest, die mit der Trauer zusammenhängen. Je stärker die Vermeidungsstrategie, desto kleiner wird deine Welt und desto schwieriger wird es, neue Quellen der Verbundenheit, des Trostes und des Sinns zu finden.

WEITERE LISTEN ZU DIESEM THEMA:

5 Anzeichen für Vermeidungsverhalten, Seite 98
5 mögliche Reaktionen auf eine chaotische und unkontrollierbare Welt, Seite 106
5 Ratschläge, wie du dich mit der Trauer einrichtest, Seite 258

---

5 Anzeichen für Vermeidungsverhalten

Sobald du eine Vorstellung davon hast, worum es bei der Vermeidung geht, solltest du im nächsten Schritt ermitteln, welche Rolle sie in deinem Leben spielt.

Vermeidungsverhalten ist oft schwer zu erkennen, weil es die Grundlage für bestimmte Verhaltensweisen bildet, die nicht zwangsläufig problematisch sind. Manchmal braucht es etwas Zeit und Selbstbeobachtung, um schädliches Vermeidungsverhalten festzustellen. Deshalb findest du hier einige allgemeine Hinweise darauf, wie sich Vermeidung im Alltag manifestieren kann.

1 DU MEIDEST MENSCHEN, ORTE UND AKTIVITÄTEN.

Wenn dir die Welt nicht sicher vorkommt, erscheint es nur logisch, zu Hause zu bleiben. Und genau das tun viele Trauernde nach einem Verlust. Sie gehen allen Menschen, Orten und Dingen aus dem Weg, die schmerzhafte, mit der Trauer verbundene Gefühle auslösen könnten.

2 DU REDEST DIR UND ANDEREN EIN, DASS ES DIR GUT GEHT.

Wenn »Mir geht's gut« die Standardantwort ist, die du nicht nur anderen, sondern auch dir selbst gibst, könnte das ein Zeichen von Vermeidung sein. Vielleicht willst du dir nicht eingestehen, dass es dir schlecht geht, weil du dir dann schwach oder verletzlich vorkommst. Vielleicht ist der Verlust schon eine Weile her, sodass du meinst, niemand könne verstehen, dass du immer noch trauerst. Oder du fürchtest, dass man dir helfen will, wenn du zugibst, dass du eine schwierige Zeit durchmachst, und willst nicht dazu gedrängt werden, fremde Ratschläge anzunehmen.

3 DU PROKRASTINIERST.

Es ist nur logisch, dass man gewisse Dinge auf die lange Bank schiebt, um unangenehme Trauergefühle zu vermeiden. Zum Beispiel könnte es sein, dass du dich nach einer Trennung lange nicht auf ein Date wagst, weil du eine neuerliche Zurückweisung fürchtest. Oder du hast noch immer nicht die Habseligkeiten eines verstorbenen Lieben durchgesehen, weil du weißt, dass dich das sehr mitnehmen wird. Wir raten immer dazu, mit schwierigen Aufgaben nach Möglichkeit so lange zu warten, bis man sich dazu bereit fühlt. Allerdings solltest du unbedingt erkennen, ob du etwas länger aufschiebst, als vernünftig oder ratsam ist. So hast du vielleicht das Auto deines verstorbenen Bruders noch immer nicht verkauft, weil es eine große emotionale Belastung wäre, dich davon zu trennen. Wenn du aber keinen Platz hast, um es länger zu behalten, ist es nicht sinnvoll, den Verkauf aufzuschieben.

4 DU LENKST DICH SELBST AB.

Nach einem Verlust kommt es vor, dass man sich ablenkt, um sich nicht mit schmerzhaften Gedanken, Erinnerungen und Gefühlen auseinandersetzen zu müssen. Ablenkung kann viele Formen annehmen; so kann man sich in Aktivitäten stürzen, dafür sorgen, dass man ständig beschäftigt ist, Überstunden machen oder seine gesamte geistige Energie für andere Menschen investieren.

5 DU KONSUMIERST RAUSCHMITTEL.

Der Konsum bewusstseinsverändernder Substanzen ist eine gängige Form der Vermeidung. Wenn man nicht nüchtern ist, empfindet man den Schmerz weniger intensiv oder wird gleichgültig. Das ist gefährlich, denn mit der Zeit braucht man immer mehr von dem Stoff, um den Schmerz der Trauer zu betäuben, und lernt nicht, mit belastenden Gedanken und Gefühlen konstruktiv umzugehen.

WEITERE LISTEN ZU DIESEM THEMA:

3 wissenswerte Fakten zum Thema Vermeidung, Seite 94
5 Fakten über das Grübeln, Seite 114
8 Risikofaktoren für Isolation, Seite 168

6

Ursachen für trauer-bedingte Ängste

Es ist nicht so, dass man entweder Ängste hat oder nicht. Jeder Mensch erlebt ein gewisses Maß an Angst. Der Unterschied besteht darin, welche Gedanken, Gefühle und Erfahrungen die Angst auslöst, wie intensiv die Angst ist und wie man darauf reagiert und damit umgeht.

In bestimmten Lebensphasen verspürst du vielleicht kaum oder gar keine Angst, zum Beispiel wenn du etwas tust, bei dem du entspannt bist. Dann wieder treten mittelstarke Ängste auf, etwa bei einer Prüfung oder einer Präsentation im Job (es sei denn, du hast große Angst vor Prüfungen oder davor, Vorträge halten zu müssen). Ängste, die im Mittelbereich des Spektrums liegen, sind in der Regel gesund, denn sie sorgen dafür, dass du dich konzentrierst, motiviert bist und angemessen nach Gefahren für deine Gesundheit oder deine körperliche Sicherheit Ausschau hältst.

Manchmal jedoch erlebst du Angstzustände, die im Extrembereich des Spektrums liegen. Wer schon einmal von einer Phobie oder einer generalisierten Angststörung betroffen war, wird wissen, dass dabei oft immer wieder ein hohes Maß an Angst auftritt. Es kann auch sein, dass in bestimmten Lebensphasen verstärkt Ängste entstehen. So kann ein Verlust oder ein Trauma dein Angstempfinden aus vielen Gründen verändern und verstärken; auf einige der Gründe werden wir hier eingehen.

1

Du versuchst, unangenehme Gedanken, Erinnerungen und Gefühle zu vermeiden.

Trauer ist zwar immer unangenehm und unbehaglich, doch manche Menschen empfinden gewisse Aspekte als richtiggehende Bedrohung. Diese Wahrnehmung kann dazu führen, dass sie versuchen, beängstigende Gefühle und Reaktionen zu kontrollieren oder zu vermeiden (siehe oben).

2

Deine akute Stressreaktion wird ausgelöst.

Bei einem traumatischen Erlebnis kann es passieren, dass die Gedanken, Gefühle und Empfindungen, die du in diesem Moment hast, mit Objekten und anderen Reizen verknüpft werden, die mit dem Ereignis zusammenhängen. Wenn du dann später ähnlichen Reizen ausgesetzt bist, kann dies eine akute Stressreaktion auslösen, die der ähnelt, die du zum Zeitpunkt des Traumas erlebt hast. Dafür ist ein bekanntes und gut erforschtes Phänomen verantwortlich, das in der Psychologie als *klassische Konditionierung* bezeichnet wird.

Ein Beispiel: Bei den Eltern klingelt um fünf Uhr morgens das Telefon, und sie erfahren, dass ihr Sohn in der Nacht bei einem Autounfall ums Leben gekommen ist. Bis dahin hätte ein morgendlicher Anruf die Eltern vielleicht nicht beunruhigt, aber jetzt geraten sie jedes Mal in Panik, wenn vor acht Uhr früh das Telefon klingelt.

3

Du fürchtest die Intensität der Trauergefühle.

Nach einem Verlust haben Trauernde oft das Gefühl, dass sie den Halt verlieren. Wenn man die eigene Trauerreaktion als gefährlich, bedrohlich oder als Anzeichen für schwerere psychische oder körperliche Probleme deutet, steigt die Wahrscheinlichkeit, dass man Angst empfindet. Wer sich vor Trauerreaktionen und trauerbezogenen Emotionen fürchtet, erlebt wahrscheinlich vermehrt Angst, wenn die eigenen Gefühle unvorhersehbar sind und leicht ausgelöst werden.

4

Dir ist, als würdest du erst jetzt erkennen, dass jederzeit etwas Schlimmes passieren kann.

Vielleicht warst du vor deinem Verlust davon überzeugt, dass auf der Welt alles aus einem bestimmten Grund geschieht. Vielleicht hast du auch unbewusst geglaubt, dir würde nichts Schlimmes zustoßen. Seitdem jedoch tatsächlich etwas passiert ist, lebst du unter Umständen mit der ständigen Angst, dass jeden jederzeit ein schlimmer Schicksalsschlag treffen kann. Schon mit der entfernten Möglichkeit, dass etwas Schreckliches passieren könnte, haben manche große Schwierigkeiten. Vielleicht hast du am eigenen Leib erfahren, dass äußerst unwahrscheinliche Worst-Case-Szenarien durchaus eintreten können. Selbst wenn alles dagegenspricht, dass etwas passiert, kann schon die bloße Möglichkeit starke Ängste und Sorgen auslösen.

5

Du willst keine (weitere) böse Überraschung erleben.

Im Jahr 2011 entwickelten Michelle Newman und Sandra Llera die Theorie von der *emotionalen Kontrastvermeidung*, um Sorgen und Vermeidungsverhalten im Rahmen einer generalisierten Angststörung zu erklären. Nach ihrer Theorie sollen die ständigen Sorgen bewirken, dass man nicht von negativen Gefühlen überwältigt wird, falls tatsächlich etwas Schlimmes passiert. Wenn man genauer überlegt, wird man feststellen, dass unsere Gesellschaft diese Denkweise fördert. Ratschläge wie »Mach dich auf etwas gefasst« oder »Sei auf der Hut« sind allgegenwärtig und sagen uns: »Pass auf, dass dir nicht unverhofft etwas Schlimmes zustößt.«

6

Du leidest an einer Angststörung, an Depressionen oder an einer posttraumatischen Belastungsstörung.

Angststörungen gehören zu den häufigsten psychischen Störungen, deshalb ist es nur logisch, dass viele Menschen, die bereits von Angstzuständen betroffen sind, irgendwann auch Trauer erleben. Bei anderen wiederum kann ein Verlust neue und bisher ungekannte Angstprobleme auslösen. In schweren Zeiten mit hoher Stressbelastung ist ein gewisses Maß an Angst und Besorgnis normal, doch wenn du den Eindruck hast, dass du dir über einen längeren Zeitraum hinweg übermäßig Sorgen machst oder Panik erlebst, wäre es ratsam, psychologische Hilfe in Anspruch zu nehmen.

WEITERE LISTEN ZU DIESEM THEMA:

5 Fakten zur akuten Stressbelastung, Seite 89
5 Anzeichen für Vermeidungsverhalten, Seite 98
4 Tipps, wie du Ruhe findest, wenn die Trauer wütet, Seite 255

---

5 mögliche Reaktionen auf eine chaotische und unkontrollierbare Welt

Bei einem Verlust erleben viele Menschen zum ersten Mal das Gefühl, den Launen des Schicksals hilflos ausgeliefert zu sein. Wenn man unter Umständen leidet, die man weder erwartet noch selbst herbeigeführt hat, kann man das Leben als unberechenbar, ungerecht und voller Gefahren empfinden. Wie du auf dieses Empfinden reagierst, hat viel mit den Aspekten zu tun, auf die wir bereits eingegangen sind, zum Beispiel Ängste und Sorgen. Wenn es nun um die weit verbreiteten Reaktionen auf das Gefühl von Chaos und Unkontrollierbarkeit geht, solltest du im Hinterkopf behalten, was du bislang erfahren hast.

1

Du versuchst, alles zu kontrollieren.

Wer sich zum ersten Mal richtig hilflos und verletzlich fühlt, versucht möglicherweise, alles zu kontrollieren – Umfeld, Gefühle, Familie und Freunde. Dahinter steckt der Gedanke, mehr Kontrolle bedeute, dass man sich selbst und die, die man liebt, besser schützen kann (ein gutes Beispiel sind übervorsichtige Eltern). Allerdings gibt es Dinge, auf die man schlichtweg keinen Einfluss hat. Es ist unmöglich, *jegliche* negativen

Erfahrungen zu verhindern, und wer das versucht, hat damit rund um die Uhr alle Hände voll zu tun.

(2)

Du würdest dich am liebsten geschlagen geben.

Das andere Extrem ist das Gefühl, dass man auf seine Welt weniger Einfluss hat, als man bisher dachte. Das Phänomen der *erlernten Hilflosigkeit* tritt auf, wenn man passiv jedes Bemühen einstellt, weil man glaubt, dass so oder so etwas Schlimmes geschehen wird. So kann es sein, dass jemand nach mehreren Traumata und Verlusten gar nicht mehr versucht, den Schmerz zu bewältigen, Lösungen zu finden oder seine Situation zu verbessern. Stattdessen fragt er sich vielleicht: »Wozu soll das gut sein? Bald kommt doch ohnehin der nächste Schlag.«

(3)

Du gibst dir selbst oder anderen die Schuld an dem Verlust.

Manche können nicht akzeptieren, dass Schlimmes grundlos passiert, und suchen deshalb nach Gründen, die das Geschehen erklären können. Es ist möglich, einen Sinn zu erkennen, der Trost verschafft, doch viele Menschen finden Erklärungen, die noch belastender und problematischer sind, zum Beispiel, indem sie sich selbst oder jemand anderem die Schuld an dem Verlust geben. Eine solche Schuldzuweisung fühlt sich schrecklich an, aber manche können das besser ertragen als die Vorstellung, dass Schlimmes rein zufällig geschieht.

4

Du verlierst das Vertrauen in andere Menschen.

Nur die wenigsten haben immer »alles« unter Kontrolle. In vielen Fällen müssen wir die Kontrolle an die zuständigen Personen abgeben (zum Beispiel im Flugzeug oder in der Chirurgie). Damit man sich dennoch sicher fühlt, muss man dem Menschen, der das Heft in der Hand hat, vertrauen können.

Nach einem Verlust kann man das Gefühl haben, dass man von denjenigen, von denen man Schutz erwartet hatte, im Stich gelassen oder verletzt wurde. Manchmal fühlt man sich auch missbraucht, ausgenutzt oder verraten. Oder man kommt zu der Erkenntnis, dass der Mensch, in den man sein Vertrauen gesetzt hat, genauso fehlbar ist und Schaden genauso wenig verhindern kann wie man selbst. In all diesen Fällen kann das Vertrauen in andere Menschen schwinden, sodass man in Zukunft nicht mehr so leicht bereit ist, die Kontrolle abzugeben.

5

Du versuchst, mit Hilfe von Ritualen die Kontrolle zu behalten.

Vielleicht fragst du dich, was Rituale mit Kontrolle zu tun haben sollen. Der Zusammenhang wird deutlich, wenn du an Aberglauben denkst, eine alltägliche Form von Ritual. Uns ist klar, dass unser Team nicht gewinnt, nur weil wir die Glückssocken anziehen, und dass es keinen Schnee gibt, wenn wir ins Gefrierfach schreien, aber viele Leute tun so etwas trotzdem. Aberglaube gibt uns das Gefühl, einen gewissen Einfluss auf das erwünschte Ergebnis zu haben, obwohl wir meist wissen, dass wir das, was wir beeinflussen wollen, kaum steuern können.

Abgesehen vom Aberglauben legen Forschungsergebnisse nahe, dass Trauerrituale ein gewisses Gefühl der Kontrolle vermitteln können. Michael Norton und Francesca Gino (2014) ermittelten in ihren Studien, dass Rituale Trauernden in Situationen, in denen sie sich sonst hilflos und machtlos fühlen, das Gefühl gaben, Einfluss nehmen zu können.

WEITERE LISTEN ZU DIESEM THEMA:

6 Ursachen für trauerbedingte Ängste, Seite 101
3 existenzielle Fragen, die ein Verlust aufwerfen kann, Seite 185
7 Schritte, die dir dabei helfen, nach deinen Werten zu leben, Seite 208

---

5 häufige Fragen zum Thema Sehnsucht

Sehnsucht ist der Teil der Trauer, der dafür verantwortlich ist, dass wir jemanden vermissen, uns nach etwas verzehren, voller Wehmut sind und uns inständig wünschen, dass alles wieder so wird, wie es einmal war. Der Wunsch, etwas oder jemanden zurückzubekommen, ist so stark, dass das Herz schier aus der Brust springt und man die Vergangenheit unbedingt festhalten will. Man würde alles dafür geben, nur eine Stunde lang noch einmal das Leben zu genießen, wie es früher war, die zweidimensionalen Erinnerungen mit lebendigen Einzelheiten zum Leben zu erwecken. Wie so vieles beim Trauern ist auch die Sehnsucht eine subjektive Erfahrung, doch einige Fragen können wir einigermaßen zuverlässig beantworten.

(1)

Wie wird Sehnsucht definiert?

Das Grimm'sche Wörterbuch definiert Sehnsucht als »ein hoher Grad eines heftigen und oft schmerzlichen Verlangens nach etwas, besonders wenn man keine Hoffnung hat, das Verlangte zu erlangen, oder wenn die Erlangung ungewiss, noch entfernt ist«. Für die Sehnsucht nach einem Verlust gefällt uns die Beschreibung von Mary-Frances O'Connor und Tamara Sussman

(2014): »ein emotionaler Zustand, der oft in Situationen erlebt wird, die mit einem Verlust zusammenhängen, und der auf das Verlangen nach einer Person, einem Ort oder einer Sache ausgerichtet ist, die uns früher viel bedeutet haben«.

2

Welche Art von Verlust ist mit Sehnsucht verbunden?

Alle Verluste können mit Sehnsucht einhergehen, vor allem, wenn man etwas Vergangenem nachtrauert. Selbst wenn der Verlust schwierige Beziehungen oder schmerzhafte Erfahrungen betrifft, kann es sein, dass du dich nach den schönen Zeiten vor dem Verlust sehnst. Verluste, die typischerweise Sehnsucht wecken, sind unter anderem:

- Trauer über den Tod eines geliebten Menschen,
- Trennungen und Entfremdungen,
- Altern, Trauer um Vergangenes und den Lauf der Zeit,
- Trauer um die Heimat, sei es ein Haus, eine Stadt oder ein Land,
- Sehnsucht nach der Zeit vor einer Krankheit oder Verletzung, als das Leben einfacher schien,
- Ruhestand,
- wenn die Kinder ausziehen.

3

Wie verbreitet ist die Sehnsucht?

Sehr! Tatsächlich gehört sie zu den häufigsten Trauerreaktionen nach dem Tod eines geliebten Menschen. Wenn dich das erstaunt, bist du damit nicht allein – die meisten Menschen verbinden Trauer mit Kummer und Niedergeschlagenheit. Forschungen haben jedoch ergeben, dass Sehnsucht tatsächlich die psychologische Reaktion ist, die von Hinterbliebenen am häufigsten genannt wird (Maciejewski et al. 2007).

4

Ist Sehnsucht wirklich ein Gefühl?

Das ist nicht so einfach. Wie viele andere Empfindungen auch hat die Sehnsucht eine kognitive (das Denken betreffende) und eine affektive (das Fühlen betreffende) Komponente. Wenn du Sehnsucht verspürst, können sich deine Gedanken darum drehen, wie das Leben wäre und wie es um dich und deine Beziehung stünde, wenn der Verlust nicht eingetreten wäre.

5

Ist Sehnsucht gut oder schlecht?

Weder noch – oder beides, ganz wie man will. Sehnsucht kann sicherlich belastend sein, weil man nach etwas verlangt und immer wieder feststellen muss, dass es unerreichbar ist. Man wird also ständig an den Verlust erinnert.

Allerdings hat die Sehnsucht auch positive Seiten. Dass Menschen in Erinnerungen schwelgen, liegt unter anderem daran, dass es ein schönes Gefühl ist, an etwas zurückzudenken. Nostalgie ist zwar ein etwas anderes Phänomen mit einem anderen Namen, hat jedoch viele Merkmale mit der Sehnsucht gemeinsam. Nostalgie, definiert als »hauptsächlich positive, mit einigen bittersüßen Elementen gefärbte Erfahrung«, wirkt nachweislich gegen negative psychologische und physiologische Zustände. Wer traurig, gestresst oder einsam ist, kann an vergangene Zeiten zurückdenken, um sich besser zu fühlen. Erinnerungen an glücklichere Tage wirken als Ausgleich zu belastenderen Gedanken und Gefühlen (Zhou et al. 2012).

WEITERE LISTEN ZU DIESEM THEMA:

6 widersprüchliche Gefühle, die bei Verlusten auftreten können, Seite 84

4 Gründe, wieso die Vorstellung von der fortgesetzten Bindung so ansprechend ist, Seite 329

20 Möglichkeiten, Erinnerungen aufrechtzuerhalten, Seite 340

5

Fakten über das Grübeln

Wenn wir uns nach Trauererfahrungen erkundigen, steht das Grübeln in der Regel nicht ganz oben auf der Liste. Aber sobald wir das Phänomen beschreiben, erkennen wir an den Blicken, dass es bekannt ist. Grübeln – oder *Rumination*, wie der Fachbegriff lautet – ist erstaunlich weit verbreitet, auch wenn es oft nicht benannt wird (lat. *ruminatio* [das Wiederkäuen]). Es gibt unterschiedliche Definitionen, doch für unsere Zwecke werden wir hier eine psychologische Definition von Maarten Eisma und Margaret Stroebe verwenden: »wiederholtes und wiederkehrendes Nachdenken über Ursachen und Folgen des Verlusts und verlustbezogene Emotionen« (Eisma et al. 2014).

Wenn du dich schon einmal dabei ertappt hast, dass deine Gedanken wieder und wieder um die Ursachen und Folgen deines Verlustes kreisten, war das Rumination. Dieses Grübeln kann negative Auswirkungen haben, deshalb wollen wir hier genauer darauf eingehen.

(1)

Es ist nicht schlimm, wenn man nach einem Verlust (gelegentlich) grübelt.

Uns ist klar, dass es problematisch klingt, wenn man sich immer wieder mit schmerzlichen Gedanken befasst. Aber Rumination bedeutet im Grunde, dass man sich intensiv mit etwas Schwierigem auseinandersetzt, das einem widerfahren ist. Nach einem Verlust, vor allem einem unerwarteten, versucht das Gehirn, das Ereignis, welches das Leben so aus der Bahn geworfen hat, zu verarbeiten und zu deuten. Daher ist es kein Wunder, dass es die Ursachen und Folgen noch einmal durchspielt, während es eine Erzählung über das Geschehen konstruiert. In gewissem Rahmen ist das sogar normal.

(2)

Die meisten Menschen grübeln hin und wieder.

Wenn ein Verhalten mit negativen Assoziationen oder Konsequenzen einhergeht (und das trifft auf das Grübeln zu), gilt es oft als anormal. Aber in den Tagen oder Wochen nach einem Verlust neigen die meisten Menschen dazu, das Erlebte Revue passieren zu lassen und Ursachen und Folgen wieder und wieder durchzuspielen. Das Phänomen ist so weit verbreitet, dass die Rumination in der Trauertherapie nach einer bestimmten Skala bemessen wird (Eisma et al. 2014).

(3)

Das Grübeln sollte mit der Zeit nachlassen.

Wenn dein Gehirn allmählich akzeptiert, dass das, was dir geschehen ist, wirklich wahr ist, und die Einzelheiten logisch erfasst, ebbt das Grübeln oft ab. Das bedeutet nicht, dass du niemals eine schlechte Nacht erleben wirst, in der du deine Scheidung haarklein nacherlebst oder die Augenblicke vor dem Tod deiner Schwester noch einmal durchspielst. Es bedeutet auch nicht, dass du nicht gelegentlich etwas anderes finden wirst, worüber du nachgrübeln kannst. Wenn nach einem Verlust das Leben neu bewältigt werden muss, sind Sorgen ganz normal. Manchmal werden diese Sorgen vorübergehend zu Grübeleien führen. Du solltest nur darauf achten, ob das zum Dauerzustand wird.

4

Grübeln kann durchaus zum Problem werden (und zwar zu einem großen).

Wenn du gerade in Grübeleien feststeckst, wollen wir dir keine Angst einjagen, aber eines möchten wir klarstellen: Rumination kann unglaublich problematisch werden. Das glaubst du nicht? An der Universität Yale hat man sich eingehend mit Grübelei befasst und deutliche Hinweise darauf gefunden, dass Rumination »Depressionen verschlimmert, negatives Denken verstärkt, die Problemlösung beeinträchtigt, instrumentelles Verhalten stört und soziale Unterstützung untergräbt« (Nolen-Hoeksema et al. 2008). Puuh. Keine Sorge, wir haben eine Liste mit Tipps, die dir helfen können, wenn du fürchtest, dass deine Grübeleien besorgniserregende Ausmaße annehmen (siehe Seite 267).

5

Grübeln in der Trauer ist eine Form des Vermeidens.

Zugegeben, das klingt ziemlich unlogisch. Auf Seite 95 haben wir erläutert, dass Vermeidung bedeutet, bestimmte Gedanken gezielt zu verbannen. Beim Grübeln dagegen denkt man immer wieder an das Gleiche. Wie soll das eine Form der Vermeidung sein? Die Hypothese, dass »Rumination gleich Vermeidung« sein könnte, wurde von Margaret Stroebe, Henk Schut, Maarten Eisma sowie einigen ihrer Kollegen und Kolleginnen aufgestellt und anschließend untersucht. Zu diesem Thema gibt es viel zu sagen, du solltest jedoch vor allem Folgendes wissen: Studien haben ergeben, dass Trauernde oft über ganz bestimmte Aspekte ihres Verlustes nachgrübeln. Ihr Gehirn ist dann so sehr mit diesen speziellen Ereignissen oder Details beschäftigt, dass sie sich nicht mit noch schwierigeren und schmerzhafteren Aspekten ihrer Trauer auseinandersetzen müssen.

WEITERE LISTEN ZU DIESEM THEMA:

9 Techniken, die gegen Sorgen und Grübeleien helfen, Seite 267

6 Ratschläge für ein Leben mit Schuldgefühlen und Bedauern, Seite 274

4 Möglichkeiten, in deinem Umfeld Trauerunterstützung zu finden, Seite 325

4

Fakten zum Thema Erleichterung

Die American Psychological Association definiert Erleichterung als »positive Emotion, die als Reaktion auftritt, wenn eine Bedrohung abgeklungen, verschwunden oder nicht eingetreten ist«. Nach dieser Definition klingt Erleichterung ziemlich unkompliziert, und oft ist sie das auch. Aber nicht immer, vor allem nicht in der Trauer. Erleichterung ist zwar eine weit verbreitete Reaktion auf einen Verlust, löst aber typischerweise auch Schuldgefühle und Verwirrung aus. Deshalb wollen wir hier einige der häufigsten Missverständnisse über dieses Gefühl klären.

1

Wann empfindet man in der Trauer Erleichterung?

Manche Verluste, wenn auch sicher nicht alle, treten nach einer Zeit des Leidens auf. Vielleicht war die Ehe unglücklich, die Arbeit schwierig, oder vor dem Tod lag eine längere Zeit der geistigen oder körperlichen Krankheit. Ob sie kurz oder lang war, diese Phase hat sicherlich Ängste oder Qualen bereitet. Der Verlust, so verheerend er auch sein mag, hat diesem Leiden ein Ende gesetzt und damit das ganz normale und sehr natürliche Gefühl der Erleichterung hervorgerufen.

②

Erleichterung bedeutet also, dass ich über den Verlust froh bin?

Nein! Du bist froh, da *das Leiden ein Ende hat*, und nicht darüber, welches Ende es genommen hat. Wenn es möglich gewesen wäre, hättest du dir vermutlich ein anderes Ende ausgesucht: Dein geliebter Mensch wäre wieder ganz gesund geworden, ihr hättet als Paar einen Weg zu einer glücklichen Beziehung gefunden, deine Probleme am Arbeitsplatz wären geschickt gelöst worden. Leider können wir uns das Ende meist nicht aussuchen.

③

Aber immerhin macht Erleichterung die Trauer erträglicher, oder?

Nein, leider nicht. Erleichterung ist Teil der Trauer und kann den komplexen Schmerz im Leben nach einem Verlust nicht lindern. Auch wenn du froh bist, wenn dein Leiden oder das Leiden des geliebten Menschen ein Ende hat, schließt das nicht wie von Zauberhand die klaffende Lücke in deinem Leben. Das Ende des Leidens, das du vor dem Verlust erlebt hast, schützt nicht vor den Qualen, die du nach dem Verlust empfindest.

4

Wenn Erleichterung so normal und natürlich ist, warum habe ich deshalb dann so ein schlechtes Gewissen?

Wenn deine Erleichterung bei dir Schuldgefühle auslöst, bist du damit nicht allein. Diese Schuldgefühle ergeben sich oft aus einem Missverständnis, weil nicht ganz klar ist, was Erleichterung bedeutet (und was nicht). Fassen wir noch einmal zusammen: Erleichterung bedeutet, dass du froh bist, wenn das Leiden ein Ende hat. Das ist nicht nur normal, sondern auch mitfühlend. Erleichterung bedeutet *nicht*, dass du froh bist, weil jemand gestorben ist, deine Ehe scheiterte oder du deinen Job verloren hast.

WEITERE LISTEN ZU DIESEM THEMA:

4 Strategien zum Umgang mit widersprüchlichen Gefühlen, Seite 242

6 widersprüchliche Gefühle, die bei Verlusten auftreten können, Seite 84

5 Fakten zur akuten Stressbelastung, Seite 89

3
Fragen über das Nichts-Fühlen

Man kann man im Laufe des Lebens so viele verschiedene Gefühle empfinden – Wut, Freude, Eifersucht, Liebe, Scham, Glück, Verlegenheit, Belustigung, Traurigkeit, Euphorie, Ärger: Die Achterbahn der Gefühle rast in schwindelerregende Höhen, schlägt Loopings und stürzt in die Tiefe, wieder und wieder. Das ist aufregend und furchteinflößend, ein wahrer Höllenritt.

Aber stell dir nur vor, dass du eines Tages in diese Achterbahn einsteigst, und während es steil hinauf und abrupt in die Tiefe, durch Kurven und Loopings geht, merkst du, dass du gar nichts empfindest. Du sitzt in einem winzigen Wagen, der hin und her geschleudert wird, und fragst dich, warum alle anderen lachend und kreischend die Arme in die Höhe recken.

1 GIBT ES EIN WORT FÜR »NICHTS FÜHLEN«?

Der Fachbegriff dafür, dass man nichts empfindet, lautet Anhedonie. Die Anhedonie zählt zu den Hauptsymptomen einer schweren depressiven Störung und ist auch eine mögliche Reaktion auf Verluste, Ängste oder Traumata. Beschreiben lässt sie sich als Unfähigkeit, Freude zu empfinden, oder als Verlust des Interesses an Dingen, die man früher erfüllend oder angenehm fand, wie Hobbys, Arbeit, Essen, Sex und Lachen. Allerdings gibt es auch die Auffassung, dass diese Beschreibung der Realität nicht gerecht wird.

2 WIE *FÜHLT* ES SICH AN, WENN MAN NICHTS FÜHLT?

Wenn man nichts empfindet, bedeutet das nicht, dass man sich »okay« fühlt, unbeeindruckt oder ungerührt ist. Nichts zu fühlen bedeutet vielmehr, ein Gefühl der Leere zu empfinden, als sei man innerlich tot, gefühllos, als könne man nicht Anteil nehmen und die Gefühle und Emotionen anderer nicht nachvollziehen.

Es ist schwer zu verstehen, dass die Abwesenheit von Gefühlen extrem schmerzhaft und qualvoll sein kann, aber genau so ist es. Wenn man nichts fühlt, kann man die Welt schwer verstehen. Beim Blick in den Spiegel erkennt man sich selbst kaum wieder; ohne Emotionen fühlt man sich fremd und kann sich schwerlich vorstellen, jemals wieder »ein Mensch zu sein«. Das emotionale Abstumpfen, das man in der Trauer manchmal erlebt, wird oft als besonders beunruhigend empfunden, weil man damit rechnet, so viel mehr zu fühlen.

3 IST ES NORMAL, DASS MAN NICHTS FÜHLT?

Es ist normal, dass du dich in deiner Trauer hin und wieder wie betäubt oder emotionslos fühlst; das wirft keineswegs ein schlechtes Licht auf dich.

Wie bei den meisten Erfahrungen gibt es auch beim Nichts-Fühlen ein breites Spektrum. Es ist normal, wenn man manchmal wie betäubt ist, aber wenn du über einen *längeren Zeitraum* nichts fühlst, könnte das auf ein ernsteres Problem hinweisen.

Falls du dich schon länger so fühlst und dir darüber Gedanken machst, solltest du vielleicht professionelle psychologische Hilfe in Anspruch nehmen.

WEITERE LISTEN ZU DIESEM THEMA:

Deine eigene Liste: Welche Trauergefühle empfindest du?, Seite 81

5 Fakten zur akuten Stressbelastung, Seite 89

7 Schritte, die bei der Bewältigung helfen, wenn dir nicht nach Bewältigung ist, Seite 246

4

Gründe, warum Schuldgefühle noch komplizierter sind, als du glaubst

Schuldgefühle treten in der Trauer zwar sehr häufig auf, doch es ist gar nicht so leicht, damit umzugehen. Andere empfinden sie oft als unangenehm und reagieren ablehnend. Wer Schuldgefühle äußert, muss nur zu oft hören: »Ach, hab doch kein schlechtes Gewissen. Vergiss es einfach, es war nicht deine Schuld.« Das wird meist mit den besten Absichten geäußert, doch niemand hört gern, dass das, was man fühlt, nicht richtig ist. Außerdem ändert das in der Regel nichts an den Schuldgefühlen. Gefühle lassen sich nun einmal nicht auf Kommando abstellen.

Eines möchten wir klarstellen: Es ist in Ordnung, ein schlechtes Gewissen zu haben. Wirklich. Aber es ist auch wichtig, diese Schuldgefühle zu verstehen, zu hinterfragen und damit umzugehen.

1

Es gibt keine einheitliche Definition von Schuldgefühlen.

Würdest du die Literatur zur psychischen Gesundheit durchforsten, müsstest du feststellen, dass Schuldgefühle nicht einheitlich definiert sind. Eine Analyse aus dem Jahr 2010, die Dutzende von psychologischen Definitionen und Messgrößen für Schuldgefühle untersuchte, kam zu dem Schluss, dass »die Definitionen äußerst divers waren und konzeptionell nicht auf ein gemeinsames zugrunde liegendes Konstrukt hinausliefen« (Tilghman-Osborne et al. 2010).

Allgemeiner Konsens dürfte sein, dass Schuldgefühle die emotionale Reaktion sind, die sich nach einem (tatsächlichen oder vermeintlichen) moralischen Fehlverhalten einstellt. Einfach ausgedrückt: Wenn man denkt, dass man etwas falsch gemacht hat, fühlt man sich schuldig.

2

Wenn du denkst, dass du etwas falsch gemacht hast, entspricht das nicht unbedingt der Wahrheit.

Deine Gedanken und Gefühle sind nicht immer zutreffend. Das möchten wir noch einmal wiederholen: *Deine Gedanken und Gefühle sind nicht immer zutreffend.* Manchmal fühlst du dich schuldig, weil du tatsächlich etwas Falsches, Schädliches oder Verletzendes getan hast. Aber manchmal fühlst du dich auch schuldig, weil du nur *meinst*, dass du etwas Falsches, Schädliches oder Verletzendes getan hast. Nur weil du dich schuldig fühlst, heißt das noch lange nicht, dass du auch schuldig bist. In unserer Liste zum Umgang mit Schuldgefühlen werden wir noch einmal darauf zurückkommen (siehe Seite 274).

3

Schuldgefühle und Bedauern werden oft gleichgesetzt, aber sie sind nicht dasselbe.

In der Umgangssprache werden diese Begriffe oft gleichgesetzt. Um richtig zu verstehen, was du empfindest, solltest du jedoch zwischen Schuldgefühlen und Bedauern unterscheiden. Schuld empfindet man, wenn man etwas getan hat, von dem man wusste, dass es falsch, schädlich oder verletzend war. Bedauern dagegen stellt sich ein, wenn man sich im Nachhinein wünscht, man hätte etwas anders gemacht oder die Folge wäre eine andere gewesen. Die Gefühle sind miteinander verwandt, aber der Unterschied ist entscheidend. Wenn man etwas bedauert, kann es schnell dazu kommen, dass man sich Vorwürfe macht, ohne sich genauer damit auseinanderzusetzen, ob man überhaupt Einfluss auf das Geschehen hatte. Schuldgefühle gehen fast immer mit Bedauern einher, doch Bedauern ist nicht immer mit Schuld verbunden. Um mit diesen komplexen Emotionen richtig umzugehen, solltest du unbedingt ermitteln, ob du Schuld, Bedauern oder beides empfindest.

4

Schuldgefühle können endlose Grübeleien über »hätte« und »wäre« auslösen.

Bei starken Schuldgefühlen kannst du in eine Grübelschleife geraten, in der du jede deiner Entscheidungen und jede deiner Handlungen hinterfragst. Wenn für dich feststeht, dass etwas deine Schuld war, ist es oft schwer, Beweise für das Gegenteil zu erkennen. Und selbst wenn du für etwas verantwortlich bist, kann es unglaublich schwierig sein, den Weg zur Selbstvergebung und zum Selbstmitgefühl zu finden. Auf Seite 274 liefern wir Ratschläge zum Umgang mit Schuldgefühlen, aber in diesem Bereich kann professionelle Unterstützung sehr hilfreich sein.

WEITERE LISTEN ZU DIESEM THEMA:

6 Ratschläge für ein Leben mit Schuldgefühlen und Bedauern, Seite 274
9 Tipps, wie man sich selbst verzeiht (und Wiedergutmachung leistet), Seite 281
8 Irrtümer in Bezug auf Schuldzuweisungen, Wut und Vergebung, Seite 308

5

Fragen zu Scham und Stigmatisierung

Stell dir dein Selbstbild und deine Identität als Schutzpanzer vor, den du dein ganzes Leben lang trägst und der dich vor Gefahren für deine Selbstwahrnehmung und deine anderen emotionalen Verletzungen schützt.

So könnte es zum Beispiel Teil deiner Identität sein, dass du eine gute Freundin bist. Wenn dich jemand als schlechte Freundin bezeichnet, wirst du das wahrscheinlich nicht glauben. Du könntest dich fragen, ob du dieser Person etwas getan hast, aber vermutlich wirst du dieser Äußerung nicht zu viel Bedeutung beimessen, da sie deiner Überzeugung über dich selbst nicht entspricht.

Bei manchen ist der Panzer zwar weniger stark als bei anderen, doch wir alle haben Schwachstellen, vor allem nach einem Verlust. Ein Verlust kann die Welt eines Menschen erschüttern, und das gilt auch für die innere Welt, in der deine Identität, dein Selbstwertgefühl, deine Überzeugungen und dein Wertesystem zu Hause sind. Und wenn du weniger selbstsicher, verwirrt, überfordert und unsicher bist, wirst du anfälliger für Angriffe auf dein Selbstwertgefühl, insbesondere für Angriffe in Form von Stigmatisierung, Selbststigmatisierung und Scham.

1

Was ist Stigmatisierung?

Einfach ausgedrückt ist Stigmatisierung eine negative Sicht auf Menschen, die auf ein besonderes Merkmal, eine Eigenschaft oder einen Umstand zurückgeht, zum Beispiel die Stigmatisierung von psychisch Kranken oder Menschen mit Behinderung. Eine Stigmatisierung kann Einstellungen und Ansichten umfassen, die Scham, Schande, Stereotypen und Vorurteile hervorrufen.

2

Was hat Stigmatisierung mit Trauer zu tun?

Es gibt viele Gründe, wieso jemand nach einem Verlust stigmatisiert werden könnte, doch wir möchten hier auf zwei wichtige Ursachen eingehen. Erstens kann es sein, dass man seinen Verlust als Stigma empfindet, etwa wenn andere unterstellen, am Verlust sei man selbst schuld oder man habe es so gewollt. Wenn es sich bei dem Verlust um einen Todesfall handelt, können Hinterbliebene auch das Gefühl haben, dass der verstorbene geliebte Mensch verurteilt oder beschuldigt wird. Dies ist häufig der Fall, wenn jemand aufgrund von Drogenmissbrauch oder Suizid gestorben ist.

Zweitens kann man das Gefühl haben, dass *die Trauer* stigmatisiert wird. Leider äußern Verwandtschaft, Freundeskreis und sogar willkürliche Unbekannte oft ohne jegliche Empathie, was sie über die Trauer denken. Häufige Ansichten sind zum Beispiel:

- Es wird zu viel, zu wenig oder zu lange getrauert.
- Die Trauer ist ein Zeichen von Schwäche.
- Die Gefühle der Trauernden sind unangemessen oder lästig.
- Die Trauernden hätten überhaupt keinen Anlass zur Trauer.

3

Was ist Selbststigmatisierung?

Laut Patrick Corrigan und Deepa Rao (2012) »meint öffentliche Stigmatisierung die negativen Einstellungen der Öffentlichkeit zu Menschen mit abgewerteten Eigenschaften. Eine Selbststigmatisierung liegt vor, wenn jemand diese öffentlichen Einstellungen verinnerlicht und deshalb zahlreiche negative Konsequenzen erlebt.«

Mit anderen Worten: Du weißt, dass dir gegenüber eine negative Einstellung existiert, unabhängig davon, ob sie offen geäußert wurde oder nicht. Manche Ansichten weist du zurück, doch andere machst du dir vielleicht zu eigen, du verinnerlichst sie und wendest sie auf dich und deine Erfahrungen an.

4

Warum sollte man negative Dinge über sich selbst glauben?

Du weißt ja, dein Panzer ist ramponiert und beschädigt. Auch wenn gezielte Angriffe auf deinen Charakter oder deine Identität bislang immer an dir abgeprallt sind, kann es sein, dass sich jetzt klammheimlich Selbstzweifel einschleichen. Es gibt noch weitere Gründe für trauerbedingte Selbststigmatisierung, zum Beispiel:

- **Ansichten, die bereits vor dem Verlust entstanden sind:** Wenn unsere Trauer einsetzt, haben wir bereits bestimmte Überzeugungen und Ansichten zu Verlust, Trauer und Bewältigung. Einige dieser Überzeugungen können das Leiden erleichtern, andere können negative Einstellungen und Stereotypen widerspiegeln.
- **Negative Botschaften:** Wenn der eigene Verlust, der Tod eines geliebten Menschen oder die eigene Trauer von anderen oft genug negativ kommentiert wird, kann es sein, dass man diese Auffassung mit der Zeit übernimmt.
- **Schuldzuweisungen, Schuldgefühle, Scham, Reue und Angst vor Gefühlen:** Viele häufige und natürliche Trauerreaktionen können negative Überzeugungen verstärken oder bekräftigen, die sich darum drehen, wer die Schuld trägt, wer Mitgefühl verdient und wer verantwortlich ist.

5

Was hat Scham mit Trauer zu tun?

In ihrer Studie »Shame Resilience Theory: A Grounded Theory Study on Women and Shame« (Brown 2006) beschreibt Brené Brown Scham als

> *»die äußerst schmerzhafte Empfindung oder Erfahrung, bei der wir glauben, dass wir einen Makel haben und es deshalb nicht wert sind, akzeptiert zu werden und dazuzugehören«.*

Scham lässt sich auch als Verlegenheit beschreiben oder als Gefühl, einen Makel zu haben oder ein »schlechter Mensch« zu sein. Scham wird oft mit Schuldgefühlen in einen Topf geworfen, doch du solltest dir klarmachen, dass diese Gefühle nicht dasselbe sind. Schuldgefühle beziehen sich auf eine Handlung *(Ich habe etwas Schreckliches getan)*, Schamgefühle jedoch auf die eigene Person *(Ich bin schrecklich)*. Allerdings können Schuldgefühle ein Gefühl der Scham auslösen, wenn sie bestätigen, was man bereits von sich selbst glaubte *(Ich habe meine Freundin hintergangen, weil ich ein schlechter Mensch bin)*.

Die gleichen Kräfte, die Stigmatisierung und Selbststigmatisierung auslösen, rufen auch Scham hervor. In der Trauer tritt unter anderem Folgendes auf:

- Du meinst, dass du schuld oder verantwortlich bist oder den Verlust verdient hast.
- Du schämst dich dafür, wie du zum Zeitpunkt des Verlusts reagiert hast. Vielleicht meinst du, dass du deine moralischen Werte oder deine Überzeugungen verraten oder andere enttäuscht hast.
- Du glaubst, der Verlust bestätige etwas Negatives über dich, dass du zum Beispiel schwach, nicht liebenswert, unfähig oder verantwortungslos bist.
- Du schämst dich für deine Trauer. Du fürchtest, du gehst damit nicht richtig um, seist nicht normal oder andere hätten dein Leiden satt.

WEITERE LISTEN ZU DIESEM THEMA:

6 Ratschläge für ein Leben mit Schuldgefühlen und Bedauern, Seite 274

Deine eigene Liste: Was ist dein Trauer-Geheimnis?, Seite 136

9 Tipps, wie man sich selbst verzeiht (und Wiedergutmachung leistet), Seite 281

10
Arten von stigmatisierenden Aussagen

Natürlich hoffen wir, dass gefühllose Bemerkungen und unüberlegte Kommentare gegenüber Trauernden seltene Ausnahmen bleiben. Allerdings wissen wir auch, dass eine negative Erfahrung oft weitaus nachhaltigeren Eindruck hinterlässt als eine positive. Und denk daran, dass die Saat der Stigmatisierung in den Überzeugungen und Einstellungen liegt, die uns Freunde, Angehörige, Menschen in unserem Umfeld und in der Gesellschaft insgesamt vermitteln. Die folgende Liste mit Äußerungen zur Trauer zeigt, welche Kommentare Entmündigung, Isolation, Stigmatisierung, Selbststigmatisierung und Scham zur Folge haben können. Übrigens: Diese Beispiele sind echte Kommentare, die aus unserer Online-Community stammen.

1 ÄUSSERUNGEN, DIE EINE SCHULDZUWEISUNG IMPLIZIEREN

»Das war doch nicht anders zu erwarten. Schließlich war er drogensüchtig!«

2 ÄUSSERUNGEN, DIE SCHAM WECKEN

»Sei nicht so niedergeschlagen. Niemand mag deprimierte Leute.«

3 ÄUSSERUNGEN, DIE DEN VERLUST KLEINREDEN

»Das ist doch nicht so wild, jeder muss irgendwann sterben.«

4 ÄUSSERUNGEN, DIE DEM VERLUST SEINE BEDEUTUNG NEHMEN

»Du kannst doch wieder neu heiraten.«

5 ÄUSSERUNGEN, DIE DIE TRAUER ABWEISEN

»Ich lege jetzt auf – du kannst mich zurückrufen, wenn du nicht mehr weinst.«

6 ÄUSSERUNGEN, DIE DAZU RATEN, DIE VERBINDUNG ABZUBRECHEN

»Ich will nicht gemein klingen, aber du musst nach vorne schauen. Sie ist eben nicht mehr da.«

7 ÄUSSERUNGEN, DIE DIE TRAUER ANORMAL ODER UNGESUND WIRKEN LASSEN

»Warum trauerst du denn immer noch? Es ist doch schon fast ein Jahr her!«

8 ÄUSSERUNGEN, DIE DEN SCHMERZ NICHT ANERKENNEN

»Sei doch nicht traurig; es gibt so vieles, wofür du dankbar sein kannst.«

9 ÄUSSERUNGEN, DIE TRAUERNDE UNANGEMESSEN UNTER DRUCK SETZEN

»Du musst stark sein. Du bist jetzt der Mann im Haus.«

10 ÄUSSERUNGEN, DIE SCHWÄCHE IMPLIZIEREN

»Hör auf mit deinem Selbstmitleid, das ist sehr egoistisch.«

WEITERE LISTEN ZU DIESEM THEMA:

7 Arten der Trauer, die du kennen solltest (aber wahrscheinlich nicht kennst), Seite 32
4 Schwierigkeiten, wenn der Verlust nicht mit Sterben und Tod zusammenhängt, Seite 54
5 Fragen zu Scham und Stigmatisierung, Seite 128

DEINE EIGENE LISTE

Was ist dein Trauer-Geheimnis?

»Wenn wir ein Geheimnis hüten, ist es im Grunde so, dass dieses Geheimnis uns hütet … manchmal verfolgt es uns, manchmal will es, dass wir uns mit einem Teil unserer Vergangenheit versöhnen, vor dem wir uns verstecken, manchmal verhindert es, dass wir intime Beziehungen zu anderen oder zu uns selbst aufbauen.«

FRANK WARREN, SCHÖPFER VON *POSTSECRET*

Hast du ein Trauergeheimnis, das du aus Angst vor Scham, Kritik oder Schuldgefühlen für dich behältst? Wenn ja, dann bist du damit nicht allein. Trauergeheimnisse sind erstaunlich weit verbreitet. Nach dem Vorbild des Projekts *PostSecret*, das auf seiner Website Geheimnisse veröffentlicht, die anonym auf Postkarten eingeschickt wurden, hat *What's Your Grief* im Jahr 2019 ein Trauergeheimnis-Projekt ins Leben gerufen, zu dem wir Hunderte von anonymen Einsendungen erhalten haben.

Was würde passieren, wenn du dein Trauergeheimnis irgendwie preisgeben würdest? Überlege das ganz ehrlich. Es gibt vernünftige Gründe, aus denen man etwas für sich behält. Wir wissen aber auch, dass viele Menschen Geheimnisse hüten, obwohl nichts darauf hinweist, dass eine Preisgabe spürbare Folgen hätte.

Zahlreiche Studien an der Universität Notre Dame kamen zu dem Ergebnis, dass viele Menschen wertvolle Erkenntnisse gewinnen, indem sie ein Geheimnis offenbaren. Eine dieser Studien legte sogar nahe, dass es einer Entfremdung entgegenwirkt und die körperliche Gesundheit fördert, wenn man einer verständnisvollen, verschwiegenen Vertrauensperson ein Geheimnis anvertraut (Kelly et al. 2001). Folglich könnte es dir also durchaus guttun, wenn du deine Geheimnisse trotz aller Bedenken preisgibst.

Geheimnisse sind dann am schlimmsten, wenn man sie tief in sich vergräbt und sich nicht damit auseinandersetzt. Dann hat man keine Chance, sie zu widerlegen oder festzustellen, dass man trotzdem noch gemocht und geliebt wird, auch wenn die Geheimnisse wahr sind. Wer ein finsteres Geheimnis ans Licht holt, merkt nur zu oft, dass es lediglich im Dunkeln furchteinflößend wirkte. Außerdem bleibst auch *du* im Verborgenen, wenn du ein Geheimnis versteckst, und das kostet geistige und emotionale Energie. Beides ist kostbar, wenn du trauerst.

Wir wollen dich nicht dazu drängen, deine Geheimnisse laut hinauszuposaunen. Aber wir glauben, dass es dir leichterfallen wird, wichtige Unterstützung und enge Verbindungen zu anderen zu erfahren, wenn du dein Geheimnis mit jemandem teilst – vielleicht mit einem vertrauenswürdigen Freund oder einer Therapeutin. Für manche ist das ein gewaltiger Schritt, das ist uns klar. Deshalb möchten wir dich bitten, zuerst nur ein ganz kleines Schrittchen zu tun und dir dein Trauergeheimnis (oder deine Trauergeheimisse) in einem geschützten Raum einzugestehen.

So gehst du vor:

- Nimm dir ein Blatt Papier oder dein Tagebuch, und schreib dein(e) Trauergeheimnis(se) auf (auch wenn es nur eins ist). Das können Gedanken, Erinnerungen oder Überzeugungen sein, die dich selbst, deine Lieben, deinen Verlust oder deine Trauer betreffen und mit denen du dich bislang nicht auseinandergesetzt hast.
- Wenn du dir das Geheimnis oder die Geheimnisse notiert hast, überlege:

  - Wie fühlt es sich an, einen Gedanken anzuerkennen, den du bislang vermieden hast?
  - Was könnte dieses Geheimnis über dich aussagen?
  - Hat dieses Geheimnis dich daran gehindert, eine Bindung zu anderen aufzubauen?
  - Hat dieses Geheimnis dich daran gehindert, einen bestimmten Aspekt deiner Trauer oder des Lebens nach dem Verlust zu verarbeiten oder zu bewältigen?
  - Wem könntest du dieses Geheimnis anvertrauen? Überlege, wer verständnisvoll, vorurteilsfrei und verschwiegen wäre. Was würde passieren, wenn du diesem Menschen das Geheimnis anvertrautest?

8

Gefühle, die Trauer hässlich, gemein oder konfus machen können

Die Gesellschaft hat ein Narrativ geschaffen, das ein Idealbild der würdevollen Trauer verklärt. Du kennst es vermutlich aus Filmen und Büchern, und dieses Ideal wird subtil verstärkt, wenn man dich dafür lobt, wie stark du bist und wie gefasst du mit der Situation umgehst. Gefasst – *nun ja …*

So ärgerlich dieses Narrativ auch ist, wir verstehen durchaus, warum es sich so hartnäckig hält. Es ist eine angenehme Vorstellung, dass die Bewältigung von Verlusten ordentlich und gesittet abläuft statt hässlich und chaotisch.

Es ist nicht leicht, offen über die vielen unschönen, widersprüchlichen Dinge zu reden, wenn man sich dazu gedrängt fühlt, nur das starke, würdevolle Ideal zu zeigen. Vielleicht hast du den Eindruck, deine Trauer sollte sich nur darin zeigen, dass dir eine einzige Träne über die Wange rinnt, während du stoisch in die Ferne blickst, obwohl sie in Wirklichkeit bedeutet, dass du mit verquollenem, rotzverschmiertem, rotem Gesicht über einem Becher Eis aus der Tiefkühltruhe hängst und der Schmutzwäschekorb überquillt.

Die folgende Liste soll dir vor Augen führen, dass Trauer nicht immer stark, mutig, würdevoll oder souverän ist. Trauergefühle sind oft konfus, kompliziert und hässlich und können dir das Gefühl geben, dass du ein schlechter Mensch bist.

Aber wir sind uns ziemlich sicher, dass Letzteres nicht zutrifft.

1

Du bist neidisch auf Menschen, die du liebst.

Vielleicht kennst du das Gefühl: »Ich möchte mich für dich freuen, aber ich bin irgendwie verbittert und voller Groll.« Deine beste Freundin bekommt ihren Traumjob, während du immer noch mit der Entlassung zu kämpfen hast. Irgendwo tief in dir drin freust du dich schon für sie, aber es fällt dir schwer, Zugang zu diesem Gefühl zu finden.

2

Du hast das Gefühl, das Leben wäre dir etwas schuldig.

Eigentlich immer, wenn etwas Negatives passiert. Du wirst angehalten, weil du zu schnell gefahren bist – weiß die Polizei etwa nicht, dass dein Mann gerade gestorben ist?

3

Dir ist alles egal.

Ausnahmslos alles bei der Arbeit, und zwar ausnahmslos jeden Tag.

4

Du denkst an Suizid.

Du liegst im Bett und denkst: »Alles wäre so viel einfacher, wenn ich morgen gar nicht mehr aufwachen würde.« Das bedeutet nicht, dass du verrückt bist. Allerdings solltest du dringend professionelle Hilfe in Anspruch nehmen, damit diese Gedanken nicht außer Kontrolle geraten. Wende dich bei Suizidgedanken an die Suizid-Hotline oder andere Ressourcen, die auf Seite 350 aufgeführt sind.

5

Du bist wütend. SO. WÜTEND.

Du bist wütend auf den Menschen, der gestorben ist. Du bist wütend auf deinen Ex, weil er dich abserviert hat. Du bist wütend auf deinen Chef, weil er dich entlassen hat. Du bist wütend auf deine Familie, weil sie dich so schlecht unterstützt. Du bist wütend auf die Leute, die dich fragen, wie es dir geht. Du bist wütend auf die Leute, die nicht fragen, wie es dir geht. Du bist wütend auf Gott, weil er dir den geliebten Menschen genommen hat. Du bist wütend auf dich selbst, weil du nicht stark und gefasst bist. Du verstehst sicher, worauf wir hinauswollen.

6

Du bist wie betäubt.

Du hast deinen Job verloren, dir droht die Zwangsversteigerung, aber du fühlst rein gar nichts. Du kannst dich nicht daran erinnern, wann du zuletzt ein Gefühl hattest. Du bist dir sicher, dass mit dir etwas nicht stimmt. Nur keine Panik, das Gehirn tut so etwas hin und wieder aus Selbstschutz. Wenn dieser Zustand länger als ein paar Wochen anhält, solltest du mit jemandem sprechen. Aber keine Sorge, du bist auch nur ein Mensch.

7

Du hast das Gefühl, dich nicht mehr im Griff zu haben.

Du kannst dich auf nichts mehr konzentrieren. Du schnauzt deine Mitbewohner an. Du weinst jedes Mal, wenn du ins Auto steigst (was hat das mit dem Auto zu tun?). Das ist furchtbar normal. Die meisten Menschen haben keine Erfahrung mit dem Tornado an Emotionen, die nach einem Verlust auf sie einstürmen. Das braucht Übung.

(8)

Du denkst schlecht über andere, selbst über Leute, die dir am Herzen liegen.

Du drohst im Meer der Trauer zu versinken, während deine Freunde sich darüber auslassen, dass sie gerne umziehen würden oder dass ihre Lieblingsjacke in der Reinigung verloren gegangen ist. Du wirst den Eindruck nicht los, dass sie nicht die geringste Ahnung haben, was im Leben wirklich wichtig ist. Aber keine Sorge, deshalb bist du kein schlechter Mensch. Durch schwere Verluste und große Veränderungen verschieben sich Werte und Prioritäten oft, und das ist nicht zwangsläufig schlecht. Normalerweise beruhigt sich das wieder. Wahrscheinlich wirst du dir irgendwann wieder anhören können, wie schwer das Leben für deine Freunde ist, seit der Starbucks neben dem Büro geschlossen hat. Und die gute Nachricht lautet, dass viele Menschen die Veränderung ihrer Prioritäten als persönliche Bereicherung empfinden.

WEITERE LISTEN ZU DIESEM THEMA:

6 Dinge, die du über Wut wissen solltest, Seite 157
3 Fragen über das Nichts-Fühlen, Seite 121
6 Gründe, wieso die Trauer deine Prioritäten verschieben kann, Seite 181

7
gängige Abwehrmechanismen und ihre Erklärung

Sigmund Freud befasste sich 1894 in seiner Abhandlung »Die Abwehr-Neuro-Psychosen« als Erster mit Abwehrmechanismen. Später wurde dieses Konzept von ihm selbst, seiner Tochter Anna Freud und vielen anderen Psychologinnen und Psychologen weiterentwickelt und zur Erklärung bestimmter Verhaltensweisen verwendet.

Abwehrmechanismen sind Verhaltensweisen, mit denen man sich vor unangenehmen Gedanken und Emotionen schützen will, die Angst auslösen und das eigene Selbstwertgefühl bedrohen. Wir alle setzen sie von Zeit zu Zeit ein, meist jedoch nicht bewusst, denn ein wesentliches Merkmal von Abwehrmechanismen besteht darin, dass sie jenseits unseres bewussten Verstandes, im Unbewussten, ablaufen.

Man könnte sich die Abwehrmechanismen als kleines Männchen vorstellen, das die Tür zu deinem Bewusstsein bewacht. Dieser Türsteher nimmt seine Aufgabe sehr ernst, und die Aufgabe besteht darin, nur die Gedanken und Gefühle ins Bewusstsein zu lassen, die dir ein gutes Gefühl geben. Wenn also unangenehme Gedanken und Gefühle wie Schuld, Wut, Scham, Vorwürfe, Eifersucht oder Minderwertigkeit in dein Bewusstsein eindringen wollen, setzt der Türsteher einen Abwehrmechanismus ein, um sie fernzuhalten.

Die Vorstellung, dass dein Unbewusstes dich vor deinen eigenen Gedanken und Empfindungen bewahrt, könnte dir ein Gefühl der Ohnmacht vermitteln. Wie sollst du dich richtig kennenlernen, wenn dir all diese Informationen fehlen? Keine Sorge, die Abwehrmechanismen sind keine perfekten Filter.

Du bekommst oft Zugang zu deinen wahren Gefühlen, wenn du dich mit dem auseinandersetzt, was auf und unter der Oberfläche existiert. Und obwohl Abwehrmechanismen ohne viele bewusste Gedanken ausgelöst werden können, führen sie zu bewussten Verhaltensweisen, die du leicht erkennen kannst, wenn du weißt, wonach du Ausschau halten musst.

Es gibt zwar sehr viele Abwehrmechanismen, doch hier führen wir nur diejenigen auf, die mit Trauer zu tun haben.

1 · Verleugnen

Verleugnen bedeutet, dass man eine unangenehme Wahrheit oder Realität nicht wahrhaben will, meist deshalb, weil diese schmerzhaft oder bedrohlich ist. Bei Trauernden kann das Verleugnen die verschiedensten Formen annehmen, zum Beispiel, dass sie sagen und glauben: »Ich brauche keine Hilfe«, »Mir geht es gut«, »Ich habe kein Problem«, »Alles kann so weitergehen« oder »Ich bin darüber hinweg« …

2 · Regression

Hast du auch schon einmal einen heftigen Anfall von »Trauerwut« erlebt? Wir selbst kennen das nur zu gut. Regression bedeutet, dass man in ein früheres Entwicklungsstadium zurückfällt und Verhaltensweisen zeigt, die unreif und unsicher wirken können. Bei trauernden Erwachsenen kann Regression dazu führen, dass sie sich verschließen oder zurückziehen, sich an Angehörige oder Freunde klammern oder sich kindisch verhalten.

3 · Projektion

Projektion liegt vor, wenn man die eigenen Gedanken und Gefühle nicht akzeptieren kann und sie anderen unterstellt, statt sie sich einzugestehen. Wenn du zum Beispiel nicht zugeben willst, dass du wütend auf eine Freundin bist, projizierst du deine Gefühle auf sie, indem du behauptest: »Ich weiß, dass du sauer bist. Was habe ich dir getan?«

4 · Verschiebung

Von Verschiebung spricht man, sobald man bestimmte Gedanken und Gefühle zu einer Person oder Sache nicht auf den jeweiligen Ursprung richtet, sondern auf eine andere Person oder eine andere Sache umlenkt. Dieser Abwehrmechanismus tritt häufig auf, wenn man seine Gefühle gegenüber dem wahren Ursprung nicht äußern kann, weil das wirkungslos wäre oder negative Folgen hätte.

Trauernde haben oft starke Gefühle in Bezug auf Glauben, Krankheit, Tod, Trauer, die verstorbene Person oder den Menschen, den sie für den Tod verantwortlich machen. In vielen dieser Fälle können sie ihre Emotionen nicht an dem Ursprung auslassen, sondern verschieben sie auf eine andere Person oder Sache.

5 · Intellektualisierung

Wer mit schmerzhaften oder beängstigenden Emotionen konfrontiert ist, könnte versuchen, diese zu intellektualisieren oder rational einzuordnen, statt sie zu durchleben. Das kann sich darin äußern, dass die Betroffenen viel lesen und sich informieren oder ihre Gedanken und Gefühle überanalysieren. Sie vermeiden eine direkte Konfrontation mit ihren Gefühlen, indem sie diese aus einer gewissen Distanz betrachten.

6 · Ungeschehen-Machen

Wenn man sich gegenüber einem anderen Menschen negativ verhalten hat oder unangenehme Gedanken über ihn hatte, können sich Schuldgefühle einstellen. Dann versucht man vielleicht, das Verhalten durch entgegengesetzte Taten oder Gedanken *ungeschehen zu machen*.

In der Trauer kommt dieses Phänomen in vielerlei Hinsicht zum Tragen. So bereuen viele etwas, das sie verstorbenen geliebten Menschen einst gesagt oder angetan haben, und sind deshalb bemüht, im Nachhinein nur noch gut von den Verstorbenen zu sprechen.

7 · Sublimierung

Sublimierung bedeutet, dass man seine schmerzhaften und bedrohlichen Erfahrungen in positive oder akzeptable Formen umwandelt. In der Trauerarbeit haben wir es immer wieder mit Sublimierung zu tun, zum Beispiel wenn jemand seine Erfahrungen nutzt, um etwas zu erschaffen, andere aufzuklären, sich für andere einzusetzen oder sie zu unterstützen.

WEITERE LISTEN ZU DIESEM THEMA:

6 Ursachen für trauerbedingte Ängste, Seite 101
8 Gefühle, die Trauer hässlich, gemein oder konfus machen können, Seite 139
4 psychologische Phänomene, die das Trauern schwierig machen, Seite 148

---

4 psychologische Phänomene, die das Trauern schwierig machen

Dein Gehirn ist ein fleißiger Apparat. Vielleicht hast du den Eindruck, dass es sich seit deinem Verlust ständig eine Pause gönnt, doch es ist nach wie vor eifrig bei der Arbeit, ohne dass du es überhaupt merkst. Die Sinne erfassen pro Sekunde etwa elf Millionen Bits an Informationen aus deiner Umgebung, von denen du nur einen winzigen Bruchteil wahrnimmst. Der größte Teil der Verarbeitung findet also abseits des Bewusstseins statt, was manchmal zu Voreingenommenheit, falschen Annahmen und anderen fehlerhaften Denkweisen führt.

Wir haben vier Arten von Voreingenommenheit und Denkmustern ermittelt, die sich erheblich auf dein Urteilsvermögen und deine Wahrnehmung auswirken können. Sie sind zwar ganz normal, können in der Trauer jedoch unter Umständen mehr schaden als nützen.

1 · Bestätigungsfehler

Bestätigungsfehler beschreibt die Neigung, gezielt das wahrzunehmen und zu erinnern, was die eigene Überzeugung bestätigt, und Beweise für das Gegenteil dabei außer Acht zu lassen. Wer trauert, neigt ohnehin zu negativen Ansichten über die Welt und die Menschheit an sich. Der Bestätigungsfehler macht alles noch viel schlimmer, da er all das betont, was diese Auffassung stützt. Wenn du abends ins Bett gehst, erinnerst du dich vielleicht nicht mehr an den Nachbarn, der dir freundlich einen guten Morgen gewünscht hat, oder den Autofahrer, der dir Vorfahrt gewährt hat, aber umso besser an die Person, die sich im Café vordrängeln wollte.

2 · Magisches Denken

Magisches Denken ist die Überzeugung, dass die eigenen Gedanken oder Worte Ereignisse oder Folgen hervorrufen können, auf die man in Wirklichkeit keinen Einfluss hat. Ein gängiges Beispiel ist, dass man ein erwünschtes Ergebnis nicht laut ausspricht, um es nicht zu »verschreien«. Oder dass man schnell auf Holz klopft, wenn ein mögliches unerfreuliches Ereignis erwähnt wurde.

In der frühen Kindheit, etwa zwischen zwei und sieben Jahren, ist magisches Denken üblich. In diesem Alter haben Kinder die Zusammenhänge zwischen Ursache und Wirkung noch nicht richtig durchschaut und lernen nach und nach, was ihre Gedanken, Wünsche und Handlungen für die Außenwelt bedeuten. Magisches Denken verleitet Kinder oft zu dem Glauben, dass ihre Gedanken und Wünsche das wirkliche Leben beeinflussen können. Wenn sich ein Kind ein jüngeres Geschwisterchen wünscht und dann erfährt, dass die Mutter schwanger ist, könnte es glauben, sein Wunsch habe die Schwangerschaft bewirkt.

Bei trauernden Kindern kann das magische Denken leider große Verwirrung auslösen, wenn sie glauben, ihre Gedanken oder Wünsche seien für den Verlust verantwortlich. So könnte ein Junge sich dafür verantwortlich fühlen, dass sich die Eltern trennen und der Vater auszieht, wenn er bei einem spontanen Wutanfall gesagt hat, so einen gemeinen Vater wolle er nicht haben. Manche Kinder glauben auch, sie könnten den Verlust rückgängig machen, indem sie sich wünschen, dass alles wieder so wird wie früher.

Wenn sich ein Kind eine magische Erklärung für gewisse Ereignisse zurechtlegt, kann es Schuldgefühle, Vorwürfe und Scham als schwere Belastung empfinden – aus Gründen, die Erwachsenen nie in den Sinn kommen würden. Mit der Zeit sollte sich der logische Verstand bei diesen Kindern so weiterentwickeln, dass sie erkennen, dass ihr magisches Denken fehlerhaft war. Allerdings sind unsere Gedanken und Gefühle nicht immer rational, deshalb kann es sein, dass ein solches Kind auch im Erwachsenenalter noch Schuldgefühle empfindet.

Magisches Denken kommt jedoch nicht nur bei Kindern vor. Joan Didion schrieb in ihren Memoiren *Das Jahr magischen Denkens* über ihre eigene Trauer: »Ich dachte, wie kleine Kinder denken, so, als könnten meine Gedanken oder meine Wünsche die Macht haben, die Handlung zurückzuspulen.« Auch wenn Erwachsenen durchaus klar ist, dass ihre Gedanken einen Verlust nicht verhindern oder rückgängig machen können, verhalten sie sich häufig so, als wäre das möglich. Dann bestrafen sie sich zum Beispiel dafür, dass sie etwas »verursacht« haben, wofür sie in Wirklichkeit nicht verantwortlich sind.

3 · Rückschaufehler

Jetzt, da du weißt, wie sich alles entwickelt hat, kannst du es vielleicht kaum glauben, aber du hast damals *wirklich* nicht so viel gewusst. Du hattest vielleicht eine Befürchtung oder eine Vermutung, aber du wusstest nicht genau Bescheid. Und falls doch, dann war dir damals nicht so offensichtlich, was du hättest anders machen können. Das wissen wir, weil du die Situation nun in der Rückschau betrachtest, und die Rückschau ist immer voreingenommen.

Der Rückschaufehler ist ein normales und weit verbreitetes

psychologisches Phänomen, das uns glauben macht, ein Ereignis sei vorhersehbar gewesen. Wenn man etwas im Nachhinein betrachtet, neigt man dazu, bestimmte Einzelheiten zu beachten, die zu dem passen, was man jetzt weiß. Neutrale Aspekte oder Beweise für das Gegenteil werden dagegen ignoriert (genau, ein bisschen wie beim Bestätigungsfehler!).

Die meisten Menschen versuchen nach einem Verlust, ein sinnvolles Narrativ zu schaffen, und dabei entsteht meist eine Geschichte mit folgender Struktur: *So fing es an, das waren die ersten Anzeichen, hier nahm das Unglück seinen Lauf, und das ist das Ergebnis.*

Für manche ist es tröstlich, mit einem Narrativ Ordnung in das verwirrende Chaos von Tod und Trauer zu bringen, und viele Menschen finden beruhigende Antworten auf Fragen wie »Warum?« und »Was ist schiefgegangen?«. Manche dagegen konstruieren sich ein Narrativ, das bei ihnen unangenehme Gefühle wie Schuld, Scham, Reue und persönliche Verantwortlichkeit auslöst.

4 · Kontrafaktisches Denken

Kontrafaktisches Denken liegt vor, wenn du Fragen wie »Was wäre, wenn?« und »Was hätte sein können?« stellst. Es bedeutet, dass du dir alternative Ergebnisse ausdenkst, die nicht den Tatsachen entsprechen (oder das komplette Gegenteil sind). Zwei Beispiele:

- »Wenn ich nicht verschlafen hätte, hätte ich den Bus nicht verpasst.«
- »Wenn ich wie geplant auf die Party gegangen wäre, hätte ich die Mathearbeit nicht gemeistert.«

Es ist offensichtlich, dass kontrafaktisches Denken für Trauernde negative Folgen haben kann, vor allem in Kombination mit dem Rückschaufehler. Ein im Nachhinein konstruiertes Narrativ kann den Eindruck erwecken, dass eine andere, bessere kontrafaktische Realität eingetreten wäre, wenn man sich nur anders verhalten hätte. Natürlich kann man sich für jede Situation viele solcher Realitäten ausdenken und kaum ermitteln, ob eine davon tatsächlich eingetreten wäre, doch diese hypothetischen Möglichkeiten lösen bei Trauernden oft Schuldgefühle und Schuldzuweisungen aus.

WEITERE LISTEN ZU DIESEM THEMA:

7 gängige Abwehrmechanismen und ihre Erklärung, Seite 144
6 Ratschläge für ein Leben mit Schuldgefühlen und Bedauern, Seite 274
16 Fragen, mit denen du deine Trauergeschichte besser verstehst, Seite 359

5

Ursachen für trauer-bedingten Stress

»Niemand hat mir je gesagt, dass das Gefühl der Trauer so sehr dem Gefühl der Angst gleicht.«

C. S. LEWIS, *ÜBER DIE TRAUER*

In ihrem 1984 erschienenen Buch *Stress, Appraisal, and Coping* erklärten Richard S. Lazarus und Susan Folkman, dass der Mensch bei der Reaktion auf Stress zwei Bewertungen vornimmt, eine primäre und eine sekundäre.

Bei der *primären Bewertung* wird geprüft, ob der potenzielle Stressor für die eigene Person relevant ist. Man ermittelt, ob man von den Umständen betroffen ist und, wenn ja, in welcher Form. Hält man den Stressor für relevant, wird dann entschieden, ob er auch bedrohlich ist. Diese Bewertung ist subjektiv und kann sich danach richten, ob der Stressor Auswirkungen auf die eigene Zeit, auf Ressourcen, Beziehungen oder das körperliche oder geistige Wohlbefinden hat. Wenn ein Stressor sowohl als relevant als auch als bedrohlich eingestuft wird, empfindet man Stress. Daraufhin erfolgt eine sekundäre Bewertung, mit der man die eigenen Ressourcen zur Bewältigung beurteilt. Je weniger man sich der Bedrohung gewachsen fühlt, desto größer ist der wahrgenommene Stress.

Diese Darstellung mag das Stressempfinden sehr bewusst und formelhaft wirken lassen. Aber da du Stress aus eigener

Erfahrung kennst, ist dir klar, dass der Ablauf normalerweise ein ganz anderer ist. Die beiden Bewertungen erfolgen in aller Schnelle und werden oft gar nicht bewusst wahrgenommen. Wenn du beispielsweise im Wald unverhofft einem Grizzly gegenüberstehst, wirst du keine langwierige Analyse vornehmen. Deine Stressreaktion wird unmittelbar einsetzen, weil Gehirn und Körper alle Informationen haben, die sie brauchen, um den Stressor zu bewerten. Bären sind gefährlich, groß und schnell. Du dagegen bist – nichts für ungut – weniger groß und weniger schnell.

Die unmittelbare Stressreaktion bei deinem Verlusterlebnis war für dich vielleicht ganz ähnlich wie bei einer Begegnung mit einem Bären. (Ab Seite 89 findest du eine ausführlichere Beschreibung der akuten Stressreaktion). Seither bist du vermutlich ständig Stressoren ausgesetzt, die durch weitere Verluste, das veränderte Leben nach dem Verlust und die anhaltende Trauer entstehen. Die wiederholte Belastung durch solche Stressoren wird als *chronischer Stress* bezeichnet.

Bei der Stressbewältigung besteht ein wichtiger erster Schritt darin, dass du verstehst, welche Rolle der Stress in deinem Leben spielt. Überleg dir, wie sich deine Trauer und dein Verlust in den folgenden häufigen Stressquellen äußern.

1 · Veränderung

Nach einem Verlust stellen viele Menschen fest, dass ihr Leben nun ganz anders aussieht als bisher. Du weißt mittlerweile, dass ein schwerer Verlust oft weitere sekundäre Verluste nach sich zieht, sodass sich schier endlos viele Veränderungen einstellen können. Selbst positive Veränderungen – etwa ein Schulabschluss, die Geburt eines Kindes oder der Eintritt in den Ruhestand – können erhebliche Verluste und Stress bewirken.

2 · Gefühle

Für das subjektive Stressempfinden spielt es eine große Rolle, ob man meint, dass man die nötigen Ressourcen oder das Know-how hat, mit denen sich der Stressor bewältigen lässt. Erlebnisse wie Traumata, Verluste und Trauer gehen oft mit intensiven unbekannten Gefühlen einher, für die sich viele Menschen schlecht gerüstet fühlen.

3 · Zwischenmenschliche Stressoren

Leider führt ein Verlust häufig zu Spannungen und zwischenmenschlichen Konflikten. Auseinandersetzungen und Belastungen entstehen zum Beispiel, wenn enge Freunde und Angehörige nicht verstehen, welche Bedeutung die Trauer für die betroffene Person hat, oder diese nicht angemessen unterstützen. Zudem kommt es auch unter Menschen, die denselben Verlust betrauern, häufig zu Missverständnissen und Kränkungen, wenn jeder auf seine eigene Art und Weise versucht, mit dem Verlust umzugehen.

4 · Druck

Es wäre schön, wenn man sich nach einem Verlust eine Auszeit von den üblichen Pflichten und Verantwortungen nehmen könnte – etwa so lange, bis man seine Gefühle verarbeitet, logistische Probleme gelöst und vielleicht das Leben einigermaßen wieder im Griff hat. Leider existiert der Verlust nicht in einer isolierten Blase, und Trauernde empfinden oft den großen Druck, sich schnell wieder besser zu fühlen, andere zu unterstützen, wieder »normal« zu werden und neue Aufgaben zu übernehmen.

5 · Frustration

Frustration ist eine häufige Ursache für Alltagsstress und tritt auf, wenn man etwas will, das man nicht haben kann, oder meint, dass etwas nicht so ist, wie es sein sollte. Und das bringt das Leben nach einem einschneidenden Verlust ziemlich genau auf den Punkt.

WEITERE LISTEN ZU DIESEM THEMA:

Deine eigene Liste: Worum trauerst du? (Deine Verlustliste), Seite 46
5 Fakten zur akuten Stressbelastung, Seite 89
6 Gründe, weshalb ein Verlust zu Konflikten mit anderen führen kann, Seite 162

---

6 Dinge, die du über Wut wissen solltest

Wut ist in der Trauer weit verbreitet und normal, doch das macht sie noch lange nicht angenehm oder einfach. Das Gefühl ist für viele überwältigend und sogar beängstigend. Wir lernen oft, dass Wut ein uneingeschränkt schlechtes Gefühl ist, das wir vermeiden sollten, statt zu lernen, die Wut zu hinterfragen und besser damit umzugehen. Allerdings kannst du dein Verhältnis zur Wut ändern. Die Wut wird dadurch nicht verschwinden, aber wenn du sie bewusst wahrnimmst und nicht verurteilst, kannst du die Art und Weise beeinflussen, wie du Wut erlebst, wie du sie deutest und wie du darauf reagierst. Deshalb sollten wir uns hier etwas Zeit nehmen, um diese Emotion besser zu verstehen.

1 WUT IST OFT EINE FORM VON SELBSTSCHUTZ.

Bei einer Bedrohung und einer körperlichen oder seelischen Verletzung hast du evolutionsbedingt das Ziel, den Schmerz verschwinden zu lassen. Mit Wut lässt sich oft schnell und einfach der Eindruck erwecken, dass du genau das erreichst. Du sagst damit: »Das lasse ich mir nicht gefallen«, und in beängstigenden Situationen kann das ein Gefühl der Stärke vermitteln.

2 WUT IST EINE MÖGLICHKEIT, DIE KONTROLLE ZU ÜBERNEHMEN.

Im Gegensatz zu Traurigkeit oder Hoffnungslosigkeit wird Wut oft als eher aktive Emotion empfunden. Das bewirkt möglicherweise ein Gefühl der Kontrolle – mit anderen Worten: Wut kann auch eine positive Seite haben.

3 WUT ZEIGT ANDEREN, DASS DU VERLETZT WURDEST.

Wenn du das Verhalten oder eine Handlung eines anderen Menschen nicht billigst, kannst du dir schnell seine Aufmerksamkeit sichern, indem du ihm Wut zeigst. Hinter dieser Wut stecken oft Angst, Traurigkeit, Enttäuschung und eine ganze Reihe anderer Gefühle, die sich nicht so leicht ausdrücken und ansprechen lassen. Wut ist oft eine Schutzemotion, die wir unseren Mitmenschen gegenüber äußern, damit sie das Verhalten einstellen, das diese schwierigeren anderen Gefühle hervorruft.

4 WUT DIENT MANCHMAL ZUR BEWÄLTIGUNG VON SCHULDGEFÜHLEN, SCHAM UND REUE.

Manchmal empfindet man immense Wut auf sich selbst. In der Trauer kann das daran liegen, dass man Schuldgefühle, Scham und Reue noch nicht verarbeitet hat. Selbstmitgefühl und Selbstvergebung kosten Zeit und Mühe, können aber dabei helfen, dass diese Art von Wut nachlässt.

5 WUT KANN NÜTZLICH SEIN. WIRKLICH.

Wie sehr die Wut dir nützt, hängt davon ab, wie du mit ihr umgehst. Falls du dich dabei erwischst, dass du Lampen durch die Gegend schleuderst und nach Hunden trittst, könnten ernste Probleme drohen. Aber wenn du lernst, deine Wut zu erkennen, ihren Auslöser zu ermitteln, die anderen Gefühle zur Kenntnis zu nehmen, die mit der Wut einhergehen, und zuzulassen, dass sie als Katalysator für positive Veränderungen dient, dann lässt sich die Wutreaktion als nützlich bewerten.

Wir haben bereits ermittelt, dass Wut oft einen bestimmten Zweck erfüllt, und deshalb kann sie hilfreich sein. So führt Wut unter Umständen dazu, dass man

- sich mit negativen Umständen und Ereignissen im Leben auseinandersetzt,
- Meinungsverschiedenheiten klärt,
- Probleme und schlecht angepasste (maladaptive) oder unproduktive Verhaltensmuster in Beziehungen erkennt und abstellt,
- sich vor unerwünschten oder bedrohlichen Ereignissen, Menschen und Umständen schützt,
- überlegt, wie man handeln und die Kontrolle übernehmen könnte.

6 ALLERDINGS HAT WUT NATÜRLICH IHRE SCHATTENSEITEN.

Wut kann sich negativ auf dein körperliches und emotionales Wohlergehen, deine Fähigkeit zur Teilhabe an der Gesellschaft und deine persönlichen Beziehungen auswirken. Das gilt besonders dann, wenn die Wut häufig ausgelöst oder aufgestaut wird oder wenn du keine Bewältigungsstrategien hast, um damit umzugehen.

Chronische Wut überlastet das Nervensystem und hindert den Körper daran, mit einigen schwerwiegenderen Auswirkungen des Adrenalins fertigzuwerden. Ganz zu schweigen davon, dass du unter Umständen maßlos reagierst und dein wutgesteuertes Verhalten anschließend bereust. Zu den Nebenwirkungen von Wut gehören:

- **Beeinträchtigung der körperlichen Gesundheit:** Wer regelmäßig wütend wird, hat ein höheres Risiko für koronare Herzkrankheiten, Herzinfarkte, Bluthochdruck, Arterienverhärtung und Muskelverspannungen. Auch das Risiko von Leber- und Nierenschäden ist erhöht.
- **Beeinträchtigung der emotionalen Gesundheit:** Das gilt vor allem für diejenigen, die ihre Wut nach innen richten, denn das wird mit vermehrten Depressionen und Angstzuständen in Verbindung gebracht.
- **Isolation beziehungsweise ein geringes Maß an sozialer Unterstützung:** Nach innen gerichtete Wut kann zu Verbitterung und passiver Aggressivität führen. Richtet sich die Wut nach außen, ist sie schlichtweg aggressiv. Beides sind schlechte Vorzeichen für gute Beziehungen. Oder meinst du, jemand wie Oskar der Grautsch aus der *Sesamstraße* hätte im »echten Leben« viele Freunde?
- **Gefühl der Machtlosigkeit:** Wenn du den Eindruck hast, dass du deine Wutauslöser nicht kontrollieren oder nicht richtig damit umgehen kannst, empfindest du deine Gefühle und Emotionen unter Umständen als chaotisch und unberechenbar.
- **Ständige emotionale Erregung:** Bist du nur mit deiner inneren Verfassung beschäftigt, kann das Gefühl entstehen, dass du den Kontakt zur Außenwelt verlierst.

WEITERE LISTEN ZU DIESEM THEMA:

8 Irrtümer in Bezug auf Schuldzuweisungen, Wut und Vergebung, Seite 308

9 Tipps, wie du deutlich machst, was du brauchst (und was nicht), Seite 294

4 Tipps, wie du Ruhe findest, wenn die Trauer wütet, Seite 255

6

Gründe, weshalb ein Verlust zu Konflikten mit anderen führen kann

Verluste bringen erstaunlicherweise oft die größten Stärken und Schwächen einer Beziehung zum Vorschein. Möglicherweise haben sich Menschen, von denen du das nie erwartet hättest, ganz unerwartet und wunderbar um dich gekümmert. Und vielleicht waren diejenigen, von denen du dachtest, sie würden für dich da sein … leider nicht da. Es mag sein, dass du plötzlich in einem Konflikt mit Leuten steckst, mit denen du bislang nie aneinandergeraten bist. Das kann sich schrecklich anfühlen, ist aber nicht ungewöhnlich.

Der erste Schritt zum Umgang mit derartigen Spannungen besteht darin, dass du dir häufige Gründe für solche Spannungen deutlich machst.

1

Beide trauern.

Manche Verluste erlebst nur du persönlich, oft jedoch ist dein Unterstützungssystem ebenfalls betroffen. Wenn der Mensch, mit dem du aneinandergerätst, auch trauert, seid ihr beide emotional belastet und ein wenig auf euch selbst fixiert. Es ist nicht leicht, sich in die Trauer des anderen einzufühlen, wenn man mit der eigenen kaum zurechtkommt. In manchen Situationen ändert der Verlust eine lebenslange Dynamik. Wenn deine Schwester immer deine wichtigste emotionale Stütze war und ihr nun beide um eure Mutter trauert, kann sie die übliche Rolle vielleicht nicht übernehmen. Das kann zu Spannungen und Reibungen führen.

2

Der Trauerstil unterscheidet sich.

Nur zu gerne würde man davon ausgehen, dass Menschen, die gemeinsam trauern, immer Verständnis füreinander haben. Aber mittlerweile dürfte dir klar sein, warum das nicht so einfach ist. Trauer ist bei jedem anders, selbst wenn man vom gleichen Verlust betroffen ist. Jeder Mensch hat seine eigenen Trauerbedürfnisse und seinen eigenen Trauerstil, und diese Unterschiede können Vorwürfe und Spannungen auslösen.

3

Man erwartet von dir, dass du wieder zur Normalität zurückkehrst.

Wenn sich dein Leben nach einem Verlust entscheidend verändert hat, wartet dein Umfeld möglicherweise darauf, dass du wieder »normal« oder wieder so wie früher wirst. Du dagegen hast vielleicht das Gefühl, dass du dich grundlegend gewandelt hast und nie wieder der Mensch sein wirst, der du vorher warst. Das ist oft schwer zu vermitteln und für andere noch schwerer zu verstehen.

④

Durch den Verlust sind zwei Lager entstanden.

Entlassungen, Scheidungen, Entfremdung von Angehörigen und viele andere Situationen, die durch Trennungen oder Schuldzuweisungen gekennzeichnet sind, bilden einen Nährboden für Konflikte. Manchmal ist die Kluft offensichtlich, manchmal subtil, doch sie führt zu Reibungen oder Distanz, mit der du nicht gerechnet hattest.

⑤

Es geht um Materielles.

Besonders häufig ist das nach einem Todesfall, kann aber auch bei anderen Verlustarten problematisch sein. Wenn es um das Sorgerecht für ein Kind, Geld, bestimmte Erinnerungsstücke, ein Haus oder einen anderen wertvollen Besitz geht, können wie aus dem Nichts Konflikte entstehen. Menschen, die sich immer gut verstanden und gemeinsam Entscheidungen getroffen haben, geraten plötzlich in Streit, wenn die Emotionen hochkochen.

6

Rollen und Erwartungen haben sich geändert.

Verluste können tiefgreifende Folgen für deine Rolle in der Familie haben, und deine Erwartungen an die Rollen von Freunden und Angehörigen können sich ändern. Wenn unklar ist, wie sich die Rollen verschieben, wer diese veränderten Rollen übernehmen wird, was man voneinander erwartet und wie man diesen Erwartungen gerecht werden kann, treten schnell Spannungen auf.

WEITERE LISTEN ZU DIESEM THEMA:

9 Tipps, wie du deutlich machst, was du brauchst (und was nicht), Seite 294
5 Fragen, die du dir stellen solltest, ehe du jemanden abschreibst, Seite 300
8 Irrtümer in Bezug auf Schuldzuweisungen, Wut und Vergebung, Seite 308

DEINE EIGENE LISTE

Was steht auf deinem Wunschzettel gegen Einsamkeit?

In der *Encyclopedia of Mental Health* aus dem Jahr 1998 definieren Daniel Perlman und Letitia Anne Peplau Einsamkeit als »das subjektive psychologische Unbehagen, das ein Mensch empfindet, sofern sein Netzwerk der sozialen Beziehungen entweder qualitativ oder quantitativ deutlich unzulänglich ist«. Mit anderen Worten: Einsam ist man, wenn die sozialen Beziehungen nicht den eigenen zwischenmenschlichen Bedürfnissen oder Wünschen entsprechen. Dabei ist zu beachten, dass es bei der obigen Definition nicht um das Alleinsein geht. Einsamkeit ist vielmehr ein unangenehmes Gefühl, das sich einstellt, wenn man seine sozialen Beziehungen nicht als erfüllend empfindet.

Das individuelle Einsamkeitsempfinden wird dadurch bestimmt, was ein Mensch *will* und was er tatsächlich *hat*. Jemand mag hundert tolle Angehörige und Freunde haben, doch wenn er sich nach einer Sache oder einer Person sehnt, die er nicht hat – zum Beispiel nach einer Liebesbeziehung oder nach einem Freund, dem er sich anvertrauen kann –, wird er sich wahrscheinlich einsam fühlen.

Ein Verlust verschärft die Einsamkeit aus vielerlei Gründen. Manchmal hinterlässt der Mensch, den man verloren hat, eine klaffende Lücke im eigenen Leben. Manchmal stellt man fest, dass Familie und Freunde nach einem Verlust auf Distanz gehen. Und manchmal ändern sich die Bedürfnisse in der Trauer; du könnest dir zum Beispiel jemanden wünschen, der dich »versteht« oder der bereit ist, dir in Ruhe zuzuhören.

So gehst du vor:

- Nimm dir ein Blatt Papier oder dein Tagebuch und notiere dir deine zwischenmenschlichen Bedürfnisse oder Wünsche.
- Frage dich: »Welche Merkmale und Eigenschaften wünsche ich mir für meine Beziehungen?« Wenn dir klar ist, warum du dich einsam fühlst, kannst du ermitteln, was dir in deinen Beziehungen fehlt, und vielleicht erreichen, dass deine zwischenmenschlichen Bedürfnisse künftig erfüllt werden.

8
Risikofaktoren für Isolation

Eine Metaanalyse aus dem Jahr 2015, die fast 35 Jahre Forschungsarbeit über die Folgen von Einsamkeit untersuchte, kam zu der Erkenntnis, dass soziale Isolation die Sterberate um 29 Prozent erhöht; die größte Korrelation war dabei in Gruppen mit unter 65-Jährigen festzustellen (Holt-Lunstad et al. 2015). Eine Cigna-Studie aus dem Jahr 2020 mit 4885 Personen im Alter von 10 bis 97 Jahren ergab, dass jüngere Generationen einsamer sind als ältere. Fast acht von zehn Angehörigen der Gen Z und sieben von zehn Millennials waren nach eigenen Angaben einsam, dagegen nur die Hälfte der Babyboomer.

Auf das Thema Einsamkeit und Isolation gehen wir also nicht nur ein, weil es emotional schwierig ist, sondern auch, weil es weit verbreitete, ganz reale Folgen für die Gesundheit hat. Im Folgenden beschreiben wir einige der größten Risikofaktoren für soziale Isolation nach einem Verlust, damit du besser gegen trauerbedingte Einsamkeit angehen kannst.

1 DU WOHNST ALLEIN.

Das klingt furchtbar offensichtlich, muss aber unbedingt klar und deutlich angesprochen werden; denn wer nach einem Verlust allein lebt, neigt besonders oft dazu, sich mit Netflix und einem Becher Eis auf dem Sofa einzuigeln und wochenlang jeden menschlichen Kontakt zu verweigern. Manchmal wirkt das wie das größte Geschenk überhaupt. Zeit für sich allein kann wunderbar sein. Aber Zeit für sich, die man für wertvolle Selbstreflexion und zum Auftanken nutzt, ist etwas anderes als soziale Isolation, denn diese ist einsam und kräftezehrend. Wer allein wohnt, muss noch besser darauf achten, soziale Isolation zu vermeiden.

2 DU GLAUBST, DASS EINSAMKEIT UND SOZIALE ISOLATION IDENTISCH SIND.

Um herauszufinden, ob du von sozialer Isolation betroffen bist, musst du unbedingt zwischen diesen beiden miteinander verwandten, aber unterschiedlichen Phänomenen unterscheiden. Soziale Isolation bedeutet, dass man nur begrenzte soziale Interaktionen mit anderen Menschen hat. Sie betrifft das Verhalten. Für die Einsamkeit gibt es unterschiedliche Definitionen, doch sie lässt sich als unangenehmes Gefühl beschreiben, das durch eine empfundene Diskrepanz zwischen dem gewünschten und dem tatsächlichen Maß an sozialen Beziehungen zustande kommt. Das kann bedeuten, dass man weniger Beziehungen hat, als man gerne hätte, oder dass die Beziehungen nicht die Art oder Qualität haben, die man sich wünscht. Wenn du dich schon einmal in einem Raum voller Menschen ganz allein gefühlt hast oder wenn du dich einsam und isoliert fühlst, obwohl sich andere nach dir erkundigen, wirst du wissen, dass Einsamkeit und soziale Isolation nicht dasselbe sind.

3 DEIN VERLUST WIRD NICHT ANERKANNT.

Wenn du unter einem Verlust leidest, der von der Gesellschaft, dem Freundeskreis und der Familie nicht anerkannt wird und bei dem du keine Unterstützung erfährst, ist es kein Wunder, dass du dich zurückziehst und verschließt. Hast du den Eindruck, dass deine Mitmenschen das, was du erlebst, kleinreden, dich unter Druck setzen oder dir nicht die Möglichkeit geben, über deinen Verlust zu sprechen, erscheint es oft einfacher, andere zu meiden und sich zu isolieren, als um Unterstützung und Anerkennung zu kämpfen.

4 DER KONTAKT ZU ANDEREN IST LOGISTISCH SCHWIERIG.

Zu den vielen Faktoren, die eine gute Verbindung zu anderen erschweren können, gehören langfristige Erkrankungen, Behinderungen, eingeschränkte Verfügbarkeit von Verkehrsmitteln, ein abgeschiedener Wohnort, Arbeit von zu Hause aus, Arbeitslosigkeit, häusliche Gewalt oder Gewalt im näheren Umfeld. Diese Faktoren bedeuten nicht zwangsläufig soziale Isolation, können das Risiko jedoch erhöhen.

5 DU BIST NIEDERGESCHLAGEN UND SCHNELL ERSCHÖPFT.

Zwischenmenschlicher Kontakt kann die Stimmung heben und dir Energie geben. Gleichzeitig kostet es oft Energie, mit anderen Kontakt zu halten. Man muss auf Textnachrichten antworten, Zeit und Ort für ein Treffen planen, sein gemütliches Kuschelplätzchen verlassen. Bei emotionalen Schwierigkeiten können diese kleinen Hürden wie regelrechte Barrieren wirken. Vielleicht sagt dir dein Verstand: »Ich weiß, dass es mir besser ginge, wenn ich mich mit jemandem zum Spaziergang verabreden würde«, doch dein erschöpftes emotionales Gehirn wendet ein: »Das würde zu viel Energie kosten – bleib lieber zu Hause und schau stattdessen vier Filme.«

6 DU HAST DIR KEINE GESUNDE VERMEIDUNG ZUGESTANDEN.

Ja, Vermeidungsverhalten kann problematisch sein, wenn es außer Kontrolle gerät. Aber ein gesundes Maß an Vermeidung ist nicht nur in Ordnung, sondern auch nützlich. Es wäre anstrengend, unablässig an seiner Trauer zu »arbeiten«. Du musst für Ablenkung und Ausgleich sorgen, und der Kontakt zu anderen Menschen ist dazu gut geeignet. Wenn du meinst, dir keine Pause von der Trauer erlauben zu können, kann es sein, dass du die Verbindung zu anderen verlierst.

7 FREMDE LEUTE SCHRECKEN DICH AB.

Geht uns das nicht allen so? Okay, manche Menschen haben damit keine Probleme. Aber es fällt uns unterschiedlich leicht, neue Kontakte zu knüpfen und Neues auszuprobieren. Wenn du kein starkes Unterstützungssystem hast (oder zumindest nicht in der Nähe) und ungern neue Leute kennenlernst, kann das ein großer Risikofaktor sein.

8 DU REDEST DIR EIN, DASS DU WIEDER KONTAKT AUFNEHMEN WIRST, WENN ES DIR BESSER GEHT.

Dieser Gedanke ist weit verbreitet, wenn der Kummer groß oder die Stimmung schlecht ist. Man hat keine Lust, sich zu verabreden, und redet sich deshalb ein, das werde man tun, wenn man sich wieder dazu in der Lage fühlt. Allerdings kann das noch eine ganze Weile dauern. Und gerade das Zusammensein mit anderen wird dazu beitragen, dass es dir wieder besser geht.

WEITERE LISTEN ZU DIESEM THEMA:

27 Tipps, damit du dich weniger isoliert fühlst, Seite 314
Deine eigene Liste: Was steht auf deinem Wunschzettel gegen Einsamkeit?, Seite 166
3 Tipps zur Nutzung deines Unterstützungssystems, Seite 290

4

Dinge, die passieren können, wenn man Verluste vergleicht

In unserer langjährigen Arbeit mit Menschen, die Verluste jeglicher Art erlitten haben, konnten wir feststellen, dass sie zu Vergleichen neigen. Aktuelle Verluste werden mit vergangenen verglichen: »Das ist das Schlimmste, was mir je passiert ist.« Und die eigenen Verluste werden mit denen verglichen, die andere erleben: »Ich wurde entlassen, aber es könnte so viel schlimmer sein – meine Schwester hat ihr Haus verloren, und bei meiner Nachbarin ist gerade der Mann gestorben.«

Auf den ersten Blick mögen solche Vergleiche harmlos wirken. Viele Menschen finden es sogar tröstlich, dass jeder Mensch Leid erlebt.

(1)

Du meinst, du dürftest nicht trauern.

Wer sich ständig einredet, dass es anderen noch schlechter geht, macht die eigenen Erfahrungen klein. Leider wird es immer jemanden geben, der offenbar noch schlimmer dran ist als wir selbst. Ein Verlust hat nicht nur dann seine Berechtigung und Bedeutung, wenn er größer ist als der eines anderen Menschen. Wenn jemand einen Arbeitsplatz, einen Traum, eine Beziehung, einen Menschen oder ein Haustier verloren hat, mag dir seine Trauer größer erscheinen als deine eigene – aber dein Verlust löst sich nicht in Luft auf, nur weil es »schlimmer sein könnte«. Dass andere ebenfalls einen Verlust erlitten haben, hat keinen Einfluss auf dein eigenes Leid, sondern ist einfach das, was jemand anders fühlt.

Die Welt hat genug Platz für sämtliche Liebe und sämtlichen Schmerz.

2

Du lässt andere nicht an dich heran.

Verluste jeglicher Art können bewirken, dass man sich unerwartet isoliert fühlt. Vielleicht ertappst du dich dabei, dass du über andere denkst: »Sie könnte das nie verstehen, sie hat noch nie einen geliebten Menschen verloren.« Oder: »Er ist zwar auch geschieden, aber er kann mich nicht unterstützen, weil seine Scheidung einvernehmlich war.« Wir neigen so sehr zu Vergleichen, dass die Trauerexpertin Megan Devine sehr anschaulich von einer »Trauerolympiade« spricht. Vielleicht gewöhnst du dir an, bei den Verlusten anderer Menschen zwischen »schlimmer« oder »weniger schlimm« als dein Verlust zu unterscheiden, und kommst zu dem Schluss, dass dir niemand helfen kann, weil niemand genau die gleichen Erfahrungen gemacht hat wie du. Dann lässt du niemanden an dich heran, dabei könntest du stattdessen denken: »Niemand wird jemals meine ganze Trauer verstehen, aber manche können einige Aspekte nachfühlen und mir helfen.«

3

Du machst dir Vorwürfe, weil dir der Umgang mit dem Verlust schwererfällt als früher.

Wenn man sich vor Augen führt, dass man schon früher Krisen und Schwierigkeiten gemeistert hat, stärkt das Forschungen zufolge das Vertrauen darauf, dass man auch den aktuellen Sturm überstehen wird. Manchmal bewirkt man das Gegenteil, wenn man den Umgang mit einem früheren Verlust mit dem aktuellen Verhalten vergleicht. Du erinnerst dich vielleicht an die Liste darüber, warum neue Verluste an alte Verluste rühren können (siehe Seite 50). Du könntest zum Beispiel feststellen: »Mit dem Tod meines Vaters bin ich viel besser klargekommen, dabei war das ein weitaus schlimmerer Schlag als meine Entlassung. Ich sollte mich nicht so hängenlassen.« So etwas ist jedoch nicht hilfreich. Jeder Verlust ist anders, und mit jedem Verlust gehen wir anders um, das ist nun einmal so.

4

Du machst dir Vorwürfe, weil du dich schwerertust als andere.

Es gibt viele wunderbare Möglichkeiten, sich mit anderen über Verlusterfahrungen auszutauschen. Ob Trauermemoiren oder Podcasts, Selbsthilfegruppen oder Instagram-Accounts, die Welt ist mittlerweile voll von kreativen Möglichkeiten, mit denen man seine Trauer ausdrücken kann. Das ist wunderbar, um Isolation und Trennung abzubauen, doch leider wird es dadurch auch schwieriger, sich vor Vergleichen zu schützen.

Vielleicht ertappst du dich dabei, dass du deine Trauer mit der Trauer anderer vergleichst und dir dann vorwirfst, dass du nicht so »gut« trauerst wie andere.

WEITERE LISTEN ZU DIESEM THEMA:

9 Möglichkeiten, in der Trauer freundlich zu sich selbst zu sein, Seite 251
4 Möglichkeiten, in deinem Umfeld Trauerunterstützung zu finden, Seite 325
5 Dinge für deine Not-to-do-Liste, Seite 71

5

Gründe, warum es so wirken kann, als hätte man deine Trauer vergessen

Obwohl es in Sachen Trauer keine allgemeingültigen Wahrheiten gibt, können viele Menschen, die einen Verlust erlebt haben, einen ganz bestimmten Augenblick nachempfinden – den Augenblick, in dem ihnen klar wird, dass sich die Welt weiterdreht, während das eigene Leben zum Stillstand gekommen zu sein scheint. Eine Frau, die uns ihre Trauer beschrieb, hat es vielleicht treffender ausgedrückt. Sie sagte: »Es ist, als ob meine Welt in Flammen steht, aber niemand außer mir sieht es brennen.«

Zu den besonderen Herausforderungen nach einem Verlust gehört das Gefühl, dass man an fast nichts anderes mehr denken kann, während andere offenbar vergessen, dass man trauert. Bei der Arbeit kannst du dich schlecht konzentrieren, du musst sekundäre Verluste bewältigen und brauchst deine ganze Kraft, um den Kopf über Wasser zu halten, während andere fleißig den nächsten Urlaub planen, sich über das Drama in der Kaffeeküche aufregen oder überlegen, welches neue Sofa am besten ins Wohnzimmer passt. Wenn du dich so fühlst, kann es dafür einen der folgenden Gründe geben.

(1)

Niemand erkundigt sich mehr, wie es dir geht.

In schweren Zeiten sind Freunde und Angehörige anfangs oft sehr hilfsbereit. Meistens etwa einen Monat lang. Dann lassen die Hilfsangebote nach, man erkundigt sich nur noch selten, wie es dir geht, und irgendwann hast du das Gefühl, dass alle vergessen haben, was du gerade durchmachst.

(2)

Weil du ein Lächeln zeigst und dich nicht verkriechst, geht man davon aus, bei dir sei »alles in Ordnung«.

Trauer ist eine innere Reaktion auf einen Verlust. Manche machen das, was sie erleben, nach außen hin sichtbar, viele jedoch nicht. Leider wird es immer Menschen geben, die davon ausgehen, dass in deinem Inneren wieder alles in Ordnung ist, nur weil es von außen so scheint. Die Wirklichkeit sieht leider oft ganz anders aus.

(3)

Andere haben ihre eigenen Sorgen.

Dein Leben wird im Augenblick vermutlich von dem Verlust bestimmt, während es bei deinen Freunden und Angehörigen anderes gibt, das sie sehr beschäftigt. Bei manchen sind es kleinere, spannende Angelegenheiten, andere haben mit großen, verheerenden Problemen zu kämpfen. Wenn man selbst sehr unter Stress steht, vergisst man leider nur zu leicht, was andere zu bewältigen haben. Das ist keine Entschuldigung, sondern soll dir nur vor Augen führen, dass eine vermeintliche Gedankenlosigkeit manchmal daher rührt, dass jemand anderes selbst überfordert ist.

4

Dein Verlust erscheint »nicht so schlimm«.

Trauer ist kein Wettbewerb, aber da unser Gehirn zu Vergleichen neigt, kann es sein, dass du deinen Verlust mit dem anderer Menschen vergleichst. Wenn du dabei zu dem Schluss kommst, dass andere etwas Schlimmeres durchgemacht haben, könnte das dazu führen, dass du das, was dir widerfahren ist, kleinredest und meinst, dass es weniger Aufmerksamkeit verdient.

5

Du hast den Eindruck, dass dein Verlust ein Tabuthema ist.

Im Familien- und Freundeskreis existiert oft eine bestimmte Kultur, die bestimmt, wie offen (oder nicht) über Schwierigkeiten gesprochen wird. Vielleicht stellst du fest, dass gewisse Themen nicht gerade subtil vermieden werden – sei es der Arbeitgeber, der dich entlassen hat, die Party, auf der du deiner Ex begegnet bist, oder die Hochzeit, an der du nicht teilnehmen konntest, weil deine Mutter im Sterben lag. Es mag sein, dass du für diese Vermeidung dankbar bist, vielleicht hast du aber auch den Eindruck, dass dein Verlust damit totgeschwiegen oder abgehakt werden soll.

WEITERE LISTEN ZU DIESEM THEMA:

4 Dinge, die passieren können, wenn man Verluste vergleicht, Seite 173
9 Tipps, wie du deutlich machst, was du brauchst (und was nicht), Seite 294
5 Ratschläge, wie du dich mit der Trauer einrichtest, Seite 258

6

Gründe, wieso die Trauer deine Prioritäten verschieben kann

Unser Alltag besteht zu einem erheblichen Teil aus Gewohnheiten. Selbst wenn du meinst, den ganzen Tag über aktiv und bewusst Entscheidungen zu treffen, ist nach Forschungen der Duke University rund 45 Prozent dessen, was du täglich tust, stupide Routine (Neal, Wood und Quinn 2006).

Das ist nicht zwangsläufig schlecht. Eine vertraute Routine kann bequem und beruhigend sein und dem Gehirn den Freiraum verschaffen, sich mit anderem zu beschäftigen.

Aber dann erschüttert unverhofft der Verlust deine Welt und reißt deine Prioritäten mit sich. Plötzlich ist der Job, der dir immer so viel bedeutet hat, nicht mehr wichtig. Der Klatsch und Tratsch aus der Nachbarschaft, der früher so spannend war, erscheint jetzt fade und leer. Manche Kontakte, um die du dich jahrelang sehr bemüht hast, sind die Zeit und Energie einfach nicht mehr wert.

Woran liegt es, dass die Trauer unsere Werte so sehr über den Haufen wirft?

(1)

Ein Verlust reißt dich aus deinen Gewohnheiten.

Ein Verlust kann dein Umfeld physisch verändern. Vielleicht ändert er deine Routine. Oder er bewirkt, dass einst einfache Aufgaben unverhältnismäßig viel schwieriger werden. Das ist ganz entscheidend, denn sobald dein Gehirn nicht mehr wie von selbst Routinen ablaufen lässt, kann es sein, dass du bestimmte Entscheidungen hinterfragst, über die du schon lange nicht mehr nachgedacht hast. Vielleicht ertappst du dich bei der Frage: »Will ich wirklich ein Stück Kuchen?« Oder auch: »Moment mal, will ich diesen Job überhaupt?«

(2)

Ein Verlust macht deutlich, was dir wichtig ist.

Wenn man weiß, wie es ist, etwas Wichtiges zu verlieren – einen Menschen, den Arbeitsplatz, die Gesundheit oder das Zuhause –, dann erscheint fast alles andere ziemlich belanglos. Man erkennt, wie vieles man nur zu gerne hergeben würde, um das Verlorene zurückzubekommen, und so erkennt man oft, was man am meisten schätzt.

③

Trauer zwingt dich dazu, mit deiner Energie hauszuhalten.

Trauer ist anstrengend. Sie kann dich emotional und körperlich auslaugen, bis du das Gefühl hast, nur noch auf Sparflamme zu laufen. Im Überlebensmodus bleibt dir nichts anderes übrig, als all das zu streichen, wofür du keine Energie erübrigen kannst. Zum Beispiel kann Zeit mit der Familie plötzlich wichtiger sein als Überstunden.

④

Trauer führt uns die eigene Sterblichkeit vor Augen.

Sei es der Tod eines geliebten Menschen, eine schlimme Diagnose oder die Erkenntnis, wie die Zeit vergeht – viele Verluste erinnern uns daran, dass das Leben erschreckend kurz ist. Wenn du dir vornimmst, jeden Augenblick zu nutzen, kann es passieren, dass du alles aus deinem Alltag streichst, was dir nichts bedeutet.

⑤

Trauer kann dich egoistischer machen.

Okay, egoistisch ist vielleicht etwas hart. Nennen wir es selbstbezogen. Traurigkeit bewirkt, dass wir uns auf uns selbst besinnen, Schmerz weckt den Drang, uns zu schützen (Bonanno

2012). Wenn dazu die Erkenntnis kommt, wie kurz das Leben ist, erscheint dir alles, was du bislang nur anderen zuliebe getan hast, auf einmal als Verschwendung deiner (kostbaren) Zeit.

6

Trauer kann dich selbstloser machen.

Auf der anderen Seite kann ein erhöhtes Bewusstsein für die eigene Sterblichkeit manchmal dazu führen, dass man verstärkt nach einem Sinn sucht. Man stellt sich große Fragen, etwa: »Welchen Sinn hat mein Dasein?« Oder: »Was wird von mir bleiben?« Solche existenziellen Fragen können dich in neue Richtungen lenken und dazu inspirieren, dass du einige deiner persönlichen Wünsche aufgibst, um anderen zu helfen.

WEITERE LISTEN ZU DIESEM THEMA:

11 Fragen, die du dir stellen solltest, wenn du allmählich nach vorne schaust, Seite 351

7 Schritte, die dir dabei helfen, nach deinen Werten zu leben, Seite 208

5 Fragen, die du dir stellen solltest, ehe du jemanden abschreibst, Seite 300

---

3 existenzielle Fragen, die ein Verlust aufwerfen kann

»Da alles leer ist, ist alles möglich.«

NĀGĀRJUNA

Wir leben in der Überzeugung, dass bestimmte Regeln gelten: »Wenn ich mich anstrenge, werde ich belohnt«, »Wenn ich andere gut behandle, werden sie mich ebenfalls gut behandeln«, »Wenn ich Gott gehorche, wird mir nichts geschehen«, »Wenn ich mich an die Regeln der Gesellschaft halte, werde ich fair und gerecht behandelt« – und so fort. Das sind natürlich nur Beispiele, denn jeder Mensch hat ein individuelles Bezugssystem, das durch den jeweiligen Hintergrund und die eigenen Erfahrungen geprägt ist.

Auch wenn das Bezugssystem, nach dem du die Welt deutest, auf soliden Füßen steht, ist es ein fragiles Gebilde. Das gilt für uns alle, denn wir können uns nur auf das stützen, was wir wissen. Und im Laufe unseres Lebens liefern unsere Erfahrungen immer wieder Informationen, die das, was wir denken, fühlen und glauben, in Frage stellen, widerlegen und verändern. Unsere Sicht auf die Welt ist also stets im Wandel.

Ein Verlust kann deine bisherigen Überzeugungen zu Leben, Tod, Sterblichkeit, zum Ich und zu anderen Aspekten selbstverständlich ins Wanken bringen. Und wenn du mit Wahrheiten konfrontiert wirst, die nicht zu deinem aktuellen Bild vom Leben passen, kann es sein, dass du dich mit einigen der größten Fragen des Daseins neu auseinandersetzen musst.

1

Wozu?

Diese Frage beruht auf der Annahme, dass all deine Handlungen ein bestimmtes Ziel verfolgen. Ob es dir klar ist oder nicht: Sehr viel von dem, was du tagtäglich tust, dient in gewisser Weise einem übergeordneten Zweck. Das lässt sich mit einer Autofahrt zu einem bestimmten Ort auf der Landkarte vergleichen – du sitzt am Steuer, verfährst dich, diskutierst mit deinem Beifahrer, und irgendwann erreichst du dein Ziel. Ohne Ziel irrst du umher und weißt nicht, wozu oder wohin. Nach einem Verlust haben wir manchmal das Gefühl, wir hätten das Ziel verloren. Auf einmal fehlen Sinn und Orientierung. Man tut ziellos, was man immer getan hat, und fragt sich dabei, was das alles soll.

2

Woran glaube ich?

Eine Veränderung des Glaubenssystems kann erhebliche sekundäre Verluste nach sich ziehen. Die Verlusterfahrung weckt möglicherweise Zweifel an den bisherigen Überzeugungen zu Aspekten wie:

- Fairness
- Familie
- Freundschaft
- Gerechtigkeit
- Gleichberechtigung
- Gott und Religion
- Liebe
- Loyalität
- Macht
- Sicherheit
- Vertrauen
- Vorurteil

Diese Liste ließe sich noch weiter fortsetzen. Wichtig ist dabei, dass durch solche Fragen manchmal ein tieferes, persönlicheres und differenzierteres Glaubenssystem entsteht. Es kann sehr schmerzhaft, ernüchternd und erschreckend sein, wenn man die eigenen Überzeugungen mit entgegengesetzten Lebenserfahrungen in Einklang bringen muss, doch diese Auseinandersetzung führt oft zu Wachstum und Erleuchtung.

3

Nutze ich meine Zeit richtig?

Es gibt viele gute Gründe, sich diese Frage nicht gerade dann zu stellen, wenn man trauert. Allerdings kommt sie ausgerechnet in dieser Phase besonders häufig auf. Wie gesagt lernt man durch einen Verlust so viel über sich selbst, das Leben und die Menschen, mit denen man zu tun hat, dass sich die eigenen Werte und Prioritäten drastisch verändern können. Und angesichts großer Fragen über das Leben, den Tod und den Sinn des Daseins ist es nur natürlich, dass man sich fragt, ob man seine begrenzte Zeit auf Erden richtig nutzt.

WEITERE LISTEN ZU DIESEM THEMA:

6 Lebensbereiche, die bei einem Verlust betroffen sind, Seite 58

6 Gründe, wieso die Trauer deine Prioritäten verschieben kann, Seite 181

7 Schritte, die dir dabei helfen, nach deinen Werten zu leben, Seite 208

DEINE EIGENE LISTE

Was ist deine Identität? (Eine Vorher-nachher-Liste)

»Wir sind so gepolt, dass wir, wenn wir um das trauern, was wir verloren haben, auch um uns selbst trauern. Um uns, wie wir waren. Um uns, wie wir nicht länger sind. Um uns, wie wir eines Tages gar nicht mehr sein werden.«

JOAN DIDION, *DAS JAHR MAGISCHEN DENKENS*

Die Identität ist eine seltsame Angelegenheit. Sie entsteht durch die Art und Weise, wie wir über uns denken, und die Geschichte, die wir uns über uns erzählen. Und doch sind wir uns unserer Identität nicht immer bewusst. Sie existiert oft im Hintergrund, wie der Soundtrack in einem Film. Wir nehmen sie erst bewusst wahr, wenn sich etwas ändert.

Wenn man einen Verlust erlebt, konzentriert man sich oft auf das Greifbare, das man verloren hat – einen Menschen, ein Haus, den Arbeitsplatz, eine Beziehung und so weiter. Selbstverständlich ist das ein entscheidender Teil der Trauer. Allerdings weißt du mittlerweile, dass es auch sekundäre Verluste gibt, und dazu gehört sehr häufig der Verlust oder die Veränderung der Identität. Forschungen haben ergeben, dass fehlende »Selbstklarheit« in der Trauer, die durch den Verlust der Identität entsteht, mit vermehrten Depressionen und posttraumatischem Stress einhergeht (Boelen 2017).

Deshalb möchten wir, dass du dir Zeit nimmst, über deine Identität nachzudenken, verschiedene Aspekte dieser Identität zu betrachten und zu überlegen, wie sich deine Identität verändert hat. Je nach Verlust kann es sein, dass du große oder sehr kleine Identitätsveränderungen feststellst.

Beziehungsidentität

Dieser Teil deiner Identität wird durch deine Beziehung zu anderen Menschen bestimmt: Schwester, Tochter, Ehefrau, Freundin, Mutter, Betreuerin und dergleichen. Ein Todesfall kann einen sekundären Verlust oder eine Veränderung deiner Beziehungsidentität bewirken, wenn etwa ein Geschwisterteil, ein Elternteil, ein Kind, der Partner oder deine beste Freundin gestorben ist.

Berufliche Identität

Aussagen wie »Ich bin Lehrer«, »Ich bin Tischlerin« oder »Ich bin Ärztin« zeigen deutlich, dass der Beruf für viele von uns entscheidenden Anteil daran hat, wer wir sind. Wer seine Stelle verliert, in den Ruhestand geht oder den Beruf wechselt, erlebt oft einen Verlust der beruflichen Identität. So kann es für jemanden, der nach vierzig Jahren im Lehrberuf pensioniert wird, schwierig sein, ein neues Selbstbild zu entwickeln und dem Alltag ohne Stundenvorbereitungen und Unterricht Struktur und Sinn zu geben.

Spirituelle Identität

Ganz gleich, ob du dich zum Christentum, Islam oder Buddhismus bekennst oder dich als spirituell, aber nicht religiös bezeichnest – vermutlich hast du eine spirituelle Identität, die im Laufe des Lebens wächst, sich verändert, erschüttert wird oder verschwindet. Deine abstrakte Beziehung zu Glauben und Spiritualität kann durch Lebensereignisse genauso beeinflusst werden wie greifbare Beziehungen. Und natürlich gehören Verluste zu den Erfahrungen, die Menschen in unterschiedliche Richtungen führen können, in eine Glaubenskrise oder zu einer ausgeprägteren Spiritualität.

Finanzielle Identität

Oft werden die Finanzen nicht als Teil der Identität gesehen, aber ob du finanziell für dich und deine Familie aufkommen kannst, ist oft ein wichtiger Aspekt deines Selbstwertgefühls und deines Verlustes. Ob du ständig mit Geldproblemen zu kämpfen hast oder stolz auf deine finanzielle Unabhängigkeit bist – du hast wahrscheinlich eine Vorstellung davon, was deine finanzielle Identität ausmacht, und dein Verlust hat diese Vorstellung möglicherweise verändert.

Körperliche Identität

Die körperliche Identität definiert, ob du in der Lage bist, physisch in der Welt zu existieren. Dein körperliches Ich ist für den Großteil deines Alltags von entscheidender Bedeutung, denn es legt fest, ob du bestimmte Berufe ausüben, mit Kindern spielen, einen Spaziergang machen oder ins Fitnessstudio gehen und dich schmerzfrei bewegen kannst. Krankheit, Verletzungen und Alter können zu einem Verlust der körperlichen Identität führen, der manchmal auch mit einem Verlust des Selbstwerts einhergeht.

Deine Sichtweise

Auch wenn es schwerfällt, sie in Worte zu fassen, ist deine Sicht auf die Welt oder deine Perspektive oft eng mit deiner Identität verknüpft. Wie bereits erläutert, kann ein Trauma oder ein Verlust deine Weltanschauung, deine Sichtweise und deine Perspektive erschüttern. Ob du optimistisch bist und die Welt für gerecht hältst oder meinst, dass man niemandem trauen kann – die Linse, durch die du die Welt siehst, wirkt sich entscheidend auf deine Identität aus. Ein bedeutender Verlust kann deine Überzeugungen über die Welt erschüttern und dazu führen, dass du negativer eingestellt, abgestumpfter und pessimistischer bist oder dich nicht mehr so leicht auf andere Menschen oder Aktivitäten einlassen kannst wie früher. Das kann eine Veränderung oder einen Verlust der Identität bewirken, sodass du nicht mehr der Mensch bist, der du einmal warst.

So gehst du vor:

- Nimm dir ein Blatt Papier, und notiere darauf alle oben genannten Identitätstypen als Überschriften. Du kannst das Blatt in Spalten unterteilen, doch das muss nicht sein. Lass auf jeden Fall unter oder neben der Überschrift etwas Platz.
- Nun schreibst du unter jeden Identitätstyp deine Identitätsrollen. Überlege in Ruhe, wie deine Identität vor dem Verlust aussah, wie sie jetzt ist und wie du gegebenenfalls hoffst, dass sie sich in Zukunft entwickeln wird.

Dann nimm dir etwas Zeit, um dich mit dem auseinanderzusetzen, was du aufgeschrieben hast. Vielleicht stellst du fest, dass sich deine Identität stark verändert hat, und fragst dich, wie du damit umgehen sollst. Darauf gibt es keine einfache Antwort. Wie bei so vielen Aspekten der Trauer ist es auch hier möglich, dass nicht alles wieder so werden kann wie früher. Um das Selbstwertgefühl nach einem Verlust wiederzugewinnen, muss man unter anderem akzeptieren, dass die Identität anders sein wird als zuvor.

Bedenke dabei auch, dass *anders* nicht zwangsläufig *schlechter* bedeutet. Wir lehnen Veränderungen oft ab. Wir haben gewisse Vorstellungen, wie das Leben auszusehen habe und wer wir sein sollten. Wenn das Leben nicht so verläuft, wie wir uns das vorgestellt haben, gehen wir nur zu leicht davon aus, dass wir uns mit keiner der Alternativen wohlfühlen werden.

Die Menschen und Gegebenheiten, die wir im Leben verlieren, werden zwar immer ein Gefühl tiefer Trauer wecken, doch es ist dennoch möglich, dass wir in anderen Dingen einen Sinn, Freude und Zufriedenheit finden und diese Teil unserer Identität werden.

Zu guter Letzt vergiss bitte nicht, dass die Identität nicht schwarz-weiß ist. Sie entwickelt und verändert sich, und der Mensch, der du früher warst, prägt oft dein jetziges Ich. Die Vergangenheit hallt damit immer in der Gegenwart nach und gestaltet die Zukunft mit. Und wenn du eine Identität verlierst, entsteht oft Platz für eine neue.

5

Hindernisse bei der Trauerbewältigung

Mittlerweile ist dir sicher deutlich geworden, welche Gedanken, Gefühle und Verhaltensweisen zu deiner Trauer gehören.

Doch es ist das eine, Trauer zu verstehen – die Bewältigung des komplexen Lebens nach dem Verlust ist etwas ganz anderes. Auch wenn du dich danach sehnst, deinen Weg durch diese komplizierte Welt zu finden, wirst du immer wieder auf Hindernisse stoßen. Einige davon sind im Folgenden aufgeführt.

(1)

Du meinst, bestimmte Strategien zur Trauerbewältigung werden bei dir nicht funktionieren.

Dein persönliches Narrativ hat maßgeblichen Einfluss darauf, auf welche Bewältigungsstrategien du dich einlassen willst. Wenn du dir beispielsweise einredest: »Ich kann nicht gut schreiben, also kann ich kein Tagebuch führen«, »Therapie ist nichts für mich« oder »Ich habe keine Zeit«, schränkt das die Auswahl an Bewältigungsmethoden, die du ausprobieren wirst, beträchtlich ein. Oft hilft es, auf diese kleine Stimme zu achten, die zwischen dir und einer Bewältigungsstrategie steht: Hör genau hin, was sie sagt, und führe dir vor Augen, dass dies vielleicht nicht stimmt und du es trotzdem versuchen könntest.

2

Du fürchtest, der Blick nach vorne könne bedeuten, dass du dich mit dem Verlust abfindest.

Viele Menschen haben die Befürchtung, ein Neuanfang nach einem Verlust könne diesen Verlust in gewisser Weise entwerten oder den Eindruck wecken, sie hätten mit dem Verlust ihren Frieden gemacht. Nichts könnte der Wahrheit ferner liegen. Auf Seite 242 werden wir genauer darauf eingehen.

3

Die »Vorhölle« der Trauer scheint angenehmer zu sein als die Ungewissheit der Zukunft.

Du weißt, wie dein Leben vor dem Verlust aussah. Und so unglücklich und schmerzhaft deine derzeitige Realität auch sein mag, der Blick in eine unbekannte und ungewisse Zukunft kann Angst machen. Da die entsprechenden Schritte viel Energie und Entscheidungen erfordern und du mit der Vergangenheit nicht abschließen willst, ist die Versuchung groß, in der schmerzhaften Gegenwart zu bleiben.

4

Andere vermitteln dir den Eindruck, die Trauerfrist sei abgelaufen.

Wir wissen zwar, dass Trauer kein festes Ende hat, doch von Angehörigen, Freunden und der Gesellschaft wird Trauernden oft subtil vermittelt, dass die Trauerzeit nach einer gewissen Anzahl von Tagen, Wochen oder Monaten nach dem Verlust vorbei sein sollte. Wenn Trauernde diesen Botschaften glauben, fragen sie sich vielleicht, ob es unangemessen ist, sofern sie sich weiterhin Raum und Zeit für die Trauerbewältigung nehmen, oder ob sie bei Angeboten wie Selbsthilfegruppen und Trauerzentren noch willkommen sind.

5

Du fühlst dich in deinem Schmerz mit dem verstorbenen Menschen verbunden.

Wenn du einen geliebten Menschen verloren hast, vermischte sich deine Liebe zu diesem Menschen höchstwahrscheinlich mit Schmerz und Trauer. Vielleicht hast du das Gefühl, dein Kummer stünde für die verlorene Liebe und zeige, wie du den geliebten Menschen ehrst. Du meinst vielleicht, dieser Kummer sei das einzige Bindeglied zwischen dem Leben mit diesem Menschen und dem Leben ohne ihn. Es gibt so viele andere Möglichkeiten, die Verbindung zu deinem geliebten Verstorbenen aufrechtzuerhalten, und wenn die Trauer für dich ein fester Teil eurer Bindung bleibt, kann sie verhindern, dass du lernst, wie du mit dem Schmerz umgehst.

WEITERE LISTEN ZU DIESEM THEMA:

5 unbekannte Fakten über die Trauer, Seite 22
4 Gründe, wieso die Vorstellung von der fortgesetzten Bindung so ansprechend ist, Seite 329
11 Fragen, die du dir stellen solltest, wenn du allmählich nach vorne schaust, Seite 351

TEIL DREI

Umgang mit Trauer

Jetzt wird es darum gehen, deinen Weg in die Zukunft zu gestalten. Wir wissen nur zu gut, dass du nach wie vor in den Trümmern deiner Verluste und deiner Trauer steckst. Du wirst deine Verluste niemals hinter dir lassen, deine Erfahrungen werden Teil des Lebens sein, das du dir in Zukunft aufbaust. Deine Verluste werden prägen, wie du dir eine neue Welt errichtest, und das ist sehr viel wert. Versprochen.

Die Listen in diesem letzten Abschnitt sollen dir Wege und Möglichkeiten zeigen, um deine Trauer und das Leben nach dem Verlust zu bewältigen. Sie werden dich dazu bringen, gezielt zu überlegen, was dir Ruhe und Trost verschaffen könnte und welche Freunde und Angehörigen dich unterstützen können. Sie ermutigen dich, dir die Welt vorzustellen, die du dir nun erschaffen willst.

Es mag sein, dass der Verlust deine Prioritäten verändert hat. Vielleicht hast du festgestellt, dass er bestimmte Beziehungen belastete, während andere stärker denn je wurden. Vielleicht hast du Erfahrungen und Gefühle durchgemacht, von denen du dachtest, dass du sie niemals überleben würdest. Möglicherweise scheint dir die Welt nicht mehr fair, sicher oder gerecht zu sein. Oder du hast akzeptieren müssen, dass das Leben nach einem Verlust für immer einen bitteren Beigeschmack behalten wird.

Die Welt, die du dir nun aufbaust, wird all diese Veränderungen und noch viele andere mehr berücksichtigen. Sie wird davon geprägt sein, wer du jetzt bist, nachdem du den Verlust erlebt und Bewältigungsstrategien gefunden hast. In dieser Welt wird es neben dem Verlust auch Sinn und Hoffnung geben.

Eine abschließende Bemerkung zu unserem letzten Teil mit Listen: Wir verwenden zwar manchmal Begriffe wie *Wiederaufbau*, *Fortschritt* und sogar *Wachstum*, doch uns ist vollkommen klar, dass man sich oft kaum vorstellen kann, all das könne möglich sein. Damit du das Buch nicht weglegst, weil du meinst, du wärst noch nicht so weit, lass dir versichern: Wir wissen genau, dass du an den allermeisten Tagen nur winzig kleine Babyschrittchen schaffen wirst – und das ist in Ordnung! In der Trauer geht es nur ganz langsam vorwärts (mehr dazu in der nächsten Liste).

Wir werden dich nicht dazu drängen, Akzeptanz, Stärke, Dankbarkeit oder Glück zu suchen, wenn du das nicht willst, weder jetzt noch irgendwann sonst. Wir wollen lediglich Vorschläge zur Bewältigung weitergeben, die dir helfen könnten, und erläutern, was nach unserer Erfahrung bei einem Verlust möglich ist. Und wenn dich etwas davon im Augenblick nicht anspricht, hoffen wir, dass du nicht sagst: »Nie im Leben«, sondern: »Vielleicht irgendwann.«

39

Anzeichen dafür, dass du Fortschritte machst

Über manches im Leben kann und sollte man hinwegkommen – zum Beispiel über eine Erkältung oder einen Streit mit einer guten Freundin. Stell dir nur vor, wie viel Schmerz und Negativität du mit dir herumtragen würdest, wenn du niemals vergessen und einen Schlussstrich ziehen könntest. Allerdings darf man nicht glauben, dass alle schmerzhaften Erfahrungen »überwunden« werden können und sollten.

Wer einen schweren Schicksalsschlag erlebt hat (etwa einen Trauerfall, eine Krankheit oder Verletzung, eine Sucht oder ein psychisches Leiden), berichtet oft, dass Heilung nicht unbedingt bedeutet, einen Schlussstrich zu ziehen. Manchmal ist es auch gar nicht erstrebenswert, über etwas hinwegzukommen oder zu vergessen, zum Beispiel wenn ein geliebter Mensch gestorben ist.

Solange man unter Trauer nur Schmerz und Kummer versteht, kann es eine beängstigende Vorstellung sein, dass Trauer und Verlust niemals ein Ende nehmen. Dies ist uns klar. Aber Trauer verdammt dich nicht zu einem Leben in Finsternis. Mit der Zeit wirst du neue Wege finden, deinen Verlust zu verstehen und zu bewältigen, sodass sich dein Verhältnis zur Trauer verändert. Wie dieses Verhältnis aussieht, definierst du selbst. Aber wenn du gelernt hast, mit einem Teil deines Schmerzes Frieden zu schließen, sollte die Trauer einen neuen – weniger finsteren und belastenden – Platz in deinem Leben einnehmen.

Kannst du uns das glauben?

Wenn nicht, ist das nicht schlimm. Wir verstehen das. Trauer entwickelt sich so zäh und langsam, dass es oft schwerfällt, sich Fortschritte vorzustellen. Man fühlt sich nicht kontinuierlich jeden Tag ein wenig besser; und dass es nicht voranzugehen scheint, kann frustrierend und enttäuschend sein.

Allerdings ist dieser »Nicht-Fortschritt« unter Umständen nur eine Frage der Perspektive, vor allem wenn du dich mit deinem früheren oder idealen Ich vergleichst, denn dieses Ich kann auf Folgendem beruhen:

→ **Dem Menschen, der du vor dem Verlust warst:** Obwohl du vermutlich weißt, dass du nie wieder der Mensch sein wirst, der du warst, bevor die Trauer über dich hereingebrochen ist, fällt es schwer, diesen Menschen nicht zu idealisieren. Vielleicht meinst du, dass du damals heil, unversehrt, strahlend, glücklich und erfüllt warst. Das Bild, das du jetzt von dir hast, kann im Vergleich zu dieser »Vorher«-Version blass wirken.

→ **Dem Menschen, der du deiner Ansicht nach sein wirst, sobald es dir besser geht:** Wenn du dich schlecht fühlst, aus welchem Grund auch immer, ist es ganz normal, dass du dir vorstellst, alles werde viel leichter sein, sobald es dir endlich besser geht. Doch falls du auf einen Endpunkt hoffst, den es gar nicht gibt, und dich auf eine sagenumwobene Zukunft fixierst, konzentrierst du dich zu sehr auf das, was du noch nicht erreicht hast.

Wenn du deinen Fortschritt in Sachen Trauer wirklich messen willst, solltest du dich unserer Ansicht nach am Beginn deiner Trauer orientieren: an deiner Verfassung unmittelbar nach dem Verlust oder in der Phase, in der du die Trauer am schlimmsten empfunden hast. Selbst an besonders schwierigen Tagen wirst du, sobald du auf den Anfang zurückblickst, vermutlich erkennen, dass du schon viele Schritte nach vorne gemacht hast.

Mit Schritten sind hier wirklich nur winzig kleine Schrittchen gemeint, keine Siebenmeilenschritte. Trauer spielt sich ganz allmählich ab, Tag für Tag. Oft geht es sechs Schritte nach vorne und drei wieder zurück. Trauer wird nicht geheilt, indem man konsequent schnurstracks geradeaus marschiert, sondern indem man jeden Tag von Neuem aufsteht und sich entscheidet, ein Stück weiterzugehen.

Vor einiger Zeit haben wir unsere Community gefragt: »Woran erkennt ihr, dass ihr bei der Trauer Fortschritte macht?« Die gesammelten Weisheiten findest du in der folgenden Liste.

DU WEISST, DASS DU IN DER TRAUER FORTSCHRITTE MACHST, WENN …

1. Wenn du nicht mehr weinend auf dem Boden liegst …
2. Wenn dir der Bauch nicht mehr ganz so wehtut …
3. Wenn du das Leben Tag für Tag nimmst …
4. Wenn du nicht mehr mit einem Brennen in der Brust aufwachst …
5. Wenn du aus dem Bett kommst …
6. Wenn du beschließt, den nächsten Schritt zu machen …
7. Wenn du akzeptiert hast, dass es geschehen ist ...
8. Wenn du dir eingestehst, dass du Trauer empfindest …
9. Wenn du akzeptierst, dass die Trauer nicht verschwinden wird …
10. Wenn du deine Trauergefühle nicht unterdrückst, sondern zulässt …
11. Wenn du deine Gefühle so akzeptierst, wie sie sind …
12. Wenn du erkennst, dass du Hilfe brauchst …
13. Wenn du deine Geschichte erzählen kannst, ohne dass es dich emotional zu sehr belastet …
14. Wenn du ohne Scham darüber sprechen kannst …
15. Wenn du bestimmte Lieder hören kannst, ohne dass die Tränen fließen …
16. Wenn du nicht mehr zählst, wie viele Wochen oder Monate es schon her ist …
17. Wenn du keine Panikattacke mehr bekommst, sobald du Orte oder Gegenstände siehst, die dich an deinen Verlust erinnern …
18. Wenn dir Vorkommnisse, die früher starke Emotionen ausgelöst haben, jetzt Frieden verschaffen …
19. Wenn du mehr gute als schlechte Tage erlebst …

20. Wenn dir die Trauer nicht im Nacken sitzt …
21. Wenn du unter der Trauer nicht mehr leidest …
22. Wenn du nicht mehr darüber nachdenkst, was hätte sein können oder sollen, sondern akzeptierst, wie es ist …
23. Wenn du lernst, Gedanken zu verarbeiten, die sich früher immer im Kreis gedreht haben …
24. Wenn du allmählich daran glaubst, dass du es schaffen kannst, deine Trauer zu bewältigen …
25. Wenn du keine destruktiven, sondern gesunde Bewältigungsstrategien anwendest …
26. Wenn du schwierige Momente vorhersehen und entsprechende Maßnahmen ergreifen kannst …
27. Wenn du vor die Tür gehst …
28. Wenn du bis zum nächsten Tag durchhältst und dann wieder bis zum nächsten …
29. Wenn du traurigen Menschen nicht mehr aus dem Weg gehst …
30. Wenn du anderen etwas Gutes tun möchtest …
31. Wenn es dir gelingt, dich mit anderen auszutauschen und ihnen zu helfen …
32. Wenn du mit jedem Tag mehr das Leben feierst und weniger über das »Was wäre, wenn« nachgrübelst …
33. Wenn Schuldgefühle und Reue nachlassen und mehr Platz für Dankbarkeit und gute Erinnerungen entsteht …
34. Wenn es dich nicht mehr traurig, sondern glücklich macht, wenn du von früher erzählst …
35. Wenn du in der Welt wieder Farben und Licht siehst …
36. Wenn du zum ersten Mal wieder lachst und Freude empfindest …
37. Wenn du kein schlechtes Gewissen hast, wenn du fröhlich bist …
38. Wenn du mehr Frieden empfindest …

39. Wenn du endlich erkennen kannst, inwieweit du stärker geworden bist.

WEITERE LISTEN ZU DIESEM THEMA:

9 Möglichkeiten, in der Trauer freundlich zu sich selbst zu sein, Seite 251
11 Fragen, die du dir stellen solltest, wenn du allmählich nach vorne schaust, Seite 351
5 Bereiche, in denen man nach einem Verlust wachsen kann, Seite 354

---

7 Schritte, die dir dabei helfen, nach deinen Werten zu leben

»Hat man sein warum? des Lebens,
so verträgt man sich fast mit jedem wie? …«
FRIEDRICH NIETZSCHE

Wenn du auf dein Leben vor dem Verlust zurückschaust, scheint es dir vermutlich so, dass damals alles einen Sinn hatte. Du bist einen vertrauten Weg gegangen – mit vertrauten Menschen und an vertrauten Orten. Wahrscheinlich hattest du eine grobe Route im Kopf, an der du dich bei unerwarteten Wendungen orientieren konntest – Schule, Beruf, Freunde, Hobbys, Partner, Kinder, das Leben …

Dann jedoch hast du einen schweren Verlust erlitten. Gut möglich, dass du dich nun fühlst wie auf fremdem Terrain. Einige Leute und Orte kommen dir vage bekannt vor, aber sie sind auch in gewisser Weise anders, sodass dir die Orientierung fehlt. Sie haben nicht mehr den gleichen Platz in deinem Leben wie früher. Alle vertrauten Wegweiser sind verschwunden, du findest keine Spur aus Brotkrumen, die dich zurück zu deinem früheren Leben führt. Das *Früher* gibt es nicht mehr. Der Verlust hat dich verändert. Du bist ein neuer Mensch, der sich im Unbekannten und Unvorhersehbaren zurechtfinden muss.

Der altgriechische Philosoph Heraklit sagte sinngemäß: »Kein

Mensch kann zweimal in denselben Fluss steigen, denn es ist nicht mehr derselbe Fluss und nicht derselbe Mensch.« Im Leben nach einem Verlust geht es vor allem darum, dass man diese neue Welt kennenlernt, herausfindet, wer man in dieser Welt ist, in aller Ruhe entscheidet, wohin man will, und einen neuen Weg gestaltet. Leider können wir dir keine Karte dieser neuen Welt liefern – das kann niemand. Doch statt einer Karte gibt es etwas anderes, an dem du dich orientieren kannst: deine Werte.

Deine Werte sind wie ein Kompass, der dir deutlich macht, was dir am wichtigsten ist, und dir eine Richtung zeigt, die zu dem passt, was du bist und was du tief in deinem Inneren wertschätzt. In der Trauer wird es ganz sicher einmal vorkommen, dass du ins Stolpern gerätst und die Orientierung verlierst. Aber solange du dich von deinen Werten leiten lässt, kannst du darauf vertrauen, dass du auf dem richtigen Weg bist. Auch wenn dir das im Augenblick etwas abstrakt oder unmöglich erscheint, solltest du trotzdem weiterlesen. Dass man sich nach einem Verlust auf die eigenen Werte verlässt, ist weitaus praxisnaher und vernünftiger, als es klingen mag.

1 MACH DIR KLAR, WAS WERTE SIND.

Stephen Hayes, der Begründer der Akzeptanz- und Commitment-Therapie (ACT) – die übrigens zu unseren Lieblingstherapien gehört –, beschreibt Werte als »selbstgewählte Lebensausrichtung« (Hayes 2020).

Werte sind die Leitprinzipien, anhand derer du entscheiden kannst, was im Leben wichtig ist und wie du dich verhalten willst. Sie helfen dir bei der Entscheidung, wie du dich selbst und andere behandelst und wie du in der Welt lebst. Damit ist es klar, dass sie ziemlich wichtig sind. Wer ein Leben führt, das nicht zu den eigenen Werten passt, findet oft keine Erfüllung.

2 MACH DIR KLAR, WAS WERTE NICHT SIND.

Werte sind keine Ziele, man kann sie nicht »erreichen«. Außerdem sind deine Werte unglaublich persönlich: Niemand kann sie für dich festlegen. Sie können dir nicht vorgeschrieben werden wie eine Aufgabe, die du bei der Arbeit zu erledigen hast, oder ein Cholesterinwert, den du einhalten sollst.

Wir finden, dass Werte für Trauernde weitaus sinnvoller sind als Ziele. In der Trauer erlebt man zwangsläufig Rückschläge, Enttäuschungen, Veränderungen, Umstellungen und so weiter. Daher kann es frustrierend sein, wenn man sich nur auf Ziele konzentriert, denn Trauer verhindert oft, dass man diese Ziele erreicht. Werte hingegen sind nicht auf ein bestimmtes Ergebnis ausgerichtet, sondern geben eine Richtung vor.

3 MACH DIR DEUTLICH, WIESO WERTE WICHTIG SIND.

Menschen, deren Entscheidungen und Verhaltensweisen den eigenen Werten entsprechen und die nach ihren Werten leben, empfinden seltener Angst und fühlen sich insgesamt wohler (Kashdan, 2013). Einige Forschungsergebnisse zeigen sogar, dass ein Leben im Einklang mit den eigenen Werten mit besserer körperlicher Gesundheit und einer höheren Lebenserwartung korreliert (Alimujiang et al. 2019).

4 FINDE HERAUS, WOHER DEINE WERTE STAMMEN.

Deine Werte wurden wahrscheinlich durch deine Familie, deine Kultur, deine spirituellen Überzeugungen, deine Lebenserfahrung, deine Weltanschauung und sogar durch deine

Persönlichkeit geprägt. Und obgleich sie durch äußere Einflüsse mitgestaltet werden können, werden deine Werte wie gesagt letztendlich von dir selbst bestimmt. Zudem können sie sich weiterentwickeln, verändern und wachsen, wenn du dich weiterentwickelst, veränderst und wächst.

5 ÜBERLEGE, WIESO WERTE BEIM TRAUERN BESONDERS WICHTIG SIND.

Nach einem Verlust dreht sich die Welt weiter – ob es dir gefällt oder nicht. Obwohl dir das Leben sinnlos erscheint, musst du täglich Entscheidungen treffen. Manchmal sind die Menschen, Hoffnungen und Träume, an denen du dich bisher orientiert hast, nicht mehr da. Auch wenn du vieles verloren hast, kannst du dich nach wie vor auf deine Werte stützen. Die Gewissheit, dass man auf dem richtigen Weg ist, solange man sich um ein Leben nach den eigenen Werten bemüht, kann in der Trauer für Erdung sorgen.

6 BEFASSE DICH MIT »WERTEARBEIT«.

Die Auseinandersetzung mit deinen Werten kann formell oder zwanglos, allein oder im Rahmen einer Therapie stattfinden. Sie ist einfach und komplex zugleich und wird dir unter anderem deutlich machen, welche Werte dir in verschiedenen Lebensbereichen wichtig sind. In der anschließenden Übersicht findest du »Einige beispielhafte Werte«. Welche Werte machen für dich ein sinnhaftes, zielgerichtetes Leben aus? Wie kannst du dich bei Entscheidungen und Wahlmöglichkeiten von diesen Werten leiten lassen?

7 BEDENKE, DASS WERTE NICHT DAZU DA SIND, DICH GLÜCKLICH ZU MACHEN ODER SCHMERZ ZU VERHINDERN.

Die Orientierung an deinen Werten kann deinem Leben einen höheren Sinn und eine tiefere Bedeutung verleihen, und das führt manchmal dazu, dass der Schmerz nachlässt und du glücklicher wirst. Doch das ist nicht immer der Fall, und dazu sind Werte auch gar nicht gedacht. Im Leben ist es nun einmal so, dass wir nicht immer glücklich sind und sein können, das weißt du nur zu gut. Aber wenn du nach deinen Werten lebst, fühlst du dich oft wohler, selbst wenn das Leben schwer ist.

Einige beispielhafte Werte

Um dich näher mit deinen Werten zu befassen, könntest du zunächst überlegen, was dir in den folgenden Lebensbereichen am wichtigsten ist: Familie, Beziehungen, Freundschaft, Arbeit, Freizeit, persönliches Wachstum, Wohlbefinden, Spiritualität, Engagement für andere.

Achtsamkeit
Akzeptanz
Aufopferung
Aufregung
Authentizität
Balance
Beharrlichkeit
Dankbarkeit
Ehrlichkeit
Flexibilität
Freiheit
Freundlichkeit
Fürsorge
Gegenseitigkeit
Gerechtigkeit
Geschicklichkeit
Gleichberechtigung
Großzügigkeit
Herausforderung
Humor
Intimität
Konformität
Kreativität
Liebe
Macht
Mitgefühl
Mitwirken
Mut
Neugier
Ordnung
Rationalität
Respekt
Schönheit
Selbstentwicklung
Selbstfürsorge
Sicherheit
Spannung
Spaß
Stabilität
Unabhängigkeit
Verantwortungsbewusstsein
Verbundenheit
Verletzlichkeit
Vertrauen
Verzeihen

WEITERE LISTEN ZU DIESEM THEMA:

6 Gründe, wieso die Trauer deine Prioritäten verschieben kann,Seite 181
Deine eigene Liste: Was ist deine Identität? (Eine Vorher-nachher-Liste), Seite 189
Deine eigene Liste: Was steht auf deiner Liste mit Gründen zum Weiterleben?, Seite 347

3 häufige Fragen zur Bewältigung eines Verlusts

Der Begriff *Bewältigung* ist so gängig und gebräuchlich, dass man gemeinhin nicht weiter darüber nachdenkt, sondern einfach davon ausgeht, dass man ihn richtig versteht. Und auch wenn die meisten eine grobe Vorstellung davon haben dürften, wissen viele nicht genau, was eigentlich gemeint ist, insbesondere in Bezug auf die Trauer. In diesem Teil des Buches ist oft von Bewältigung die Rede. Damit es keine Missverständnisse gibt, möchten wir zuallererst deutlich machen, was wir unter diesem Begriff verstehen.

1 Was ist Bewältigung?

Wayne Weiten definiert Bewältigung aus psychologischer Sicht als »aktive Maßnahmen, die dazu dienen, durch Stress hervorgerufene Anforderungen zu beherrschen, zu reduzieren oder zu erdulden« (Weiten und McCann 2006).

Dabei ist zu beachten, dass Weiten nicht darauf eingeht, mit welcher Art von Maßnahmen der Stress beherrscht, reduziert oder erduldet wird. Zwar impliziert der Begriff *»Bewältigung«* oft positive oder wirkungsvolle Verhaltensweisen, die bewirken sollen, dass man sich besser fühlt, doch manche Bewältigungsstrategien schaden auch der geistigen, emotionalen und körperlichen Gesundheit. So etwas bezeichnen wir als *negative Bewältigung*.

2

Was ist negative Bewältigung?

Bei »negativer Bewältigung« denkt man spontan an bestimmte Verhaltensweisen, die gemeinhin als schlecht gelten, zum Beispiel an übermäßigen Drogenkonsum, Isolation, pathologisches Aufschiebeverhalten (Prokrastination) und dergleichen. Solche Handlungsweisen sind zwar sicherlich typische Beispiele für negative Bewältigung, liefern aber kein umfassendes Bild von diesem Phänomen.

Ob eine Bewältigungsstrategie negativ ist, hängt davon ab, welchen Zweck das Verhalten erfüllen soll. Alle Verhaltensweisen, die als schnelle Lösung oder zur ständigen Vermeidung schmerzhafter Gefühle oder Situationen dienen, sind abträglich. Eine solche kurzfristige Ablenkung mag zwar vorübergehend den emotionalen Schmerz lindern, verschafft aber kaum richtige Heilung. Negative Bewältigung ist eine Art emotionales Aspirin: Der Schmerz wird betäubt, aber sobald die Wirkung nachlässt, kommt er wieder zurück. Und da negative Bewältigung fast immer eine Form der Vermeidung ist, kann sie alles noch schlimmer machen, weil sie dich daran hindert, deine Gefühle und Erfahrungen richtig zu verarbeiten. Das kann zur Folge haben, dass Angstzustände und emotionaler Schmerz länger andauern. Eine ausführlichere Beschreibung des Vermeidungsverhaltens findest du auf den Seite 94 und 98

3

Was versteht »What's Your Grief« unter konstruktiver Bewältigung?

Unser Konzept der Bewältigung beruht auf dem Dualen Prozessmodell der Trauerbewältigung (DPM) von Margaret Stroebe und Henk Schut (1999). Es gehört zu unseren favorisierten Trauermodellen und beschreibt, wie Menschen mit dem Verlust eines nahestehenden Menschen umgehen. Nach dem DPM erfolgt die Bewältigung im Kontext des Alltags und konzentriert sich auf die folgenden Punkte:

- **Verlustorientierte Stressoren:** Diese betreffen die Verarbeitung des Verlusts an sich und können Sehnsucht und Grübeln über den verstorbenen Menschen, Erinnerungen an die Vergangenheit, Gedanken an den Tod und dergleichen umfassen. Verlustorientierte Stressoren werden im Laufe der Zeit immer wieder neu bewältigt.
- **Wiederherstellungsorientierte Stressoren:** Diese betreffen das, was nötig ist, um mit veränderten Umständen und sekundären Verlusten umzugehen und den Alltag zu meistern, zum Beispiel die Übernahme neuer Rollen, die Klärung der Finanzen und die Anpassung der eigenen Identität an eine neue Realität.
- **Oszillation zwischen beiden Bereichen:** Ein wesentlicher Bestandteil des DPM ist die *Oszillation.* Gemeint ist damit das Hin-und-her-Wechseln zwischen verlustorientierten und wiederherstellungsorientierten Stressoren sowie das, was Stroebe und Schut als *gelegentliche »Konfrontationsvermeidung«* bezeichnen. Nach diesem Modell ist es ein praktischer und adaptiver Teil der Trauer, dass man sich eine Pause gönnt und sie von Zeit

zu Zeit ausblendet, solange die Vermeidung keine extremen Ausmaße annimmt oder dauerhaft stattfindet.

Deshalb erscheint uns das DPM bei der Bewältigung von Verlusten so sinnvoll:

- Es sieht Trauer als kontinuierlichen Prozess, mit dem man leben lernen muss. Es gibt keine endgültige Lösung, kein festes Ende, keine Rückkehr zur Normalität. Trauer erfordert tagtägliche Bewältigung und Anpassung.
- Es berücksichtigt die Auswirkungen sekundärer Verluste und sekundärer Stressfaktoren und weiß, dass Trauernde fast genauso viel Zeit für die Bewältigung dieser sekundären Stressfaktoren aufbringen müssen wie für den Umgang mit dem eigentlichen Verlust.
- Es erkennt an, dass eine Trauerpause für Trauernde adaptiv und hilfreich sein kann.

Aus dem DPM haben wir gelernt, dass man Wege finden muss, um mit den Gedanken, Erfahrungen und Gefühlen fertigzuwerden, die direkt mit dem Verlust zusammenhängen. Allerdings ist es genauso wichtig, Bewältigungsstrategien zu finden, die eine Anpassung und das allgemeine Wohlbefinden fördern. Die Theorie dahinter lautet: Je besser du dich fühlst, desto mehr Kraft hast du für die Trauerbewältigung.

Es mag nicht auf Anhieb offensichtlich sein, aber verlustorientierte Bewältigungsstrategien und Bewältigungsverhalten, das dem Wohlbefinden dient, decken sich in vielerlei Hinsicht. Die Strategien, die du verwendest, um mit dem Verlust umzugehen, können letztendlich dazu führen, dass du dich besser fühlst, während das meiste, das du tust, um dich besser zu fühlen, auch zur Bewältigung des Verlusts beiträgt.

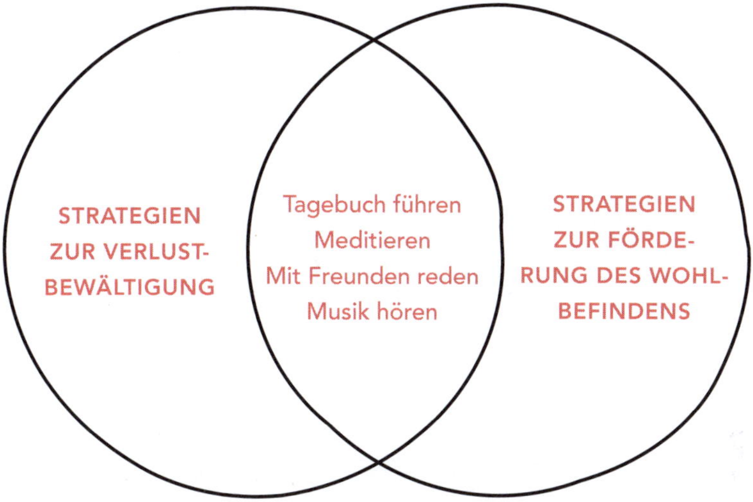

WEITERE LISTEN ZU DIESEM THEMA:

3 wissenswerte Fakten zum Thema Vermeidung, Seite 94
4 Fragen, die du dir über deinen Bewältigungsstil stellen solltest, Seite 220
5 Bausteine des Wohlbefindens, Seite 228

4

Fragen, die du dir über deinen Bewältigungsstil stellen solltest

Jeder Mensch setzt ganz individuelle Mittel zur Bewältigung ein, sodass wir dir keine allgemeingültigen Ratschläge geben können. Die folgenden Fragen sollen dir jedoch dabei helfen, Mittel und Wege zu finden, die zu deinen Stärken, deiner Persönlichkeit und deinen Vorlieben passen.

1

Was hat sich in der Vergangenheit bewährt?

Auf Seite 50 haben wir dazu geraten, dir die Bewältigungsmethoden in Erinnerung zu rufen, die dir bei früheren Schwierigkeiten geholfen haben. Diese Mittel haben schon einmal funktioniert, deshalb darf man erwarten, dass dies wieder der Fall sein wird.

(2)

Was genau willst du bewältigen?

Die Liste deiner Verluste von Seite 46 ist ein guter Ausgangspunkt, um dir deutlich zu machen, was du alles verkraften musst. Sie kann dir auch dabei helfen, die richtigen Mittel zu finden. Um mit Trauer umzugehen, muss man sich *immer* mit einer Vielzahl von Gedanken, Gefühlen und Stressoren auseinandersetzen, deshalb reicht eine einzige Bewältigungsstrategie meist nicht aus. Du brauchst für jeden Bereich das richtige Werkzeug – ähnlich wie beim Heimwerken.

(3)

Welche neuen Bewältigungsarten kommen für dich in Frage?

Wenn du das Gefühl hast, dass deine üblichen Bewältigungsstrategien nicht ausreichen, ist das nicht ungewöhnlich. Trauer ist für viele eine so neue und überwältigende Erfahrung, dass sie ganz andere Hilfsmittel benötigen. Außerdem könnte es sein, dass bewährtes Bewältigungsverhalten für dich nicht in Frage kommt, zum Beispiel, weil du dich in deiner Trauer nicht mehr für Aktivitäten begeistern kannst, bei denen du früher Erfüllung gefunden hast. Vielleicht kannst du dich nicht zu kreativen Tätigkeiten wie Tagebuchführen oder Kunst aufraffen oder hast das Gefühl, keinen Zugang zu deinem Unterstützungssystem zu finden. In diesem letzten Teil des Buches möchten wir dich dazu ermutigen, Neues auszuprobieren, was dir beim Umgang mit deinen Erfahrungen helfen kann.

4

Welche Art der Bewältigung scheint dir geeignet?

Wir möchten zwar, dass du in Sachen Bewältigung aufgeschlossen bist, aber du sollst dich nicht zu Verhaltensweisen gezwungen fühlen, die dir völlig gegen den Strich gehen. Leider sehen sich Trauernde oft zu Strategien gedrängt, die ihnen unangenehm sind. Unsere Gesellschaft neigt zum Beispiel zu der Vorstellung, der Umgang mit Trauer bedeute, dass man darüber spricht oder »es rauslässt«. Menschen, die vertraulichere oder kreativere Alternativen bevorzugen, werden deshalb manchmal zu Selbsthilfegruppen gedrängt, die ihnen kontraproduktiv erscheinen.

WEITERE LISTEN ZU DIESEM THEMA:

Deine eigene Liste: Wie trauerst du?, Seite 66
3 Arten der Bewältigung, Seite 223
5 Bausteine des Wohlbefindens, Seite 228

3

Arten der Bewältigung

Unser Bewältigungsverhalten zeigt in vielerlei Hinsicht unsere Persönlichkeit. Ob du intro- oder extrovertiert bist, vorsichtig oder risikofreudig, analytisch oder gefühlsbetont, ob du lieber anpackst oder dich treiben lässt, all das kann sich darauf auswirken, welcher Bewältigungsstil dir angenehm ist und geeignet erscheint.

Im Laufe der Jahre haben wir drei verschiedene Arten der Bewältigung identifiziert. Das ist keineswegs eine formelle Theorie, sondern vielmehr ein Rahmen, der Trauernden dabei helfen soll, den Stil zu finden, der ihnen in Anbetracht ihrer Persönlichkeit und ihres Verlusts am natürlichsten, konstruktivsten und realistischsten vorkommt. In der Trauer muss man oft viele verschiedene Methoden ausprobieren, ehe man die richtige findet. Aber wenn man sich von Anfang an über seine persönlichen Vorlieben, seine Zeit und seine Ressourcen im Klaren ist, wird diese Suche vielleicht ein wenig leichter.

Außerdem schließen sich diese drei Arten nicht gegenseitig aus, du musst dich also nicht auf eine bestimmte festlegen. Deine Vorlieben und Persönlichkeitsmerkmale bewegen sich in einem breiten Spektrum, und das gilt auch für dein Bewältigungsverhalten.

1

Emotionale Bewältigung

Trauer kann die verschiedensten Gefühle wecken – große und kleine, vertraute und ungewohnte. Indem du diese Gefühle wahrnimmst, verarbeitest und ausdrückst, kannst du erreichen, dass du sie auf sinnvolle und gesunde Weise verstehst und integrierst. Wenn du dich mit diesen schwierigen Gefühlen anfreunden kannst, bist du auch in der Lage, anderen gegenüber mehr Mitgefühl zu zeigen. Manche Menschen fühlen sich in dieser emotionalen Welt sehr wohl und neigen in schwierigen Situationen dazu, vor allem Gefühle zu empfinden und auszudrücken. Beispiele:

- alte Fotos anschauen und sich ausweinen,
- mit einem Freund oder einer Freundin, Angehörigen, in einer Therapie oder einer Selbsthilfegruppe reden,
- Trauermemoiren lesen, um die emotionalen Erfahrungen anderer nachzuempfinden.

2

Kreative Bewältigung

Das kreative Ich lässt sich auf unterschiedlichste Weise ausdrücken, zum Beispiel durch Fotos, im Tagebuch, im Rahmen einer Kunsttherapie, mit Sammelalben oder durch Musik. Die Emotionen der Trauer sind schwer zu verstehen und zu vermitteln, und manchen fällt es mit kreativen Mitteln leichter, sich auf unkonventionelle Weise mit schwierigen Gefühlen auseinanderzusetzen.

Vielleicht meinst du, dass du nicht kreativ bist, wenn du nichts erschaffst. Allerdings kannst du deine kreative Seite auch zum Ausdruck bringen, indem du die künstlerische Arbeit anderer auf dich wirken lässt. Wenn du Kunst betrachtest oder Filme anschaust, Bücher liest oder Musik hörst, kannst du eine Verbindung zu den Erfahrungen der Kreativen herstellen und deine eigene Erfahrung besser reflektieren. Beispiele:

- deine Trauergeschichte aufzeichnen,
- Lieder schreiben, hören oder teilen, die deine Gefühle ausdrücken,
- bestimmte Aspekte deines Verlusts oder deiner Trauer auf Fotos festhalten,
- ein Album oder Erinnerungsbuch zum Gedanken an einen Menschen, einen Ort oder eine Phase deines Lebens erstellen.

3

Rationale Bewältigung

Manche gehen mit Verlusten und schweren Lebensphasen eher praktisch und rational um. Es gibt ihnen Sicherheit und Trost, wenn sie wissen, verstehen, intellektualisieren, lernen und handeln.

Menschen mit diesem Trauerstil möchten die eigenen Erfahrungen vielleicht besser verstehen und deshalb mehr über Trauer, psychische Gesundheit und konkrete Bewältigungsmethoden lernen. Es verschafft ihnen Trost, wenn sie praktische Aufgaben erledigen, zum Beispiel Habseligkeiten sortieren und Jahrestage oder besondere Anlässe vorbereiten. Wer auf diese Weise mit Trauer umgeht, erfährt durch solche Tätigkeiten Ordnung und Stabilität. Beispiele:

- sich mit Trauermodellen und -theorien auseinandersetzen (Seite 40),
- eine Diashow zu Ehren eines verstorbenen geliebten Menschen erstellen,
- eine Spendenaktion für etwas organisieren, das mit dem Verlust zusammenhängt.

Nachdem du diese Bewältigungstypen kennengelernt hast, überlege dir:

→ Fällt dir bei deinen früheren Bewältigungsstrategien eine Gemeinsamkeit oder ein gewisses Thema auf?

→ Neigst du dazu, eher emotional, kreativ oder rational und pragmatisch zu handeln?

→ Stellst du fest, dass du deine Trauer in gewisse kreative Bahnen lenkst?

→ Fühlst du dich besser, wenn du deinen Gefühlen Ausdruck verleihen kannst?

→ Neigst du dazu, in dich hineinzuschauen, zu analysieren oder dich über Trauer zu informieren?

WEITERE LISTEN ZU DIESEM THEMA:

3 häufige Fragen zur Bewältigung eines Verlusts, Seite 215
4 Fragen, die du dir über deinen Bewältigungsstil stellen solltest, Seite 220
Deine eigene Liste: Was steht auf deiner Trauer-Bucket-Liste?, Seite 232

5

Bausteine des Wohlbefindens

Wohlbefinden ist genau wie das Glücklichsein ein subjektives Empfinden, jeder Mensch hat davon seine ganz eigene Vorstellung. Wohlbefinden nach einem Verlust ließe sich beispielsweise zum Ausdruck bringen, indem man sagt, man fühle sich »okay«, »gut«, »zufrieden«, »ausgeglichen« oder habe »seinen Frieden gemacht«. Oder man hat ein Ziel und einen Sinn gefunden, führt gesunde Beziehungen und ist stolz auf das, was man geschafft hat. Wenn jemand um geliebte Menschen oder Dinge trauert, könnte es für das Wohlbefinden auch wichtig sein, dass es gelingt, die Gegenwart zu schätzen und gleichzeitig mit der Vergangenheit verbunden zu bleiben.

Das mag für dich gerade ziemlich weit hergeholt klingen. Natürlich erwartet niemand von dir, dass du dich schon morgen ganz toll fühlst. Aber wenn dir klar ist, welche Faktoren dabei eine Rolle spielen, kannst du eine Bewältigungsstrategie wählen, die dein Wohlbefinden fördert. Und du kannst uns glauben, auch wenn es dir gerade unerreichbar scheint, dich jemals rundum gut zu fühlen, sind Bewältigungsmethoden, die das Wohlbefinden fördern, sehr leicht umzusetzen.

Die Bewältigungsstrategien, die dem Wohlbefinden dienen, werden wir aus der Perspektive der Positiven Psychologie betrachten. Diese Theorie beschreibt Martin Seligman in seinem Buch *Wie wir aufblühen* (2015). Sie ist sehr umfassend, doch wir wollen uns hier auf das beschränken, was Seligman als *fünf Säulen des Wohlbefindens* definiert. Jeder Mensch misst diesen

»Säulen« unterschiedliche Bedeutung zu, doch insgesamt lässt sich das Wohlbefinden steigern, wenn man einen dieser Bereiche optimiert oder sich darauf konzentriert.

1 · Positive Emotionen

Zunächst müssen wir klarstellen, dass positive Emotionen nicht zwangsläufig bedeuten, man sei glücklich. Wir versuchen nicht, dich von deiner Trauer weg zu einem optimistischeren Gemütszustand zu drängen, sondern es geht darum, dass du neben deiner Trauer gelegentlich auch positive Emotionen empfindest.

Überleg mal: Welche kleinen Dinge entlocken dir ein Lächeln oder verschaffen dir ein gutes Gefühl, auch wenn es nur vorübergehend ist? Vielleicht sind es Fotos von deinen Enkelkindern, Kuchenbacken, Spielen mit deinem Hund oder deine Lieblingssendung im Fernsehen. All das wird deine Trauer nicht heilen, kann dir jedoch eine kurze Atempause von deinem Kummer verschaffen und langsam dazu beitragen, dass dein Wohlbefinden steigt.

2 · Engagement

Engagement bedeutet, dass du etwas tust, was dich im Hier und Jetzt vollkommen in Beschlag nimmt, deine gesamte Aufmerksamkeit beansprucht und bewirkt, dass die Zeit wie im Flug zu vergehen scheint. Dazu eignen sich zum Beispiel Sport, Musik, Kochen, Fotografie, Holzarbeiten, Lesen oder Puzzles.

3 · Beziehungen

Der Mensch ist ein soziales Wesen. Ganz gleich, ob du dich als introvertiert oder extrovertiert betrachtest, ein gewisses Maß an sozialen Kontakten *brauchst* du. Deshalb möchten wir dich dazu ermutigen, alle positiven Beziehungen zu pflegen, die du hast. Und wenn du meinst, dass es dir an sozialer Unterstützung fehlt, zeigen wir auf Seite 314, wie man mit anderen Kontakt aufnehmen und Verbindungen aufbauen kann.

4 · Sinn

Mit Sinn ist der Lebenszweck eines Menschen gemeint. In gewisser Hinsicht deckt sich dein Sinn vermutlich mit deinen Werten. Wie bereits erörtert kann es sein, dass sich das Sinn-Erleben durch die Trauer verschiebt, im guten wie im schlechten Sinne. Manchmal ergibt sich eine positive Veränderung, sodass die Trauer einen neuen Sinn im Leben eröffnet. So ist es nicht selten, dass sich jemand nach einem Verlust ehrenamtlich engagiert oder für Belange einsetzt, die mit dem Verlust zusammenhängen.

5 · Zielerreichung

Persönliche Leistungen können zufrieden und stolz machen. Das muss nicht mit Anerkennung, Auszeichnungen oder Titeln von außerhalb zusammenhängen, kann aber der Fall sein. Alles, was in dir Dankbarkeit für das weckt, was du geschafft, überlebt und abgeschlossen hast, kann als Leistung gelten. Deine Leistungen – und das, was du gerne leisten *würdest* – betreffen nur dich persönlich. Wir sind jedoch der Ansicht, dass alle Fortschritte, die du in der Trauer gemacht hast, eine Leistung sind.

WEITERE LISTEN ZU DIESEM THEMA:

7 Schritte, die dir dabei helfen, nach deinen Werten zu leben, Seite 208
3 häufige Fragen zur Bewältigung eines Verlusts, Seite 215
Deine eigene Liste: Was steht auf deiner Trauer-Bucket-Liste?, Seite 232

DEINE EIGENE LISTE

Was steht auf deiner Trauer-Bucket-Liste?

Auf sogenannten Bucket-Listen hält man die Hoffnungen, Träume und Ziele fest, die man zu Lebzeiten noch verwirklichen möchte (vom engl. *to kick the bucket* [dt. etwa: den Löffel abgeben]). Dieses Prinzip ist die Grundlage für die folgende Liste.

Wir definieren die »Trauer-Bucket-Liste« als Sammlung von Bewältigungsstrategien, die man (1) schon ausprobiert hat und häufiger einsetzen möchte oder (2) gerne ausprobieren würde. Die Liste sollte Anregungen zum unmittelbaren Umgang mit Trauer sowie Ideen zur Selbstfürsorge enthalten. Hier ein paar Tipps:

- Deine Liste sollte deine persönlichen Vorlieben, Werte und allgemeinen Hoffnungen für die Zukunft widerspiegeln. Wenn du also lieber für dich allein trauerst, musst du Punkte wie »Selbsthilfegruppe besuchen« nicht aufführen.
- Bedenke, dass sich die Trauer mit der Zeit wandelt. Wenn du dich jetzt noch nicht in der Lage fühlst, einen Online-Kurs zum Thema Trauer zu belegen, dir das aber irgendwann einmal vorstellen könntest, dann führe ihn trotzdem auf.

So gehst du vor:

- Nimm dir ein Blatt Papier oder dein Tagebuch, und entwirf deine Trauer-Bucket-Liste. Diese Liste wird sich ständig weiterentwickeln und ändern, du musst also keine endgültige Version erstellen.
- Wenn du alles aufgeführt hast, was dir heute einfällt, verstau die Liste an einem sicheren Ort.
- Nimm dir die Trauer-Bucket-Liste immer dann vor, wenn du Hilfe brauchst oder einen Punkt ergänzen oder streichen möchtest. Im Folgenden haben wir ein paar Anregungen zusammengestellt, die dich inspirieren könnten.

AKTIV WERDEN

Tanzen
Trainieren
Sport machen
Fahrrad fahren
Wandern
Spazieren gehen
Joggen

Stretching
Skateboarden
Surfen
Schwimmen
Deinen Körper so bewegen,
wie er es möchte!

AUS DEM HAUS GEHEN

Ein Konzert besuchen
Eine Comedy-Show besuchen
Ins Kino gehen
Ins Theater gehen
Essen gehen
Eine Sportveranstaltung besuchen
Ins Café gehen
In die Bibliothek gehen
Durch die Nachbarschaft spazieren
Einen schönen Tag mit deinen Kindern, deinem Partner oder einem Freund/einer Freundin planen
Shoppen gehen
Urlaub machen

EMOTIONEN FREIEN LAUF LASSEN

Weinen
Schreien
Abreagieren
Über die Vergangenheit oder liebe Verstorbene reden
An Erinnerungsveranstaltungen teilnehmen
Alte Fotos anschauen
Ein Dankbarkeitstagebuch anlegen
Liebe zum Ausdruck bringen
Wut zum Ausdruck bringen
Einen Brief an jemanden schreiben, der dich enttäuscht hat
Um Verzeihung bitten
Verzeihung gewähren

FÜR WOHLBEFINDEN SORGEN

Meditieren
Kochen
Backen
Fernsehen
Filme schauen
Fernsehsendungen oder Filme zum Thema Trauer schauen
Podcasts hören
Lustige Videos ansehen
Spielen
Eine Social-Media-Pause einlegen
Ein warmes Bad nehmen
Von der Arbeit abschalten
Über dich selbst lachen
Arzttermine machen
Gottesdienste besuchen
Beten
Putzen
Alkoholkonsum einschränken
Ein neues Hobby ausprobieren
Etwas Köstliches essen
Ein Schläfchen machen
Mit dem Auto herumfahren
Kuscheln
Singen
Aufräumen

KONTAKTE PFLEGEN

An virtuellen Selbsthilfegruppen teilnehmen
An Präsenz-Selbsthilfegruppen teilnehmen
Trauer-Seiten in sozialen Medien folgen
In sozialen Medien Beiträge zum Thema Trauer posten
Mit Freunden oder Angehörigen sprechen
Geschichten teilen
Jemandem, der sich darüber freuen würde, eine Karte schicken

Sich nach jemandem erkundigen, der eine schwere Zeit durchmacht
Spontan etwas Gutes tun
Sich entschuldigen
Sich bedanken
Einen Freund/eine Freundin anrufen
Mit einem Freund/einer Freundin essen gehen

KREATIV WERDEN

Kreatives Schreiben
Gedichte schreiben
Fotografieren
Zeichnen oder kritzeln
Malen
Eine Skulptur anfertigen
Komponieren
Musik hören
Ein Instrument spielen
Nähen oder sticken
Heimwerken
Ein Sammelalbum gestalten
Holzarbeiten

SICH INFORMIEREN

Selbsthilfebücher lesen
Trauer-Websites besuchen
Wissenschaftliche Bücher oder Artikel lesen
Zum Thema Trauer fortbilden
Über Probleme informieren, die mit einem Verlust zusammenhängen
Online-Kurse belegen
An Trauer-Webinars teilnehmen
Bildungsangebote wahrnehmen
Einen Volkshochschulkurs besuchen

SICH ENGAGIEREN

Ehrenamtliche Aufgaben übernehmen
Sich für andere einsetzen
Als Trainer(in) arbeiten
Unterrichten
Eine Interessengruppe gründen
Eine gemeinnützige Organisation gründen
Für wohltätige Zwecke spenden
Eine Wohltätigkeitsveranstaltung organisieren

REFLEKTIEREN

Tagebuch schreiben
Deine Geschichte aufschreiben
Eine Einzeltherapie machen
Eine Gruppentherapie machen
Eine Paar- oder Familientherapie machen
Mit einem Freund oder einer Freundin über deine Erfahrungen sprechen
Selbstreflexion üben
Memoiren lesen

50

Sechs-Wörter-Geschichten über Trauer

Der Legende nach soll Ernest Hemingway beim Essen mit Schriftstellerkollegen einst gewettet haben, er könne mit nur sechs Wörtern eine Kurzgeschichte schreiben. Seine Freunde bezweifelten das und setzten jeweils zehn Dollar, um Hemingway auf die Probe zu stellen. Angeblich schrieb Hemingway daraufhin die folgende Geschichte:

»Zu verkaufen. Babyschühchen. Wurden nie getragen.«

Ob diese Anekdote wirklich stimmt, lässt sich nicht belegen, aber es steht außer Frage, dass diese Kurzgeschichte verdammt gut ist. Sie hat alle Elemente, die eine Story braucht – Anfang, Mittelteil und Ende –, und all das, was eine gute Geschichte ausmacht: Gefühle, Details und Interesse. Hemingways »Babyschühchen«-Geschichte fasziniert Literaturfans bis heute, und Sechs-Wörter-Geschichten (manchmal auch als Kürzestgeschichten oder Flash Fiction bezeichnet) finden sich überall, in Tweets und Blogs genauso wie in Galerien und Anthologien.

Wir mögen Sechs-Wörter-Geschichten, vor allem wenn es darin um Gefühle und Emotionen geht. Vielen Menschen ist es so unangenehm, über Gefühle zu sprechen, dass sie es niemals tun. Sechs-Wörter-Geschichten sind jedoch ideale, mundgerechte Gefühlshäppchen. Vielleicht meinst du, dass man mit sechs Wörtern nicht viel sagen kann, doch diese Beschränkung kann befreiend sein, weil sie den Druck nimmt, eine perfekte und präzise Geschichte oder Erläuterung zu verfassen.

Der Schlüssel zur Sechs-Wörter-Geschichten liegt darin, die Begriffe zu finden, die deine Aussage perfekt auf den Punkt bringen. Du kannst versuchen, einen Anfang, einen Mittelteil und ein Ende zu formulieren, doch der Inhalt ist uns wichtiger als die Form. Es ist uns vollkommen egal, welche sechs Wörter du aneinanderreihst.

2016 haben wir eine Mini-Seite mit dem Titel *Grief in Six Words* (Trauer in sechs Wörtern) gegründet, auf der man seine Geschichten und Äußerungen zum Thema Trauer teilen kann. Im Laufe der Jahre sind Tausende zusammengekommen, von denen wir hier fünfzig aufführen.

1. Diesen Schmerz habe ich nie gewollt. – Shea
2. Ohne dich macht Leben keinen Sinn. – Barry
3. Meine Freunde sind nur Fantasie. Allein. – Umma
4. Sucht. Obdachlosigkeit. Lebst du überhaupt noch? – Chris
5. Mein Sohn ist in mir gestorben. – Kate.
6. Mein Bedauern übersteigt sechs Wörter deutlich. – Holly
7. Ob ich wirklich genug getan habe? – Martinezes
8. Habe nie von dir geahnt, Bruder. – Cora
9. Unerwartete Liebe in einer ungewollten Schwangerschaft. – Elle
10. Habe mir eingebildet, du wärst glücklich. – JH
11. Das Telefon klingelte, warst nicht du. – Renee
12. Peinlich, worüber ich früher gejammert habe. – Dawn
13. Werd nüchtern, ich vermisse unser Lachen. – Robin
14. Meine Haut schreit nach einer Berührung. – Andrea
15. Ich bin entschlossen, dich wieder zurückzuholen. – Laura
16. Ich habe mein Haus so geliebt. – Laurel

17. Unheilbare Krankheit hat jegliche Zukunft vernichtet. – Dan
18. Muss jetzt anders mit dir sprechen. – Samara
19. Absolute Isolation, leben, ohne zu atmen. – Luna
20. Kein Baby. Immer noch kein Baby. – DJ
21. Magersucht vernichtete alles, sogar dein Herz. – Jodie
22. Sie war vier, Krebs ist erbarmungslos. – Emily
23. Vorweggenommene Trauer. Wann passiert es? Heroin. – RZ
24. Kinderlos, doch du hast mich verändert. – Lisa
25. Würde gerne mit deinen Locken spielen. – Jess
26. Welt, bitte bleib stehen. Ich trauere. – Nancy
27. Vor Kurzem hieß ich noch Mami. – Audrey
28. Der Tod kommt früher als erwartet. – Mike
29. Ich warte noch auf dein Zeichen. – Anthony
30. Sein Herzschlag: Musik in meinen Ohren. – Renee
31. Wollte der Teufel, dass du springst? – Jane
32. Wie erstarrt, doch es muss weitergehen. – Anna
33. Wie schön du mein Herz brachst. – Bethany
34. Du brachtest Freude, die mir fehlt. – Kathleen
35. Ich fühlte mich benutzt, nicht geliebt. – Natalie
36. Wann wird es endlich wieder hell? – April
37. Ich war nicht rechtzeitig wieder da. – Dak
38. Nein, nein, nein, nein, nein, nein. – Liz
39. Unsere Welt dreht sich ohne Sonne. – Becky
40. Was, wenn der Krebs wieder zurückkommt? – Hanna
41. Ich sehe einfach keinen Silberstreif, nirgends. – Jules
42. Trauer überwältigt uns vor dem Tod. – Peggy
43. Unsere Erinnerungen werden mit Oma begraben. – Amber
44. Ich bin ein Schiff ohne Ruder. – Nadine
45. Man glaubt, man hat noch Zeit. – Melissa
46. Trauer ist nur, wo Liebe war. – Amy
47. »Wir sehen uns!« Nein, nie mehr. – Sophia

48. Jahr 2: Habe noch deine Sachen. – Alex
49. Ich habe wieder jemanden verletzt. Hilfe. – Lois
50. Es wird nicht immer so bleiben. – Dawn

WEITERE LISTEN ZU DIESEM THEMA:

64 Dinge, die wir gerne über Verlust gewusst hätten, Seite 27
3 Arten der Bewältigung, Seite 223
16 Fragen, mit denen du deine Trauergeschichte besser verstehst, Seite 359

4

Strategien zum Umgang mit widersprüchlichen Gefühlen

In dem Abschnitt über widersprüchliche Gefühle nach einem Verlust (siehe Seite 84) haben wir erklärt, Trauernde müssten oft akzeptieren, dass sie zwei (oder mehr) scheinbar gegensätzliche Dinge gleichzeitig empfinden. Das haben wir recht beiläufig erwähnt, als sei eine solche Flexibilität keine große Sache. Aber das stimmt nicht – sie ist sogar eine sehr große Sache, denn sie eröffnet eine enorm wichtige neue Sicht auf die Trauer.

Allerdings ist es gar nicht so leicht, diese Flexibilität zu erreichen. Die meisten Menschen tun sich damit recht schwer; oft muss man sich erst genauer damit auseinandersetzen, wie Gedanken und Gefühle zustande kommen (und wie nicht). Der Verstand hat nämlich den Drang, Widersprüche und Ambivalenzen in der Gefühlswelt zu beseitigen, indem er eine Emotion »gewinnen« lässt. Und solange du noch nicht daran gewöhnt bist, mehr als eine Emotion zuzulassen, musst du dir stets deutlich machen, dass deine Gefühle nicht in Konkurrenz stehen.

Hier nun einige Vorschläge, wie du emotionale Flexibilität trainieren kannst.

1

Mach dir klar, dass du unendlich viele Gefühle empfinden kannst.

Wenn man sich mit widersprüchlichen Emotionen anfreunden will, muss man sich zuerst klarmachen, dass Emotionen ungehindert nebeneinander existieren können und sich nicht gegenseitig beeinträchtigen. Und trotzdem bleibt immer noch Platz für weitere Gefühle. Wenn Eltern ein zweites Kind erwarten, würde schließlich niemand sagen: »O wie schade, jetzt müssen sie ihrem Sohn etwas Liebe wegnehmen, um sie dem neuen Baby zu geben.« Nein, man weiß instinktiv, die Liebesfähigkeit der Eltern wird so wachsen, dass auch das zweite Kind genug Liebe bekommt.

2

Informiere dich über dialektisches Denken.

Dialektisches Denken bedeutet, dass man zwei scheinbar widersprüchliche Gedanken oder Gefühle gleichzeitig haben kann. Das ist, wie bereits erörtert, nicht ganz einfach. Wir ordnen gerne alles sauber und ordentlich in feste Kategorien: gut oder schlecht, glücklich oder traurig, richtig oder falsch. Je älter man wird, desto häufiger erlebt man Momente, in denen man diese Tendenz in Frage stellt. Dialektisches Denken ist deshalb so effektiv, weil es oft neuen Raum für weitere Abstufungen schafft. Wenn du akzeptierst, dass beides wahr sein kann, eröffnest du dir neue Möglichkeiten der Bewältigung.

3

Verzichte auf Entweder-oder- und Immer-nie-Denken.

Typische Beispiele für diese Denkweise sind:

- Das Leben hat nicht den Lauf genommen, den ich erwartet hatte, deshalb werde ich nie mehr glücklich sein.
- Meine Freunde drängen mich, die Trauer hinter mich zu bringen; sie sind schreckliche Freunde.
- Niemand kann mir helfen, weil niemand meine Trauer versteht.
- Ich habe einmal eine Selbsthilfegruppe ausprobiert, die mir nicht gefallen hat, also sind Therapie und Gruppenarbeit nichts für mich.

4

Setze auf Sowohl-als-auch- und Manchmal-Denken.

Typische Beispiele für diese Denkweise sind:

- Ich werde niemals das Glück erleben, das ich mir ausgemalt hatte, und ich kann trotzdem Glück empfinden.
- Meine Freunde unterstützen mich in meiner Trauer nicht so, wie ich es gerade brauche; aber sie waren mir früher gute Freunde und werden vielleicht wieder gute Freunde werden.
- Niemand versteht meine Trauer, aber die Menschen in meinem Leben können mir vielleicht in anderer Weise helfen.

- Ich habe eine Selbsthilfegruppe ausprobiert, die mir nicht gefallen hat. Sie war nicht das Richtige für mich. Aber vielleicht bin ich in einer anderen Gruppe oder bei einer anderen Therapeutin besser aufgehoben.
- Ich bin todunglücklich über den Verlust und gleichzeitig erleichtert, dass mein geliebter Mensch nicht mehr leidet.
- Ich würde alles dafür geben, meinen geliebten Menschen zurückzubekommen, aber ich bin durch diesen Verlust gewachsen.
- Der Verlust hat mich am Boden zerstört, und ich bin dankbar für das, was ich noch habe.

In all diesen Beispielen ist der erste Gedanke nicht falsch und wird nicht widerlegt. Er wird nicht abgeschwächt, sondern mehrere Gedanken sind uneingeschränkt wahr und existieren nebeneinander. Sowohl-als-auch-Denken sorgt oft für neue Flexibilität oder neuen Raum.

WEITERE LISTEN ZU DIESEM THEMA:

4 Fakten, die dir Mut geben sollen, wenn das Leben nicht den geplanten Verlauf nimmt, Seite 343
Deine eigene Liste: Welche Trauergefühle empfindest du?, Seite 81
6 widersprüchliche Gefühle, die bei Verlusten auftreten können, Seite 84

7

Schritte, die bei der Bewältigung helfen, wenn dir nicht nach Bewältigung ist

Stell dir folgende Situation vor: Du hast eine lange Woche hinter dir, du bist müde, das Wetter ist schlecht, und du kannst dir nichts Schöneres vorstellen, als in den Schlafanzug zu schlüpfen, Pizza zu bestellen und es dir mit einer Flasche Wein auf der Couch gemütlich zu machen. Ja, du wolltest eigentlich mit Freunden in den Buchclub und fühlst dich schon seit Wochen einsam und isoliert. Aber heute Abend hast du einfach keine Energie. Es ist doch wohl in Ordnung, wenn du dieses eine Mal absagst, oder? Immerhin bist du in Trauer. Und Netflix und eine kuschelige Decke sind Selbstfürsorge, stimmt's? Überhaupt kann niemand verstehen, was du gerade durchmachst. Wenn du dich in ein paar Wochen etwas besser fühlst, kannst du dich immer noch verabreden.

Solche Gedankenspiele erleben wir ständig, und bei dir ist es bestimmt ähnlich. Wenn du nicht in der richtigen Verfassung bist, kann Trauerbewältigung unendlich anstrengend wirken. Manchmal weißt du genau, was gut für dich wäre, kannst dich aber trotzdem nicht dazu aufraffen. Zwischen dem, was du tust, und dem, was der Selbstfürsorge dienen würde, kann eine gewaltige Kluft liegen.

Die folgenden Tipps werden dich nicht in hohem Bogen über

diese Kluft befördern, aber sie können dazu beitragen, dass du deinem Ziel ein wenig näher kommst. Unsere Ratschläge orientieren sich lose an der Verhaltensaktivierung (Behavioral Activation), einer evidenzbasierten Therapie zur Bewältigung von Depressionen (Dimidjian et al. 2011). Trauer ist zwar nicht dasselbe wie Depressionen, doch wir haben sehr oft erlebt, dass dieser Ansatz auch Trauernden hilft.

1

Erstelle eine Liste mit Aktivitäten, die du seit dem Verlust nicht mehr ausübst, obwohl sie dir früher Freude und Erfüllung gebracht haben.

Große, kleine, ganz beliebige Dinge. Du weißt ja, dass es der Bewältigung dient, wenn du etwas tust, was dir früher Spaß gemacht hat, was dir schon einmal geholfen hat oder was du als sinnvoll empfindest. Erinnerst du dich daran, was wir über Wohlbefinden, Bewältigung und Werte gesagt haben? (Wenn nicht, schau noch einmal auf die Seite 208, 215 und 228.) Viele Menschen glauben zwar, für die Trauerbewältigung brauche man Selbsthilfegruppen und Therapien oder man müsse über seine Gefühle schreiben. Doch um das Leben nach dem Verlust zu meistern, kann es durchaus helfen, wenn du dich wieder mit dem beschäftigst, was dich begeistert (oder wenn du wieder Kontakt zu Freunden aufnimmst, abends einen Spaziergang machst, Basketball spielst oder zur Maniküre gehst).

2

Notiere dir neben jedem Punkt, weshalb du das nun nicht mehr tust.

Häufige Gründe lauten: Du fühlst dich dazu nicht in der Lage, es ist zu anstrengend, es erinnert dich an früher (in negativer Weise), du hast keine Zeit, du hast nicht genug Geld, es macht dir nicht mehr so viel Spaß.

3

Sage dir nicht: »X mache ich wieder, wenn es mir besser geht«, sondern: »Wenn ich wieder X mache, könnte es mir besser gehen.«

Uns ist klar, dass das nach kitschigem Selbsthilfe-Hokuspokus klingt, aber seriöse Forschungen bestätigen, dass dieses Umdenken Wirkung zeigt.

4

Führ dir vor Augen, wie dein typischer Alltag gerade aussieht.

Dazu schreibst du dir Stunde für Stunde auf, wie du deine Zeit verbringst. Überlege, wie viele der Aktivitäten dabei helfen, (1) für dich selbst zu sorgen, (2) unmittelbar deine Trauer zu bewältigen und (3) positive Gefühle zu empfinden. Was stand früher auf deinem Zeitplan, jetzt aber nicht mehr?

5

Nimm dir Aktivitäten vor.

Zunächst überlegst du dir mindestens zwei Dinge, die du im Laufe der Woche wieder tun willst. Dann bestimmst du dafür einen festen Zeitpunkt – wie bei allen wichtigen Terminen. Wenn du dazu deinen Zeitplan ändern musst – zum Beispiel damit du rechtzeitig aufstehst oder pünktlich Feierabend machen kannst –, dann tu das. Wenn du meinst, dass du etwas Druck von außen brauchst, bitte Freunde oder Angehörige, dass sie kontrollieren, ob du deine Pläne umgesetzt hast.

6

Mach dir klar, dass du etwas tun kannst, auch wenn du das gerade nicht möchtest.

Als Kind hast du sicher häufiger erlebt, dass du etwas *auf keinen Fall* tun wolltest, ein Erwachsener aber sagte: »Pech gehabt, du machst es trotzdem.« Und dann hast du es getan. Jetzt, im Erwachsenenalter, musst du dir selbst manchmal sagen: »Pech gehabt, du machst es trotzdem.« Wenn du also merkst, dass du den geplanten Spaziergang nicht machen willst, nimm den Gedanken wahr, erkenne ihn an, und sage dir dann: »Ich denke gerade, dass ich wirklich keine Lust zu diesem Spaziergang habe und darauf verzichten sollte. Aber Pech gehabt, ich mache den Spaziergang trotzdem, weil ich mir das vorgenommen habe und weiß, dass er mir guttun wird.«

7

Überlege, welche Ausreden und Begründungen dir einfallen könnten, und halte geeignete Antworten parat.

Sobald du genauer auf die kleine Stimme in deinem Kopf achtest, die dir deine Bewältigungsstrategien ausreden will, wirst du feststellen, dass sich manches ständig wiederholt. »Du kannst doch nächste Woche gehen.« – »Die Woche war furchtbar, du hast dir etwas Selbstmitleid verdient.« – »Die anderen verstehen dich sowieso nicht, warum gehst du überhaupt hin?« Notiere dir die häufigsten Gedanken, und lass dir für jeden mindestens eine Antwort einfallen. Dabei geht es nicht darum, den Gedanken zu widerlegen oder Gegenargumente zu liefern. Vielmehr sollst du dir deine Werte in Erinnerung rufen und dir deutlich machen, warum du weiter an der Bewältigung arbeitest, auch wenn es schwierig ist.

WEITERE LISTEN ZU DIESEM THEMA:

Deine eigene Liste: Was steht auf deiner Trauer-Bucket-Liste?, Seite 232

5 Hindernisse bei der Trauerbewältigung, Seite 194

4 Fragen, die du dir über deinen Bewältigungsstil stellen solltest, Seite 220

9

Möglichkeiten, in der Trauer freundlich zu sich selbst zu sein

Stell dir vor, eine trauernde Freundin vertraut dir an, sie fühle sich von ihrem Verlust überfordert. Sie fürchtet, sie sei vielleicht nicht stark genug, um die Trauer zu bewältigen, und hat das Gefühl, dass die anderen Personen in ihrer Selbsthilfegruppe mit der Trauer viel besser klarkommen als sie selbst.

Aus deiner Außenperspektive hast du erkannt, dass diese Freundin viele aktive Bewältigungsmaßnahmen ergriffen hat und sich zu kleinen, aber schwierigen Schritten nach vorne überwinden konnte.

Wenn diese Freundin ein Mensch ist, der gerne Feedback bekommt, was würdest du ihr sagen? Würdest du dich mitfühlend, unterstützend und ermutigend äußern?

Selbstverständlich.

Nun denke zurück an eine Phase, in der du selbst in deiner Trauer so frustriert und selbstkritisch warst. Inhaltlich mag deine Kritik anders gewesen sein, doch die Selbstvorwürfe waren die gleichen. Was hast du damals zu dir gesagt? Warst du genauso unterstützend und ermutigend, wie du zu der hypothetischen Freundin sein würdest? Wenn du einräumen musst: »Nein, ich war nicht nett zu mir«, dann bist du damit keinesfalls allein.

Ist das nicht rätselhaft? Warum schenken wir Freunden Verständnis, Geduld und Mitgefühl, sind zu uns selbst aber so erbarmungslos wie ein harter Trainer in der Vorbereitung auf das entscheidende Match?

Den meisten von uns wird von klein auf beigebracht, freundlich zu anderen zu sein, doch wie man zu sich selbst freundlich ist, lernen wir weitaus seltener. Das ist außerordentlich bedauerlich, denn Selbstmitgefühl wird mit höherer seelischer Widerstandskraft (Resilienz) und größerem Wohlbefinden sowie weniger Depressionen, Ängsten und Stress in Verbindung gebracht (Smeets et al. 2014).

Selbstbezogene Freundlichkeit und Mitgefühl können viel bewirken, wenn man von Verlust, Stress und Nöten betroffen ist. Bei existenziellen Kämpfen kannst du nichts weniger gebrauchen als eine kritische innere Stimme, die sämtliche Gedanken und Handlungen hinterfragt. Und wenn du endlich den Mut aufgebracht hast, den Ratschlägen in diesem Buch zu folgen und dich mit den Gedanken und Gefühlen auseinanderzusetzen, die du am meisten fürchtest, brauchst du jemanden, der dich anfeuert, keine Kritik.

Uns ist klar, dass Begriffe wie *Selbstliebe* und *Selbstmitgefühl* sehr schwammig klingen mögen. Eines möchten wir klarstellen: Du sollst dich nicht zu täglichen Affirmationen gedrängt fühlen, wenn das nicht dein Ding ist (wenn doch, dann nur zu!). Du solltest nur überlegen, wie du ganz praktisch etwas freundlicher zu dir selbst sein könntest, sowohl in deinen Gedanken als auch in deinem Handeln. Die folgenden neun Vorschläge sind erste Anregungen.

1. DENKE DARAN – DU DARFST ÄUSSERN, WELCHE GEFÜHLE DER VERLUST IN DIR WECKT.

2. FÜHR DIR VOR AUGEN, DASS ES KEINE FESTEN REGELN GIBT, WIE TRAUER AUSSEHEN *SOLLTE* UND WIE DU DAMIT UMGEHEN *SOLLTEST.*

3. SIEH DIR NOCH EINMAL AN, WAS WIR AUF SEITE 128 ZU SCHAM UND (SELBST)STIGMATISIERUNG ERLÄUTERT HABEN.

4. SUCHE KONTAKT ZU ANDEREN, IM GROSSEN ODER IM KLEINEN.

5. LASS ZU, DASS DEINE GEFÜHLE EIN AUF UND AB SIND.

6. GEHE DAS LEBEN MINUTE FÜR MINUTE, STUNDE FÜR STUNDE UND TAG FÜR TAG AN.

7. MISS DEINEN FORTSCHRITT DARAN, WIE ES DIR GING, ALS DEINE TRAUER IHREN ANFANG NAHM.

8 SCHÄME DICH NICHT DAFÜR, UM HILFE ZU BITTEN ODER HILFE ANZUNEHMEN.

9 ERLAUBE DIR HIN UND WIEDER EINE PAUSE VON DEINER TRAUER.

WEITERE LISTEN ZU DIESEM THEMA:

5 Dinge für deine Not-to-do-Liste, Seite 71
39 Anzeichen dafür, dass du Fortschritte machst, Seite 202
4 Tipps, wie du Ruhe findest, wenn die Trauer wütet, Seite 255

---

4 Tipps, wie du Ruhe findest, wenn die Trauer wütet

Vielleicht hätten wir dich vorwarnen sollen – die Trauer zu erkunden bedeutet eigentlich, tief in den Schmerz einzutauchen und weiterzuschwimmen. Wir haben dir geraten, die Trauer zu erdulden, sie auszuhalten und sogar anzunehmen. Das ist viel verlangt, wenn man sich schlecht fühlt. Dass wir das nicht von vornherein so deutlich gemacht haben, lag daran, dass es dir vermutlich ziemlich schlecht ging, als du dieses Buch zum ersten Mal zur Hand nahmst. Wir wollten dich nicht verschrecken. Hier nun ein paar Tipps, wie du für dich selbst sorgen und zur Ruhe kommen kannst, wenn die Trauer dir sehr zu schaffen macht.

1

Finde heraus, was dich erdet.

Wird das Gehirn von Gedanken und Gefühlen überwältigt, kann es dir Ruhe verschaffen, wenn du dich in deinem Körper und deiner Umgebung erdest. *Erdung* ist ein Begriff aus der Therapie, der bedeutet, dass du deine Aufmerksamkeit auf das Hier und Jetzt richtest und dich damit verbindest. Es gibt etliche Erdungsübungen – such dir aus, was am besten zu dir passt. Helfen könnten zum Beispiel:

- **Atemübungen.** Die Quadratatmung ist ein guter Einstieg: 4 Sekunden lang einatmen, 4 Sekunden den Atem anhalten, 4 Sekunden lang ausatmen, 4 Sekunden den Atem anhalten und nach diesem Muster weiteratmen.
- **Die Sinne einschalten.** Die 5-4-3-2-1-Methode ist dazu gut geeignet. Sieh dich um und ermittele 5 Dinge, die du sehen kannst, 4 Dinge, die du anfassen kannst, 3 Dinge, die du hören kannst, 2 Dinge, die du riechen kannst, und 1 Sache, die du schmecken kannst.
- **Achtsam ein Heißgetränk zubereiten.** So simpel oder albern es klingen mag, es kann dich zurück in die Gegenwart bringen und Abstand zu dem schaffen, was dich beschäftigt, wenn du dir ganz konzentriert eine warme, wohltuende Tasse Tee, Kaffee oder Kakao machst. Nimm wahr, wie dein Getränk duftet. Achte bewusst auf Größe, Form und Beschaffenheit der Tasse. Richte deine Aufmerksamkeit auf die Wärme und den Geschmack, die du spürst, wenn du einen Schluck trinkst.

2

Lass dich nicht hetzen.

Verlustbewältigung ist ein Marathon, kein Sprint. Trauerarbeit lässt sich nicht schnell hinter sich bringen, sondern ist ein allmählicher Prozess, für den du über längere Zeit hinweg lernen, verarbeiten, bewältigen und wachsen musst. Das ist sehr anstrengend, deshalb solltest du darauf achten, dass du es langsam angehen lässt, Pausen einlegst und Phasen der gesunden Vermeidung einbaust, die wir im Dualen Prozessmodell erläutert haben (siehe Seite 44).

3

Plane Zeit für Selbstfürsorge ein, wenn du dich mit schwierigen Gefühlen auseinandergesetzt hast.

Wenn du im Voraus weißt, dass du schwierige Emotionen erleben wirst, die du verarbeiten musst – zum Beispiel in einer Therapiesitzung, gemeinsam mit einem Freund oder einer Freundin, in deinem Tagebuch oder durch eine künstlerische Ausdrucksform –, solltest du danach eine Auszeit einplanen. Gib dir die Möglichkeit, dich zu entspannen, dich mit etwas zu befassen, das du liebst, und durch die Form der Selbstfürsorge, die dir guttut, neue Kraft zu schöpfen.

4

Sei dir selbst gegenüber freundlich und mitfühlend.

Wenn dich die Gefühle überwältigen, wenn der Verlust unerträglich wirkt, wenn es scheint, als würdest du niemals Ruhe finden, dann könntest du denken, dass du dich mehr anstrengen solltest. Vielleicht machst du dir Vorwürfe, weil du nicht zur Ruhe kommst, und machst dadurch alles noch viel schlimmer! In solchen Augenblick solltest du dir unbedingt Mitgefühl zeigen. Wir wissen, dass das nicht einfach ist (und wenn du Tipps brauchst, um freundlich zu dir zu sein, kehre bitte zurück auf Seite 255).

5

Ratschläge, wie du dich mit der Trauer einrichtest

»Wenn es um Gefühle geht, gibt es kein ›Sollen‹ oder ›Nichtsollen‹. Gefühle sind ein Teil von uns, und wir haben keinen Einfluss darauf, wie sie entstehen. Wenn wir das glauben können, wird es oft viel leichter, konstruktiv mit diesen Gefühlen umzugehen.«

FRED ROGERS (ALIAS MISTER ROGERS)

In unserer Kultur hat es einen hohen Stellenwert, dass man etwas beherrscht. Wer eine Situation im Griff hat, Probleme löst und lösungsorientiert vorgeht, wird geachtet. Ganz zu schweigen davon, dass wir eindeutige Kategorien, Systeme und feste Vorgehensweisen lieben.

Aber wie sagte der Boxer Mike Tyson so schön? »Jeder hat einen Plan, bis er eins in die Fresse bekommt.« Schwere Verluste passen nicht zu der oft schon im Kindesalter vermittelten Vorstellung, wir müssten alles beherrschen. Verluste sind oft ungeplant und unerwartet. Sie bewirken, dass Produktivität und Effizienz implodieren. Das Geschehen ist nicht zu kontrollieren. So entsteht ein emotionales Chaos, das sich nicht fein säuberlich kategorisieren lässt.

Leider bietet unsere Kultur nur selten Spielraum für die Bedürfnisse von Trauernden. Anerkennung findet, wer in Krisensituationen »stark« und »mutig« ist. Nach dem Tod eines nahen

Angehörigen gibt es in Deutschland in der Regel ein bis zwei Tage Sonderurlaub, ein Schultertätscheln und die Erwartung, dann wieder zur Arbeit zu erscheinen. Bestnoten im Trauern verleiht dir die Gesellschaft, wenn du trotz deiner Scheidung weder ehrenamtliche Aufgaben noch Hobbys deiner Kinder schleifen lässt.

Selbst wenn dich diese Botschaften ärgern, hast du sie höchstwahrscheinlich auch selbst verinnerlicht. Von klein auf hören wir Äußerungen wie »Kopf hoch«, »Nicht weinen«, »Lenk dich ab«, »Glücklich ist gut, traurig ist schlecht, wütend ist sehr schlecht«, »Konzentrier dich nicht auf das Problem, sondern auf die Lösung« und dergleichen. Mit der Trauer einrichten bedeutet, dass du nicht auf die äußeren Erwartungen und die Stimme in deinem Kopf hörst, die dir sagen wollen, wie du trauern solltest, sondern die Trauer so nimmst, wie sie kommt.

1

Verurteile deine Trauer nicht.

Trauer ist eine normale und natürliche Reaktion auf einen Verlust. Sie ist nichts, was geheilt, gelöst oder in Ordnung gebracht werden müsste. Arbeite daran, alle vorgefassten Ansichten abzuschütteln, die dir sagen wollen, worüber du trauern darfst, wann du trauern kannst und welche Gefühle du haben (oder nicht haben) solltest, und deine Trauer so zu akzeptieren, wie sie *ist.*

2

Scher dich nicht darum, wie andere auf deine Trauer reagieren.

Hier gibt es viele Varianten. Vielleicht fürchtest du, man könnte denken, dass du zu sehr oder nicht genug trauerst. Vielleicht verschwendest du zu viele Gedanken daran, ob andere deine Trauer verstehen oder nicht. Oder du hast die Sorge, deine Trauer könnte ihnen unangenehm sein. Die Liste ließe sich noch weiter fortsetzen. Atme tief durch und mach dir klar, dass du lernen musst, deine Trauergefühle zu akzeptieren und damit umzugehen. Überlegen, wie deine Trauer auf andere wirkt, musst du dagegen nicht.

3

Versuche nicht, deine Gefühle zu vermeiden.

Ein wenig gesunde Vermeidung ist eine wohltuende Pause, chronisches Vermeidungsverhalten ist problematisch. Wenn du den Eindruck hast, dass deine Neigung zum Vermeiden deine Trauerbewältigung behindert oder deinen Alltag beeinträchtigt, denke daran, dass du dem entgegenwirken und dich mit dem Verlust auseinandersetzen kannst. Mit den folgenden Fragen kannst du ermitteln, ob du Vermeidungsverhalten zeigst.

- Gehst du bestimmten Menschen aus dem Weg, weil sie über deinen Verlust sprechen oder dich an deinen Verlust erinnern könnten?
- Meidest du Orte oder sogar Gegenstände, die Erinnerungen an deinen Verlust wecken?

- Trinkst du mehr oder konsumierst du andere Rauschmittel, um dich zu betäuben oder zu verhindern, dass du an den Verlust denken musst?
- Widmest du all deine Freizeit und Aufmerksamkeit der Arbeit, dem Engagement für andere oder einem Hobby, damit du dich nicht mit deinen Gefühlen auseinandersetzen musst?

④

Nimm die Ungewissheit an.

Bekanntlich können viele Menschen schon unter optimalen Bedingungen nicht gut mit Ungewissheit umgehen. Vermutlich hat dein Verlust dazu geführt, dass dir fast alles ungewiss erscheint, von deinen Gefühlen bis hin zu deiner Zukunft und deinen Beziehungen. Du kannst keinen Schalter umlegen, der dafür sorgt, dass du die Ungewissheit der Zukunft auf einen Schlag akzeptierst. Allerdings gibt es einige Strategien, die das Ungewisse erträglicher machen können:

- Erinnere dich an ungewisse Zeiten und Gefühle aus deiner Vergangenheit, die du überstanden hast.
- Grüble nicht zu sehr über Dinge nach, auf die du keinen Einfluss hast.
- Nimm dein Unterstützungssystem in Anspruch, um dir zu bestätigen, dass du das Ungewisse nicht allein bewältigen musst.
- Wenn deine Gefühle sehr intensiv und ungewiss wirken, denke daran, dass Gefühle immer ein Auf und Ab sind. Lauf vor deinen Emotionen nicht davon, sondern lass vielleicht zu, dass sie über dich hereinbrechen – in der Gewissheit, dass sie vergehen werden.

- Setze weiter auf dialektisches Denken (siehe Seite 242).
- Kontrolliere das, was du kontrollieren kannst – einfache tägliche Routinen können viel bewirken, wenn andere Lebensbereiche sehr ungewiss erscheinen.

5
Bemühe dich um Neugier.

Vielleicht erlebst du nicht zum ersten Mal einen Verlust. Möglicherweise hast du sogar schon komplexere Verluste hinter dir. Aber jeder Verlust, den man durchmacht, ist neu und bringt neue Emotionen, neue Gedanken, neuen Schmerz, neue Ungewissheit, neue Fragen und neue Ängste mit sich. All das kommt zu dem eigentlichen Verlust hinzu, sodass man nur zu leicht überfordert und verängstigt ist. Für dieses Problem gibt es keine einfache Lösung, aber erstaunlicherweise hilft es oft, wenn man diese furchteinflößenden neuen Trauererfahrungen mit Neugier angeht. Beobachte, was du erlebst. Benenne es. Nimm zur Kenntnis, wie es sich in deinem Körper anfühlt. Nimm deine Gedanken wahr. Schreib darüber. Mal ein Bild davon. Versuche, sie zu verstehen, aber akzeptiere auch, dass sie unter Umständen nicht rational oder nachvollziehbar sind.

Die folgenden Fragen aus der Akzeptanz- und Commitment-Therapie (ACT) können dir helfen, deine Emotionen auf neue, andere Weise wahrzunehmen (Hayes 2020):

- Wenn das Gefühl eine Farbe hätte, welche wäre das?
- Wenn es eine Größe hätte, wie groß wäre es?
- Wenn es eine Form hätte, welche wäre das?
- Wenn es Macht hätte, wie viel Macht hätte es?
- Wenn es sich bewegen würde, wie schnell wäre es?
- Wenn du es anfassen könntest, wie würde es sich anfühlen?

DEINE EIGENE LISTE

Was sind deine Trauer-Trigger?

Ein Trauer-Trigger ist alles, was Gedanken, Gefühle und Erinnerungen auslöst, die mit einem Verlust zusammenhängen. Trigger können offensichtlich und sehr vorhersehbar sein, etwa der erste Urlaub nach einem Verlust, oder ganz unerwartet auftreten, zum Beispiel, wenn du in einer Menschenmenge jemanden siehst, der dem Verstorbenen ähnelt. Ein Trauer-Trigger kann mit einer bestimmten Erinnerung oder einem bestimmten Gefühl verknüpft sein, oder dir dringt plötzlich etwas ins Bewusstsein, was ein allgemeines Gefühl der Traurigkeit und Sehnsucht auslöst.

Trauer-Trigger sind schwierig, weil sie die Schleuse für ein Phänomen öffnen, das in der Psychiatrie als *unwillkürliche autobiografische Erinnerungen* bezeichnet wird. Diese Erinnerungen kommen dir in den Sinn, ohne dass du sie gezielt hervorrufst. Allerdings sind sie nicht vollkommen zufällig und kommen keineswegs »aus dem Nichts«, sondern werden in der Regel durch etwas ausgelöst, was du siehst oder hörst, durch ein Lied, einen Geruch oder ein Wort. Viele dieser Erinnerungen sind harmlos, doch andere, vor allem diejenigen, die mit einem Verlust oder Trauma verknüpft sind, können dazu führen, dass eine Welle der Trauer über dich hereinbricht.

Das Wissen um solche Trauer-Trigger kann beträchtliche Ängste auslösen. Du willst nicht nur vermeiden, dass du dich schrecklich fühlst, sondern hast auch Angst, dass du bei derartigen Triggern die emotionale Kontrolle verlierst, dass dein Tag aus den Fugen gerät und du in der Trauerarbeit einen Rückschlag erlebst.

Wie also gehst du am besten mit Trauer-Triggern um? Mach dir zunächst klar, dass du unweigerlich solchen Auslösern begegnen wirst. Widersteh der Versuchung, sie gänzlich zu vermeiden, indem du dich für immer in deinen eigenen vier Wänden einsperrst; das wird nicht funktionieren. Wir raten dazu, lieber im Voraus zu planen, wie du auf Trauer-Trigger reagieren wirst, wenn sie auftreten, sowohl unverhofft als auch in Situationen, in denen du damit rechnest.

Strategien für unverhoffte Trauer-Trigger

Du kannst unmöglich jeden Trigger vorhersehen, mit dem du irgendwann konfrontiert werden wirst, deshalb empfiehlt sich eine allgemeine Strategie zum Umgang mit unerwarteten Erinnerungen an deinen Verlust. Die bereits erläuterten Tipps, mit denen du Ruhe finden und deine Gefühle annehmen kannst, sind ein guter Anfang (siehe Seite 255 und 258). Außerdem solltest du Folgendes beachten:

- **Deine Gefühle können dir nichts antun.** Die Befürchtung, dass deine Gefühle dir schaden könnten, löst unter Umständen Angst und Sorge aus. Mach dir klar, dass Gefühle dir nichts anhaben können und dass du sie aushalten kannst.
- **Schäm dich nicht.** Versuche, dich für deine Gefühle nicht zu schämen – vor allem in der Öffentlichkeit. Wenn die Gefühle mit dir durchgehen, wird man aller Wahrscheinlichkeit nach Verständ-

nis haben. Stell dir vor, du siehst jemanden weinen. Würdest du diesen Menschen für schwach und dumm halten oder nicht vielmehr denken: »Das kenne ich nur zu gut; bestimmt hat er heute einen schlechten Tag«?

- **Lass dich von deinen Gefühlen überwältigen.** Mit belastenden Gefühlen ist es so: Erst werden sie immer intensiver, dann ebben sie normalerweise ab. Wenn du also zulässt, dass du ein Gefühl durchlebst, spricht vieles dafür, dass es wieder schwächer wird, nachdem es dich überkommen hat.
- **Atme ein paarmal tief durch.**
- **Gönn dir eine Pause.** Nimm dir zehn Minuten Zeit, um an die frische Luft zu gehen oder Abstand von dem zu bekommen, womit du gerade beschäftigt bist.

Strategien für Trauer-Trigger, mit denen du rechnest:

Manche Trigger kannst du vorhersehen. Wenn du über kleine und große Trigger Bescheid weißt, kannst du dir genauer überlegen, wie du damit umgehen willst. Stell dir zum Beispiel vor, dass du kurz nach der Trennung von deinem Verlobten zu einer Hochzeit musst. Du weißt, dass dieser Anlass Trauer auslösen könnte, und kannst daher planen, deine beste Freundin oder deinen besten Freund zur Unterstützung mitzunehmen. Oder du legst dir eine Ausrede zurecht, damit du früher gehen kannst, wenn dir alles zu viel wird.

So gehst du vor:

- Nimm dir ein Blatt Papier oder dein Tagebuch, und überlege, welche Menschen, Orte, Dinge und Erlebnisse möglicherweise schmerzhafte Gedanken und schwierige Gefühle auslösen könnten. Hast du bereits Trigger erlebt? Gibt es Menschen oder Orte, die du bisher gemieden hast? Fürchtest du, dass ein bevorstehender Jahres- oder Feiertag schwierig werden könnte? Nimm dir ein paar Minuten Zeit, um alles zu notieren, was dir einfällt – nicht nur Auslöser, mit denen du rechnest, sondern auch solche, die unverhofft auftreten könnten.
- Such dir von deiner Liste zwei oder drei Trigger aus, die du für besonders wahrscheinlich hältst, und notiere eine Strategie, wie du reagieren wirst, falls einer davon auftritt.

9

Techniken, die gegen Sorgen und Grübeleien helfen

Erinnerst du dich an unsere Liste zum Grübeln? Dort hatten wir erst die problematischen Folgen des Grübelns aufgezählt und dann erklärt, dass Grübeln im Prinzip eine Form der Vermeidung ist (siehe 114). Die folgende Liste wird dir helfen, mit dem Grübeln richtig umzugehen, sodass es hoffentlich keine unerwünschten Folgen hat.

1

Arbeite aktiv daran, deine Gedanken zu akzeptieren und nicht zu bekämpfen.

Oft muss man umso intensiver an etwas denken, je mehr man sich bemüht, den Gedanken daran zu vertreiben. Diese Liste wird dir Hilfsmittel an die Hand geben, mit denen du schwierige Gedanken akzeptieren kannst, statt sie zu vermeiden. Zuerst musst du jedoch den festen Entschluss fassen, nicht mehr davor davonzulaufen und die unten aufgeführten Werkzeuge zu verwenden, um dich mit einem bestimmten Gedanken auseinanderzusetzen, wenn er auftaucht.

②

Lerne, deine Gedanken zu beobachten.

Anfangs wird dir das möglicherweise komisch vorkommen, doch wenn du dich daran gewöhnt hast, kann es große Wirkung zeigen. Mach dir zunächst noch einmal deutlich, dass ein Gedanke nur ein Gedanke ist – nicht mehr und nicht weniger. Er entsteht, wenn Neuronen in deinem Gehirn feuern. Deine Gedanken sind manchmal wahr und manchmal unwahr. Nun benenne die Gedanken, die du gerade hast. Wenn du beispielsweise feststellst, dass du denkst: »Ich werde nie wieder einen guten Job finden«, dann sagst du dir: »Ich habe den Gedanken, dass ich nie wieder einen guten Job finden werde.« Der Gedanke wird dabei nicht bewertet. Du fällst kein Urteil, sondern es geht nur darum, den Gedanken wahrzunehmen. Wenn du Gedanken auf diese Weise benennst, stellst du klar, dass du unabhängig von deinen Gedanken existierst – du kannst etwas Abstand gewinnen und sie beobachten. Wende diese Technik immer dann an, wenn Sorgen aufkeimen, und sage dir:

Ich habe den Gedanken, dass …
Ich habe das Gefühl, dass …

③

Beobachte, wie deine Gedanken auftreten und wieder verschwinden.

Wenn du etwas Übung darin hast, deine Gedanken zu beobachten, kannst du dazu übergehen, auf ihr Kommen und Gehen zu achten. Dabei geht es nicht darum, sie zu kontrollieren, sondern du beobachtest nur, wie sie auftauchen und wieder von dannen ziehen.

Versuche, dir einen Gedanken als Objekte vorzustellen, deren Bewegung du beobachten kannst. Vielleicht sind deine Gedanken Wolken am Himmel, Autos auf einer Schotterpiste, Blätter, die in einem Bach treiben, oder schwebende Luftballons – probiere verschiedene Bilder aus und wähle das, womit du am besten zurechtkommst. Wenn du merkst, dass sich ein neuer, beunruhigender Gedanke regt, benenne ihn, beobachte ihn, stell dir vor, wie er als Gegenstand in deinen Kopf eindringt und wie er ihn dann wieder verlässt.

4

Richte dir eine feste Zeit für Grübeleien ein.

Uns ist klar, dass dieser Tipp merkwürdig klingt, denn eigentlich solltest du das Grübeln doch abstellen ... Aber wenn dir immer wieder ein bestimmter Gedanke durch den Kopf geht und du merkst, dass du darüber nicht hinwegkommst, nimm dir etwas Zeit, um deine Überlegungen im Tagebuch zu notieren, oder sprich gegebenenfalls mit jemandem in einer Beratungsstelle darüber. Das kann dir dabei helfen, den Gedanken wirklich zu betrachten und herauszufinden, ob du ihn annehmen kannst, sodass du nicht mehr darüber nachgrübeln musst, oder ob du Hilfe von außerhalb brauchst.

5

Schieb den Gedanken (vorläufig) beiseite.

Falls sich Sorgen und Grübeleien bemerkbar machen, wenn es gerade nicht passt, zum Beispiel bei der Arbeit oder während du für Freunde und Angehörige da sein willst, dann nimm den Gedanken vorläufig nur wahr und entscheide ganz bewusst, dich später damit auseinanderzusetzen. Dabei kann dir eine Visualisierungstechnik helfen, mit der du den Gedanken auf einen späteren, besser geeigneten Zeitpunkt verschieben kannst.

- Benenne den Gedanken, den du wahrnimmst, etwa: »Ich habe den Gedanken, dass Annies Schulprobleme an der Scheidung liegen, und ich weiß nicht, wie ich ihr helfen kann.«
- Lege fest, wann du dich mit diesem Gedanken befassen möchtest. Das meinen wir ganz wörtlich: Bestimme einen festen Zeitpunkt, zu dem du dich dem Gedanken widmen wirst.
- Nun stell dir den Gedanken als Gegenstand vor und gib ihm einen Platz in deinem Gehirn, an dem er warten kann. Manche visualisieren dazu eine »Sorgenschublade« mit einem Vorhängeschloss. Wenn dir kein Gegenstand einfällt, stell dir vor, dass du den Gedanken auf ein Blatt Papier schreibst.
- Stell dir nun vor, wie du den Gegenstand oder das Blatt Papier in die Schublade legst, die Schublade zuschiebst, abschließt und dir sagst: »Dieser Gedanke bleibt hier, bis ich mich heute Abend damit befassen kann.«

6

Schreib es auf.

Schreiben hat so viele Vorteile, also greif zum Tagebuch, wenn du das noch nicht getan hast. Schon indem du Gedanken und Sorgen aufschreibst und später noch einmal liest, kannst du eine neue Sicht auf deine Grübeleien gewinnen. Das Aufschreiben wird dir auch deutlich machen, ob sich deine Gedanken und Sorgen überhaupt ändern oder ob du einfach wieder und wieder dasselbe durchkaust. Wenn sich die Gedanken nicht ändern, kann das darauf hindeuten, dass du professionelle Unterstützung brauchst.

7

Sorge für Ablenkung.

Mittlerweile solltest du dich mit dem Gedanken anfreunden können, dass etwas gesunde Ablenkung in der Trauer sehr wertvoll ist. Wenn sich die Gedanken einschleichen, über die du üblicherweise nachgrübelst, hast du am besten eine Liste mit Ablenkungen parat. Empfehlenswert sind Dinge, die dir Freude machen, dabei aber so anspruchsvoll sind, dass sie dein Gehirn aus der Grübelschleife reißen. Das könnte Kochen sein oder Kreuzworträtsel, Videospiele, Fotografieren, Holzarbeiten oder irgendetwas anderes, was deine Gedanken ablenkt und deine Sinne in Anspruch nimmt.

8

Meditiere.

Das Gehirn hat die unangenehme Angewohnheit, lästige Gedanken weiterzuverfolgen, ob es dir nützt oder nicht, und lässt sich davon nur schwer abbringen. Meditation kann das Gehirn langsam, aber sicher darauf trainieren, sein Verhalten zu ändern, und dir zu einer neuen Beziehung zu deinen Gedanken verhelfen. Grübeleien lassen sich nicht über Nacht abstellen. Du musst dein Gehirn ganz allmählich dazu bringen, sich anders zu verhalten. Aber es ist ein sinnvoller erster Schritt, sich jeden Tag ein paar Minuten Zeit für eine angeleitete Meditation oder eine Meditations-App zu nehmen. Du kannst mit zwei Minuten täglich beginnen und dich langsam steigern.

9

Such dir professionelle Hilfe.

Grübeln kann zu einem Teufelskreis werden, aus dem man nur sehr schwer entkommt. Manchmal fühlt man sich damit wohl, obwohl es schreckliche Gefühle weckt. Die oben genannten Tipps sind zwar ein guter Anfang, aber wenn du keine Verbesserung feststellst, solltest du dich an eine professionelle Beratungsstelle wenden. Frag deine/n Hausarzt/ärztin oder schau im Internet nach Adressen von Beratungsstellen für psychische Gesundheit. In einigen Städten gibt es auch bereits spezielle Beratungsstellen für Trauernde.

WEITERE LISTEN ZU DIESEM THEMA:

5 Anzeichen für Vermeidungsverhalten, Seite 98
6 Ursachen für trauerbedingte Ängste, Seite 101
5 Fakten über das Grübeln, Seite 114

6

Ratschläge für ein Leben mit Schuldgefühlen und Bedauern

Schuldgefühle sind die emotionale Reaktion, die sich nach einer (tatsächlichen oder vermeintlichen) moralischen Übertretung einstellt. Wenn du meinst, dass du etwas Falsches getan hast, fühlst du dich schuldig.

Bedauern ist mit diesem Gefühl verwandt, aber anders – man wünscht sich einfach, dass etwas anderes geschehen wäre.

Mehr musst du eigentlich nicht wissen, um dich mit Schuldgefühlen und Bedauern auseinanderzusetzen. Aber wenn dir diese drei Sätze nichts gesagt haben, raten wir dazu, dass du die Liste zu Schuldgefühlen auf Seite 124 liest, bevor es weitergeht. Das wird dir weiterhelfen.

(1)

Erkenne an, dass Schuldgefühle eine wichtige Funktion haben.

Bevor wir näher auf den Umgang mit Schuldgefühlen eingehen, solltest du das Gefühl an sich vollkommen wertfrei sehen. Dass du dich nicht gut fühlst, weil du etwas getan hast, soll dich nicht in einen Kreislauf aus Scham und Selbstgeißelung führen, sondern dafür sorgen, dass du dich beim nächsten Mal anders verhältst.

2

Ermittle, ob du Schuldgefühle, Bedauern oder beides empfindest.

Nach der obigen Definition hat Bedauern nichts damit zu tun, ob du das, von dem du dir wünschst, es wäre nicht geschehen, selbst verursacht, beabsichtigt oder in irgendeiner Weise beeinflusst hast! Schuldgefühle stellen sich ein, wenn du meinst, dass du etwas falsch gemacht hast. Für Schuldgefühle gibt es drei Hauptgründe, die dir dabei helfen, dein Gefühl einzuordnen:

1. Du hast wirklich etwas Verletzendes oder Falsches getan.
2. Du meinst, dass du etwas Verletzendes oder Falsches getan hast (obwohl das nicht der Fall ist).
3. Du wünschst dir Ordnung und Kontrolle (deshalb machst du dir lieber selbst Vorwürfe, statt zu akzeptieren, dass die Welt manchmal unvorhersehbar und nicht zu kontrollieren ist).

Es ist wichtig, dass du Schuldgefühle von Bedauern unterscheiden kannst. Wenn du irgendwo nicht weiterkommst, solltest du deine Empfindungen genauer unter die Lupe nehmen und mit jemandem darüber sprechen.

3

Beobachte Gedanken und Gefühle mit der Technik von Seite 267

Wenn du deine Gedanken ermittelt hast und weißt, ob sie mit Schuldgefühlen oder Bedauern zusammenhängen, solltest du sie benennen und untersuchen.

4

Finde heraus, ob deine Schuldgefühle durch einen Rückschaufehler beeinflusst werden.

Der auf Seite 150 beschriebene Rückschaufehler ist ein ganz normales, weit verbreitetes psychologisches Phänomen, das uns glauben lässt, wir hätten die Folgen früherer Ereignisse vorhersehen können, obwohl das gar nicht stimmt. Wenn du an etwas denkst, das bei dir Schuldgefühle weckt, versetze dich zurück in die Zeit des Geschehens und versuche dich genau zu erinnern, was du damals wusstest und was nicht. Ruf dir in Erinnerung, welche Motivation und Absichten du damals hattest. Und versuche vor allen Dingen, alles Wissen über die Folgen und alle Umstände, von denen du erst später erfahren hast, auszublenden. Das kann schwierig sein, wird dir jedoch helfen, die vergangene Situation und dein Handeln treffender zu beurteilen.

5

Überlege, ob dein Denken kontrafaktisch ist.

Kontrafaktisches Denken gehört zu den psychologischen Phänomenen, die wir ab Seite 151 erläutert haben. Auf dieser Denkweise beruhen viele »Was-wäre-wenn«- oder »Wenn-doch-nur«-Grübeleien. Wie denkst du über eine Situation, die bei dir Schuldgefühle oder Bedauern weckt? Bist du dir sicher, dass es eindeutig besser gewesen wäre, wenn etwas anderes geschehen wäre? Das meint man häufig, dabei kann man in Wirklichkeit nur wissen, dass das Geschehen einen anderen Verlauf genommen hätte. Ob das zu einem besseren, einem schlechteren oder zum genau gleichen Ergebnis geführt hätte, lässt sich gar nicht beurteilen.

6

Mach dir klar, was du aus deinen Schuldgefühlen oder deinem Bedauern lernst – und was du mit diesen Erkenntnissen anfangen willst.

Viele Leute werden dir raten, dich nicht in Schuldgefühlen und Bedauern zu ergehen, doch in Wirklichkeit ist es durchaus wertvoll, sich gründlich mit diesen Gefühlen auseinanderzusetzen. Das gibt dir die Möglichkeit, sie zu verstehen, zu lernen, dir zu verzeihen, und zu wachsen. Ganz ehrlich, was wärst du für ein Mensch, wenn du nach jedem Fehler einfach nur die Schulter zucken und nicht mehr daran denken würdest? Wichtig ist, dass du genau überlegst, was du aus den Schuldgefühlen und dem Bedauern lernen kannst und wie diese Gefühle dein künftiges Ich beeinflussen werden (mehr dazu auf Seite 281).

WEITERE LISTEN ZU DIESEM THEMA:

9 Tipps, wie man sich selbst verzeiht (und Wiedergutmachung leistet), Seite 281
4 Gründe, warum Schuldgefühle noch komplizierter sind, als du glaubst, Seite 124
5 Fragen zu Scham und Stigmatisierung, Seite 128

Rückschaufehler und kontrafaktisches Denken richtig verstehen

Wenn du nicht genau verstehst, was mit Rückschaufehler und kontrafaktischem Denken gemeint ist, hilft dir vielleicht folgendes Beispiel. Stell dir vor, deine Partnerin stirbt auf einer Dienstreise unverhofft an einem Herzinfarkt. Nach ihrem Tod gehst du alles noch einmal durch und erzählst Freunden: »Schon beim Abschied hatte sie gesagt, dass sie sich nicht ganz wohlfühlte. Ich hätte wissen müssen, dass es etwas Ernstes war, und sie zum Arzt bringen müssen. Wenn ich sie dazu gedrängt hätte, zu Hause zu bleiben, wäre sie noch am Leben.« Dass du meinst, du hättest die beiläufig geäußerten Beschwerden als Hinweis auf eine ernste Erkrankung deuten müssen, liegt nur daran, dass du die Folgen kennst und dein Gehirn nach Beweisen dafür sucht, dass das Geschehen vorhersehbar und vermeidbar war. In Wirklichkeit hatte deine Partnerin keine Vorerkrankungen, und nichts deutete darauf hin, dass die Lage diesmal ernster war als in den vielen anderen Situationen in eurer Beziehung, in denen sie schon einmal über Unwohlsein geklagt hatte.

Mit deiner Annahme, sie hätte überlebt, wenn sie nicht verreist wäre, gehst du davon aus, dass du sie dann zu einem Arztbesuch überredet hättest, dass der Arzt den Herzinfarkt erkannt hätte, dass du rechtzeitig eine Herz-Lungen-Reanimation vorgenommen hättest – oder irgendeine andere Fantasievorstellung, die dich glauben lässt, du hättest das gewünschte Ergebnis bewirken können. Doch das lässt sich unmöglich sagen. Vielleicht wäre deine Partnerin zu Hause geblieben, aber nicht zum Arzt gegangen, der Arzt hätte den Infarkt nicht entdeckt, oder du wärst während des Infarkts nicht bei ihr gewesen oder hättest sie nicht erfolgreich reanimieren können … Es gibt noch zahlreiche andere Möglichkeiten.

Wir lassen uns auf solche Denkmuster ein, weil sie uns trotz aller Selbstvorwürfe das Gefühl geben, die Kontrolle zu haben. Wenn man glaubt, man hätte den Herzinfarkt der Partnerin vorhersehen und verhindern können, mögen sich zwar Selbstvorwürfe und Schuldgefühle einstellen, doch unter Umständen ist das angenehmer als die Realität, nämlich dass manche Menschen an unerkannten Leiden oder nicht behandelbaren Krankheiten sterben.

9 Tipps, wie man sich selbst verzeiht (und Wiedergutmachung leistet)

Schuldgefühle bedeuten noch lange nicht, dass du wirklich Schuld hast, deshalb solltest du mit Hilfe der Informationen auf Seite 274 ermitteln, was du wirklich empfindest, ehe du die nächste Liste liest.

Falls du feststellst, dass du wirklich für etwas verantwortlich bist, und dir selbst verzeihen oder Wiedergutmachung leisten willst, nimm dir genügend Zeit, denn das ist oft gar nicht so leicht.

1

Achte auf den Unterschied zwischen Schuldgefühlen und Scham.

Jeder Mensch macht Fehler. Manchmal sind diese Fehler klein, ein andermal groß, zuweilen auch verheerend. Aber wer etwas Schlechtes getan hat, ist deshalb noch kein übler Mensch. Zwar hat jede deiner Handlungen ein ethisches Gewicht, aber eine einzige Handlung kann niemals definieren, wer du bist. Eine einzige gute Tat macht dich nicht zu einem guten Menschen, und ein einziges Fehlverhalten bedeutet nicht, dass du ein schlechter Mensch bist. Obwohl du vielleicht glaubst, das betreffe nur deine Selbstwahrnehmung, haben Forschungen gezeigt, dass Menschen, die Schuld anstelle von Scham empfinden, mit geringerer Wahrscheinlichkeit noch einmal den gleichen Fehler machen.

(2)

Mach dir klar, was Selbstvergebung bedeutet – und was nicht.

Manche Menschen haben Hemmungen, sich selbst zu vergeben, weil sie meinen, damit würden sie es sich zu leicht machen oder das eigene Fehlverhalten leugnen. Aber das stimmt nicht. Für Vergebung gibt es unterschiedliche Definitionen, doch uns gefällt die von der *Human Development Study Group* und der Universität Wisconsin am besten: »Bereitschaft, auf das eigene Recht auf Groll, negative Urteile und Gleichgültigkeit gegenüber dem Menschen zu verzichten, der uns in ungerechter Weise verletzt hat, während wir ihm gleichzeitig Mitgefühl, Großzügigkeit und sogar Liebe entgegenbringen, obwohl er das nicht verdient« (Enright und North 1998). Und da es hier um Selbstvergebung geht, bist du selbst der Mensch, der dich verletzt hat! Weiter heißt es: »Wir sehen [diesen Menschen] nach wie vor als Urheber des Unrechts, der dafür verantwortlich ist … Vergebung kann nur eine Bedeutung haben, wenn der Urheber tatsächlich als verantwortlich und das Unrecht für echt empfunden wird, denn ohne Unrecht und ohne Täter gibt es auch nichts und niemandem zu vergeben.«

Um dir selbst zu vergeben, musst du also dein Recht auf Groll, negative Urteile und Gleichgültigkeit *dir selbst gegenüber* aufgeben und *dir selbst* gleichzeitig unverdientes Mitgefühl, Großzügigkeit und sogar Liebe entgegenbringen. Das bedeutet nicht, dass du die Vergangenheit umdeutest und behauptest, das eigene Verhalten wäre nicht falsch, sondern dass du dir selbst vergibst, *weil* du etwas falsch gemacht hast.

3

Überlege, ob du bei dir selbst andere Maßstäbe anlegst.

Würdest du einem Freund oder einem Angehörigen in der gleichen Situation verzeihen? Würdest du diesem Menschen raten, sich selbst zu vergeben? Wenn ja, dann überleg dir, warum du dich selbst anders behandelst. Warum kannst du jemand anderem vergeben, dir selbst aber nicht?

4

Bitte nicht um Vergebung – hier geht es um Selbstvergebung.

Wenn du jemand anderes um Verzeihung bittest, verlangst du, dass dieser Mensch dir die Arbeit abnimmt. Indem du dich dagegen entschuldigst und Wiedergutmachung leistest, bist *du* aktiv. Also denke vorerst nicht daran, andere um Vergebung zu bitten. Du hast keinen Einfluss darauf, ob jemand dir verzeiht oder nicht (vor allem, wenn der andere Mensch bereits gestorben ist). Einfluss hast du nur auf deine eigenen Handlungen, die auf deinen Werten beruhen.

5

Leiste unmittelbare Wiedergutmachung.

Wiedergutmachung bedeutet, dass man etwas *unternimmt*, um einen Fehler auszugleichen oder zu beheben. Manchmal lässt sich ein Fehler wiedergutmachen, indem man ihn direkt behebt; und wenn du das Glück hast, dass so etwas möglich ist, solltest du das tun. (Wenn nicht, siehe unten, Punkt 7.) Deine Wiedergutmachung darf nicht davon abhängen, ob jemand anders bereit ist, dir zu vergeben. Du solltest handeln, weil das richtig ist, und nicht in der Erwartung, dass man dir verzeiht. Wende dich an den betroffenen Menschen, übernimm die Verantwortung für dein Fehlverhalten, erkundige dich, ob du Wiedergutmachung leisten kannst, und schlage selbst vor, was du tun könntest.

6

Entschuldige dich.

Wenn man ein Unrecht wiedergutmachen will, gehört dazu oft, dass man sich dieses Unrecht zu eigen macht. Dies geschieht häufig in Form einer Entschuldigung. Laut *Oxford Languages* ist eine Entschuldigung »das bedauernde Eingeständnis eines Fehlverhaltens oder Versagens«. Wenn du dich entschuldigst, solltest du aufrichtig sein, die Verantwortung übernehmen und direkt deutlich machen, wie du verhindern willst, dass so etwas noch einmal passiert.

Achte darauf, dass du nicht defensiv wirst, aber ergehe dich auch nicht in übertriebener Reue und reite nicht darauf herum, welche emotionale Belastung deine Schuld für dich bedeutet. Eine Entschuldigung ist genau wie die Wiedergutmachung keine Bitte um Vergebung. Mit deiner Entschuldigung gibst du dem Menschen, dem du Unrecht getan hast, etwas zurück. Wer um Vergebung bittet, möchte selbst etwas bekommen.

Vergiss nicht: Du selbst magst bereit sein, die Vergangenheit aufzuarbeiten und dein gesamtes Fehlverhalten aufs Tapet zu bringen, doch andere sind unter Umständen emotional noch nicht dazu in der Lage, vor allem wenn sie trauern. In solchen Fällen ist es manchmal nur sinnvoll, eine Hand zur Versöhnung zu reichen und zuzulassen, dass mit der Zeit Heilung kommt. Deine eigene Heilung darf nicht auf Kosten des Wohlbefindens eines anderen Menschen gehen, das würde vollkommen am Ziel vorbeigehen!

7

Leiste lebendige Wiedergutmachung.

Leider ist eine direkte Wiedergutmachung nicht immer möglich. Vielleicht lassen die Umstände das nicht zu, oder es ist zu viel Zeit vergangen, jemand ist gestorben oder hat den Kontakt zu dir abgebrochen. Wenn du dem Menschen, dem du etwas angetan hast, keine direkte Entschädigung leisten kannst, zeigst du mit lebendiger Wiedergutmachung durch dein Verhalten, dass du aus deinem Fehler gelernt hast. Lebendige Wiedergutmachung bedeutet, du lebst so, dass du den früheren Fehler nicht noch einmal begehst oder ihn ausgleichst.

Stell dir vor, du bedauerst zutiefst, dass du deine Oma zu Lebzeiten nicht häufiger besucht hast. Leider lässt sich das nicht direkt wiedergutmachen – sie lebt nicht mehr. Du kannst dir eingestehen, dass dein Verhalten gegen Werte verstoßen hat, die dir wichtig sind, zum Beispiel Zeit mit der Familie zu verbringen. Wenn du Verantwortung für dein Verhalten übernimmst und den festen Entschluss fasst, dem Wert »Zeit mit der Familie« künftig eine höhere Priorität zu geben, kann das eine lebendige Wiedergutmachung sein.

8

Nimm dir gezielt vor, dir selbst zu vergeben.

Das bedeutet nicht, dass du Entschuldigungen für dein früheres Fehlverhalten suchst. Vielmehr gehst du die vorgenannten Schritte durch, bringst dir Mitgefühl entgegen und entscheidest ganz bewusst, die Vorwürfe, die Kritik und die Vorbehalte gegenüber dir selbst abzustellen. Du weißt doch: Irren ist menschlich.

9

Nimm professionelle Hilfe in Anspruch.

Schuldgefühle und Scham können gnadenlos sein. Wenn du trotz aller Bemühungen in einem Teufelskreis von Schuldgefühlen feststeckst und dir nicht verzeihen kannst, besteht der wichtige nächste Schritt darin, professionelle Hilfe in Anspruch zu nehmen.

WEITERE LISTEN ZU DIESEM THEMA:

6 Ratschläge für ein Leben mit Schuldgefühlen und Bedauern, Seite 274
Deine eigene Liste: Was ist dein Trauer-Geheimnis?, Seite 136
5 mögliche Reaktionen auf eine chaotische und unkontrollierbare Welt, Seite 106

DEINE EIGENE LISTE

Welche Trauerunterstützung brauchst du?

Oft ist es schwieriger als erwartet, die eigenen Bedürfnisse nach einem Verlust zu erkennen. Wie so vieles in der Trauer können auch die Bedürfnisse nach einem Verlust komplex und vielfältig sein und sich von Tag zu Tag, von Woche zu Woche und von Monat zu Monat ändern.

Damit deine Bedürfnisse gestillt werden, musst du logischerweise erst einmal herausfinden, welche du überhaupt hast. Einige dieser Bedürfnisse werden für dich offensichtlich sein, andere weniger. Manche sind konkret und greifbar, andere eher abstrakt. Wenn du deine Bedürfnisse ermittelst, kann es sinnvoll sein, neun Bereiche zu unterscheiden, die häufig eine Rolle spielen:

- Emotionale Bedürfnisse
- Spirituelle Bedürfnisse
- Praktische Bedürfnisse
- Körperliche oder gesundheitsbezogene Bedürfnisse
- Bedürfnisse in Bezug auf psychische Gesundheit und Wohlbefinden
- Finanzielle Bedürfnisse
- Erinnerungsbedürfnisse
- Bedürfnisse im Bereich der Kreativität
- Beziehungsbedürfnisse.

Gut möglich, dass du weitere Bedürfnisse hast, die nicht in diese Bereiche fallen. Du könntest auch überlegen, wie sich erreichen ließe, dass du dich bei intensiven Emotionen besser unterstützt fühlst.

So gehst du vor:

- Schau dir die neun Bereiche an, die von der Trauer üblicherweise betroffen sind. Wenn du in einem davon Schwierigkeiten hast, besteht wahrscheinlich Unterstützungsbedarf.
- Erstelle auf einem Blatt Papier oder in deinem Tagebuch eine Spalte oder ein Feld für jeden dieser Bereiche.
- Notiere dir etwa 10 Minuten lang für jede Spalte alle Bedürfnisse nach Unterstützung, die dir einfallen – große und kleine.

Diese Liste solltest du immer zur Hand haben und weitere Bedürfnisse ergänzen, sobald du sie erkennst. Du kannst dich daran orientieren, wenn du überlegst, an wen du dich wenden könntest, falls du einen bestimmten Wunsch nach Unterstützung hast.

3

Tipps zur Nutzung deines Unterstützungssystems

»Sag Bescheid, wenn ich etwas für dich tun kann.« Diesen Satz hast du seit dem Verlust, der dich zu diesem Buch geführt hat, vermutlich schon unzählige Male gehört.

Fachleute raten von solchen pauschalen Hilfsangeboten ab, wenn man jemandem in einer Notlage wirklich helfen will, denn sie geben dir, dem betroffenen Menschen, die schwere Aufgabe, die eigenen Bedürfnisse zu ermitteln und um Hilfe zu bitten. Auf Seite 288 haben wir dargelegt, dass es schon schwer genug ist, Bedürfnisse zu erkennen. Und um Hilfe zu bitten fällt vielen noch viel schwerer.

Trotz des guten Ratschlags, konkrete Unterstützung anzubieten, schrecken viele vor derartigen Angeboten zurück. Sie wissen nicht, was du brauchst, oder wollen sich nicht aufdrängen. Leider hat das oft zur Folge, dass sowohl die Trauernden als auch diejenigen, die helfen wollen, in eine Sackgasse geraten.

Um einen Ausweg aus dieser Situation zu finden, musst du manchmal herausfinden, wie du dein Unterstützungssystem am besten in Anspruch nimmst. (Keine angenehme Aufgabe, das ist uns klar.) Wenn du mit einem Verlust zu kämpfen hast, kannst du gut darauf verzichten, anderen deutlich zu machen, wie sie dir besser helfen können. Allerdings hat niemand einen Leitfaden mit der richtigen Vorgehensweise – weder du noch die anderen. Mit wenig lässt sich also viel bewirken. Was ist damit gemeint?

1

Finde heraus, was du brauchst.

Tolle Neuigkeiten! Wenn du das Buch in der üblichen Reihenfolge liest, hast du das mit der letzte Liste gerade getan. Wenn nicht, blättere zu Seite 288 und schau dir diese Liste an, ehe du weiterliest.

2

Scheue dich nicht, um Hilfe zu bitten.

Viele von uns sind mit einem Sinn für robusten Individualismus aufgewachsen, der sich zu einer kleinen Nörgelstimme im Kopf entwickelt hat. Diese Stimme sagt zum Beispiel: »Reiß dich zusammen«, »Bleib stark« oder »Du solltest selbst herausfinden, wie du das schaffen kannst« ... Weißt du noch, wie wir ermittelt haben, dass deine Gedanken nicht immer wahr sind? Mach dir das unbedingt noch einmal klar.

Freundschaften und Beziehungen bedeuten, füreinander da zu sein. Wenn du wüsstest, dass du einer Freundin bei Problemen helfen könntest, würdest du das vermutlich tun. Erfährst du, dass ein Freund dich nicht um Hilfe bittet, um dir nicht zur Last zu fallen, würdest du dich vermutlich ärgern. Nimm dir etwas Zeit, um dir deutlich zu machen – richtig deutlich –, dass deine Freunde dir gegenüber vielleicht genauso empfinden.

3

Überlege, wer dir bei einem Bedürfnis am besten helfen kann.

Jeder Mensch hat seine eigenen Stärken und Schwächen. Manche können gut zuhören, andere geben gute Ratschläge, manche sorgen in den richtigen Momenten für Aufheiterung.

Stell dir deine Freunde und Angehörigen als eine Art »Toolkit« vor: Du musst das richtige »Werkzeug« für die jeweilige Aufgabe finden und dabei deren individuelle Eigenschaften berücksichtigen (Persönlichkeit, Stärken, Kompetenzen und so weiter). Nicht jeder Mensch kann alles für dich leisten, und das ist auch in Ordnung. Es macht diese Menschen nicht zu schlechten Freunden, sondern bedeutet nur, dass sie für manches sehr gut geeignet sind und für anderes eher nicht.

Wenn du jemanden um eine Form der Unterstützung bittest, die er nicht geben kann, wird der/die Betreffende unweigerlich scheitern und dich enttäuschen.

Damit du erkennst, wer in deinem Leben welche Art von Trauerunterstützung leisten kann, haben wir die sogenannten *Support System Superlatives* entwickelt. In Highschool-Jahrbüchern ist es üblich, bestimmte Superlative zu verteilen, zum Beispiel »Am besten gekleidet« oder »Hat die größten Karrierechancen«. Ganz ähnlich solltest du überlegen, wer aus deinem Unterstützungssystem am wahrscheinlichsten ein Trauerbedürfnis stillen kann. Wer wird am wahrscheinlichsten vorurteilsfrei zuhören, wer übernimmt am wahrscheinlichsten einen Fahrdienst, wer sagt dir am wahrscheinlichsten die unangenehme Wahrheit?

Denk dabei nicht nur an den engsten Kreis deines Unterstützungssystems, sondern auch an Menschen, Fachleute und Organisationen in deinem weiteren Umfeld. Mit der Nachbarin, die du nur flüchtig kennst, willst du vielleicht nicht über die emotionalen Folgen deiner aktuellen Lupusdiagnose reden. Aber für die Option »am wahrscheinlichsten, dass er mit mir das Auto aus dem Schnee freischaufelt, wenn mein Körper streikt«, könnte sie durchaus in Frage kommen.

WEITERE LISTEN ZU DIESEM THEMA:

Deine eigene Liste: Welche Trauerunterstützung brauchst du?, Seite 288

5 Ws, mit denen du Unterstützungssysteme besser verstehst, Seite 62

5 Gründe, warum es so wirken kann, als hätte man deine Trauer vergessen, Seite 177

9

Tipps, wie du deutlich machst, was du brauchst (und was nicht)

Zu erkennen, was man braucht und wen man fragen müsste, ist oft viel leichter, als diese Bedürfnisse tatsächlich zu äußern. Darüber hinaus kann es sein, dass manche Menschen dich in einer Art und Weise »unterstützen«, die dir regelrecht schädlich vorkommt – zum Beispiel weil sie herablassend oder aufdringlich wirken. Du weißt, dass du diesen Leuten sagen musst, was ihr Verhalten bei dir auslöst, aber du weißt nicht recht, wie. Ganz gleich, um welches Thema es geht, die folgenden Schritte helfen dir bei solchen oft unangenehmen und komplexen Gesprächen.

1

Beschreibe, was du über deine eigenen Bedürfnisse und Erfahrungen erkannt hast.

Das muss gar nicht kompliziert sein; beschreibe einfach, was du empfunden und erlebt hast:

»Seit meiner Scheidung fühle ich mich einsam, aber ich ziehe mich auch zurück, weil mir die Energie fehlt, um etwas zu unternehmen. Es ist nicht leicht für mich.«

2

Sage, was dir deiner Meinung nach helfen könnte.

Auch in diesem Fall reicht es oft, wenn du einfach deine Bedürfnisse beschreibst:

»Mir fehlt jede Motivation, deshalb würde es mir sehr helfen, wenn andere etwas planen und mich einladen, statt dass ich mich melden muss.«

3

Äußere konkrete Bitten.

Sei direkt und bitte um genau das, was du brauchst:

»Würdest du ein paar Dinge planen, die wir in den nächsten Wochen unternehmen können? Und würdest du bitte verständnisvoll sein, aber mich trotzdem etwas drängen, wenn ich einen Rückzieher machen will?«

Das ist doch gar nicht so schlimm, oder? Das Gespräch mag schwieriger erscheinen, wenn du es mit jemandem zu tun hast, der dir wehgetan hat; aber die genannten Schritte funktionieren oft trotzdem außerordentlich gut.

4

Bitte andere, dir zu helfen, deine Bedürfnisse zu vermitteln.

Oft hat man Hemmungen, Freunden und Angehörigen direkt zu sagen, was man braucht. Wenn dir jemand, dem du vertraust, Hilfe angeboten hat, dann sprich mit dieser Person über deine Bedürfnisse und sag, was in deinem Unterstützungssystem gut funktioniert und was nicht. Anschließend kannst du diese Person bitten, in deinem Namen mit anderen Freunden und Angehörigen zu reden.

5

Setze Grenzen.

Es kann vorkommen, dass du deine Bedürfnisse ganz fantastisch zum Ausdruck bringst, andere aber trotzdem nicht darauf achten, was du gesagt hast. Vielleicht sind sie nicht in der Lage, deine Bedürfnisse zu erfüllen, möglicherweise wollen sie es auch gar nicht. Was auch immer der Grund sein mag, solchen Menschen musst du Grenzen setzen. Eine Grenze ist einfach ausgedrückt eine Barriere, die du zwischen dir und einem anderen Menschen errichtest. Sie schafft oft einen wichtigen physischen oder emotionalen Raum, der dazu beiträgt, dass es dir in der Beziehung gut geht. Grenzen können deine Zeit, die Kommunikation und fast alles betreffen, um deine Energie und deine Ressourcen zu schützen. Bei Trauernden gibt es oft Grenzen hinsichtlich der Themen, über die sie sprechen wollen, des Zeitpunkts und der Art von Besuchen sowie der Unterstützung, die angeboten und erbeten wird.

⑥

Kommuniziere deine Grenzen.

Wenn du deine Grenzen kennst, musst du anderen einfach und direkt vermitteln, wie diese Grenzen aussehen. Dann musst du erklären, welche Konsequenzen es haben wird, wenn eine Grenze nicht respektiert wird. Falls du es nicht gewohnt bist, Grenzen zu setzen, mag das hart klingen, aber nur so wissen alle Beteiligten Bescheid. Stell dir vor, deine Schwester drängt dich ständig dazu, jemand Neues kennenzulernen, obwohl du ihr schon mehrfach gesagt hast, dass dir das zu schnell geht und sie warten soll, bis du so weit bist. Du könntest deine Grenze wie folgt setzen:

»Ich habe dir schon ein paarmal gesagt, dass ich selbst signalisieren will, wann ich für ein Date bereit bin, aber du lässt mir keine Ruhe. Ich habe dich lieb, ich weiß, dass du mir helfen willst, und unsere Beziehung ist mir sehr wichtig. Aber wenn wir uns weiterhin regelmäßig unterhalten wollen, darfst du nicht mehr vom Daten anfangen. Das ist mir sehr wichtig; und wenn du das nicht respektierst, werde ich das Gespräch sofort abbrechen, sobald du das Thema ansprichst, und mich von dir fernhalten, um meine psychische Gesundheit zu schützen.«

7

Mach dir klar, dass deine Bedürfnisse und Grenzen sich ändern können.

Es mag sein, dass du jetzt gerade etwas anderes brauchst als in sechs Monaten, und das ist in Ordnung. Du kannst es jederzeit zum Ausdruck bringen, wenn sich deine Bedürfnisse und Grenzen geändert haben. Bleib offen für die Fragen, die das bei Freunden und Angehörigen aufwirft, denn sie können deine Trauer oft nur schwer verstehen, wenn du sie nicht an deinen Erfahrungen und Gefühlen teilhaben lässt.

8

Sag anderen, was du von ihnen erwartest (und was du nicht willst).

Wenn jemand trauert, wissen andere oft nicht recht, wie sie helfen sollen, und das gilt auch in Gesprächen. Es ist wichtig, sich mit dem richtigen Anliegen an die richtigen Leute zu wenden, aber es kann auch helfen, zu sagen, was du erwartest. Das könnte zum Beispiel so aussehen:

- »In der Arbeit war es heute sehr schwer für mich, weil sich jemand nach Klaus erkundigt hat. Kann ich dir davon erzählen? Ich erwarte nicht, dass du mich aufmunterst oder eine Lösung hast, sondern möchte nur, dass jemand zuhört.« – »Ein paar Dinge, die mit der Scheidung zu tun haben, machen mir ziemliche Sorgen. Ich weiß nicht, ob ich gerade überreagiere oder nicht. Ich würde dir gerne davon erzählen und deine Meinung hören.«

9

Lerne, Nein zu sagen.

An alle, die es anderen immer recht machen wollen, die niemandem auf die Füße treten möchten und meinen, stets dafür verantwortlich zu sein, wie andere sich fühlen: Hiermit habt ihr die Erlaubnis, Nein zu sagen. Es ist vollkommen in Ordnung, wenn du:

- jemandem sagst, dass du nicht darüber sprechen willst, wenn du nach deinem Verlust oder nach etwas anderem gefragt wirst, worüber du einfach nicht reden möchtest;
- ein Unterstützungsangebot ablehnst, sofern du diese Art von Unterstützung nicht brauchst;
- eine Einladung oder geplante Unternehmungen absagst, falls du dich nicht dazu in der Lage fühlst;
- erklärst, dass deine Ressourcen erschöpft sind und du dir deshalb nicht noch mehr aufbürden kannst (bei der Arbeit, als Ehrenamt, im Familien- oder Freundeskreis und dergleichen).

WEITERE LISTEN ZU DIESEM THEMA:

Deine eigene Liste: Welche Trauerunterstützung brauchst du?, Seite 288

7 Schritte, die dir dabei helfen, nach deinen Werten zu leben, Seite 208

Deine eigene Liste: Was steht auf deinem Wunschzettel gegen Einsamkeit?, Seite 166

5

Fragen, die du dir stellen solltest, ehe du jemanden abschreibst

Manchmal sagen und tun andere Menschen das Falsche. So etwas ist im besten Fall unerfreulich, im schlimmsten Fall aber auch sehr verletzend. Vielleicht hast du den Eindruck, dass den Personen, von denen du erwartet hast, dass sie für dich da sein würden, jegliche Empathie fehlt. Zuweilen ist das tatsächlich der Fall, aber manchmal wissen andere einfach nicht, was sie sagen oder tun sollen.

Es mag verlockend sein, einen Menschen abzuschreiben, weil er nicht für dich da war, als du ihn brauchtest, doch soziale Unterstützung, Gesundheit und Heilung (sowohl in körperlicher als auch in emotionaler Hinsicht) sind sehr eng miteinander verknüpft, weswegen wir nicht zulassen können, dass du dich vorschnell von Freunden und Angehörigen abwendest. Damit lauten die nächsten logischen Fragen: Wann ist es wirklich genug? Wann hat jemand auch die zweite Chance verspielt? Die Antworten darauf sind kompliziert und hängen von der jeweiligen Situation ab, doch mit den folgenden Fragen kannst du ermitteln, ob es Zeit ist, dich von bestimmten Leuten aus deinem Leben zu verabschieden.

1

Was war die Absicht?

Wenn andere etwas Falsches sagen oder tun, haben sie oft gute Absichten, verfehlen aber ihr Ziel. Sie setzen dich unter Druck, weil sie nicht wollen, dass du noch länger traurig bist oder leidest. Sie suchen nach dem Silberstreif am Horizont. Sie wollen eine Verbindung zu dir aufbauen, rücken sich selbst dabei aber zu sehr in den Mittelpunkt. Wenn jemand etwas Falsches sagt, überlege kurz, welche Absicht dahinterstecken mag und ob du etwas mehr Empathie aufbringen kannst (wir wissen, wie schwer das ist, falls dieser Mensch gerade etwas Fürchterliches gesagt hat). Während du überlegst, welche Absicht jemand hatte, kannst du auch besser beurteilen, welchen Stellenwert dieser Ausrutscher in eurer Beziehung insgesamt hat.

2

Habe ich deutlich gemacht, wie weh mir das tat, selbst wenn man mir nicht wehtun wollte?

Fühlst du dich von jemandem verletzt, hat dieses Gefühl seine Berechtigung. Die Absichten der anderen machen deinen Schmerz nicht kleiner. Du kannst Empathie für diese Absichten empfinden, ohne das Verhalten hinzunehmen. Wenn du über die Verletzung hinweggehst, weil jemand keine böse Absicht hatte, wird diese Person nicht lernen, dich oder andere besser zu unterstützen. Deshalb gilt beides gleichzeitig: Man wollte dich nicht verletzen, aber du wurdest verletzt.

3

Habe ich Rückmeldung gegeben?

Wenn du leidest und einfach nur Unterstützung brauchst, kostet es große Überwindung, anderen zu sagen, dass sie keine Hilfe sind – das wissen wir nur zu gut. Wir sind beide im Bereich der psychischen Gesundheit tätig und scheuen uns dennoch vor solch unangenehmen zwischenmenschlichen Kontakten. Aber wenn es gelingt, Freunden und Angehörigen Feedback zu geben, bewirkt man damit, dass diese Menschen künftig besser reagieren und mehr Unterstützung leisten. Und letzten Endes gilt: Wenn du jemandem nicht sagst, dass er dich verletzt hat, kann er sich nicht entschuldigen, die Verletzung nicht wiedergutmachen und sich womöglich beim nächsten Mal nicht besser verhalten. Versucht dieser Mensch trotz deiner Anstrengung nicht, das Problem abzustellen, dann hast du etwas Wichtiges über ihn gelernt. Falls du die Beziehung abbrechen musst, kannst du dich damit trösten, dass du dieser Person immerhin eine Chance gegeben hast.

4

Kann ich die Beziehung retten, wenn ich bestimmte Grenzen setze?

Wenn man einen Menschen abschreibt, liegt das manchmal nicht daran, dass er sich nicht blicken lässt oder etwas Falsches gesagt hat. Manchmal sind andere auch zu aufdringlich. Vielleicht stört dich, dass jemand dir ständig Ratschläge gibt, unangenehme Fragen stellt oder unangemeldet vorbeikommt, um nach dir zu sehen. Ehe du jemanden abschreibst, der es gut mit dir meint, es dabei aber übertreibt, solltest du überlegen, ob du vielleicht gewisse Grenzen setzen könntest.

5

Hat die Beziehung noch eine Chance verdient, oder reicht es jetzt?

Bist du dir sicher, dass du deine Bedürfnisse geäußert, Rückmeldung gegeben und Grenzen gesetzt hast, die jeweilige Person dich aber dennoch im Stich lässt oder dich zu viel Energie kostet, die du für dich selbst brauchst, dann kann es Zeit für eine Pause sein. Vielleicht merkst du, dass dir die Beziehung nichts mehr bedeutet, oder du lässt sie später wieder aufleben, wenn du mehr Kraft hast. Auch hier kann das dialektische Denken weiterhelfen (siehe Seite 242).

WEITERE LISTEN ZU DIESEM THEMA:

9 Tipps, wie du deutlich machst, was du brauchst (und was nicht), Seite 294
8 Irrtümer in Bezug auf Schuldzuweisungen, Wut und Vergebung, Seite 308
10 Arten von stigmatisierenden Aussagen, Seite 133

5

Dinge, die du bedenken solltest, wenn eine Freundschaft endet

Vielleicht hast du zu diesem Buch gegriffen, weil dein Primärverlust das Ende einer Freundschaft ist. Oder du liest es wegen eines anderen Verlusts, der dazu geführt hat, dass du weitere Beziehungen verloren hast. Trauer, ganz gleich, aus welchem Grund, kann erhebliche Veränderungen in deinem Adressbuch bewirken.

Manchmal ändern sich deine Bedürfnisse und Werte in einer Freundschaft, vor allem bei Verlusten und Brüchen im Leben. Manche Freundschaften halten solchen Veränderungen einfach nicht stand. Die folgenden Tipps sollen dir helfen, mit den besonderen Herausforderungen umzugehen, die der Verlust von Freundinnen und Freunden mit sich bringt.

1

Mach dir klar, aus welchen Gründen Freundschaften besonders häufig enden.

Diese Liste ist keinesfalls vollständig, aber vielleicht hilft es dir, wenn du dir vor Augen führst, dass nicht nur deine Freundschaft ein schmerzliches Ende genommen hat.

- Jemand hat sich in einer Weise verändert, welche die Freundschaft nicht aushält. Das ist zum Beispiel der Fall, wenn jemand eine Religion annimmt oder aufgibt, sich einer Sekte anschließt oder diese verlässt, für eine neue romantische Beziehung seine Persönlichkeit ändert oder einen Drogen- oder Alkoholentzug beginnt.
- Jemand ist mit einer Krise oder der Trauer des Freunds oder der Freundin überfordert, erweist sich als schlechte Stütze oder zieht sich ganz zurück.
- Trotz bester Absichten kann es sein, dass man den Kontakt verliert, wenn Freunde umziehen oder den Arbeitsplatz wechseln.
- Wenn jemand eine Scheidung durchmacht oder einen geliebten Menschen verliert, geht der Freund oder die Freundin auf Distanz.
- Trauernde haben manchmal das Gefühl, dass ihnen bestimmte Freundschaften nichts mehr bedeuten oder man sich entfremdet hat.

2

Erlaube dir, um diesen Menschen und das, was er dir bedeutet hat, zu trauern.

Es versteht sich von selbst, dass dir dein Freund oder deine Freundin und die gemeinsame Zeit fehlen, aber vergiss nicht, dass dieser Verlust oft auch sekundäre Verluste mit sich bringt:

- den Verlust eines Menschen, mit dem du gemeinsame Erinnerungen und eine gemeinsame Vergangenheit hast;
- den Verlust der Rolle, die dieser Mensch in deiner Familie oder deinem Freundeskreis hatte;

- den Verlust der anderen Rollen, die er in deinem Leben übernommen hat (vielleicht hat er dir gute Ratschläge gegeben, dich bedingungslos unterstützt oder war für dich da, wenn du dich ausweinen wolltest);
- den Verlust des Menschen, der du warst, wenn ihr zusammen wart.

③

Mach dir klar, dass eure frühere Beziehung nicht weniger wert ist, nur weil die Freundschaft ein Ende hat.

So traurig es sein mag, im Leben kommen und gehen die Menschen. Eine Freundschaft muss nicht ewig halten, um einen Wert zu haben. Dass die Beziehung vorbei ist, muss das Gute zu Beginn und während der Beziehung nicht überschatten. Nein, wir sind nicht naiv. Uns ist klar, das Ende ist manchmal so fürchterlich und verräterisch, dass man alles in einem anderen Licht sieht. Wenn man verletzt oder hintergangen wurde, lässt sich oft schwer darüber hinwegsehen. Aber du solltest wenigstens die Möglichkeit in Betracht ziehen, dass die Freundschaft einen Wert hatte und dir guttat, solange sie Bestand hatte.

④

Stell nicht all deine Freundschaften in Frage, nur weil diese eine geendet ist.

Das Ende einer Freundschaft macht dir vielleicht klar, dass solche Verbindungen oft zerbrechlicher sind, als es den Anschein hat. Vielleicht verlierst du das Vertrauen in andere vertraute Menschen, weil du dich fragst, ob sie vielleicht auch von dannen ziehen, ihre Persönlichkeit ändern oder dich im Stich lassen werden. Vielleicht zweifelst du sogar an deiner Fähigkeit, Menschen und Freundschaften richtig zu beurteilen. Deshalb mach dir klar: Eine Freundschaft ist eine Freundschaft. Menschen verändern sich, und nur weil eine Beziehung zu Ende gegangen ist, heißt das noch lange nicht, dass es bei anderen genauso sein wird.

5

Rituale können helfen.

Die Rituale müssen nicht groß oder ausgefallen sein, aber wenn dir klar wird, dass diese Freundschaft – zumindest auf absehbare Zeit – vorbei ist, kann es helfen, wenn du Abschied nimmst. Das bedeutet nicht, dass du sie abhaken kannst; deine Trauer wird damit nicht enden. Ein eigenes, persönliches Ritual kann dir jedoch sagen: *Ich trauere um diesen Verlust, ich behalte das, was mir diese Freundschaft gegeben hat, aber ich lasse die Freundschaft selbst hinter mir.*

WEITERE LISTEN ZU DIESEM THEMA:

7 Arten der Trauer, die du kennen solltest (aber wahrscheinlich nicht kennst), Seite 32
6 Dinge, die du über Wut wissen solltest, Seite 157
6 Gründe, weshalb ein Verlust zu Konflikten mit anderen führen kann, Seite 162

8

Irrtümer in Bezug auf Schuldzuweisungen, Wut und Vergebung

»Mir ist klar, dass Wut nicht von Dauer sein kann, aber ich habe Angst vor der Traurigkeit – die Wut schützt mich. Sie bedeutet Kontrolle, sie gibt mir Einfluss. Meine Traurigkeit weiß, dass ich beides nicht habe.«

NADIA BOWERS IN IHREM ESSAY »WAS ICH DEM DROGENHÄNDLER SAGEN WÜRDE, DER MEINER SCHWESTER DIE TÖDLICHE DOSIS HEROIN GEGEBEN HAT«, DER 2018 IM *TIME MAGAZINE* ERSCHIEN

Wir sind zwar schon darauf eingegangen, warum Wut in der Trauer so häufig ist, doch das beantwortet nicht, wie wir mit einem Übermaß an Wut und Schuldzuweisungen umgehen sollen. Erstaunlich hilfreich ist es oft, wenn man sich mit den falschen Vorstellungen und Mythen auseinandersetzt, die sich um Wutgefühle und den Wunsch nach Vergebung ranken.

1

Wut und Schuldzuweisungen gehen immer auf ein Fehlverhalten zurück.

Wir haben bereits gesagt, dass es häufig zu Schuldzuweisungen kommt, weil der Mensch von Natur aus einen Grund sucht, *warum* etwas Schlimmes geschieht. Das entspricht unserem Wunsch nach Ordnung. Wenn jemand einen Fehler gemacht hat oder an etwas schuld ist, gibt uns das die Gewissheit, dass so etwas nicht noch einmal unverhofft geschehen wird. Selbst bei den sinnlosesten und chaotischsten Vorfällen suchen wir oft nach den Schuldigen, weil uns das ein Gefühl der Kontrolle verschafft. Wenn wir *der Mensch* sagen, gilt das auch für dich. Nimm deine Wut und deine Schuldzuweisungen genau unter die Lupe und frage dich, ob dein Wunsch nach Ordnung und Kontrolle dabei eine Rolle spielen könnte.

2

Wutgefühle sind nicht »falsch«.

Genau wie andere Gefühle beziehungsweise Emotionen ist auch die Wut nicht von Natur aus gut oder schlecht. Man kann sie nicht verurteilen, vermeiden oder gar »beherrschen«. Wenn Wut aufkeimt, kannst du sie interessiert zur Kenntnis nehmen und beobachten. Sie hat eine biologische Funktion; und dass du sie empfindest, gehört zum breiten Spektrum emotionaler Erfahrungen, die der Mensch macht. Die Wut an sich ist nicht das Problem, kritisch wird es aber, wenn sie dich so verzehrt oder manipuliert, dass du nicht der Mensch bist, der du sein willst, oder nicht so lebst, wie du leben möchtest.

3

Wenn man die Wut akzeptiert, ist man wütend.

Wenn du merkst, dass du wütend wirst, musst du entscheiden, in welche Richtung dich deine Wut führen soll. Wer trauert, kommt oft an eine Weggabelung. Der Weg zur einen Seite führt zu Verhaltensweisen und Entscheidungen, die von Wut, Schuldzuweisungen und Grübeleien geprägt sind. Zur anderen Seite liegt der Weg zu einem Verhalten, das den eigenen Werten entspricht. Beide Wege geben dir die Möglichkeit, deine Wut zu empfinden, sie zu akzeptieren und zu erleben. Der erste bedeutet jedoch, dass du wütend »bist« – in dem Sinne, dass du von deiner Wut geleitet wirst. Auf dem zweiten Weg kannst du Wut empfinden und erleben, aber bewusst entscheiden, dass deine Wut dich nicht verzehren wird, sondern du dich von anderen Werten leiten lässt.

4

Du kannst nur nach deinen Werten leben, wenn du keine Wut mehr empfindest.

Wenn du den Weg der Werte wählst (und wir hoffen, dass du dich dafür entscheidest), musst du vermutlich üben, dich auf die Wut einzulassen und sie zu akzeptieren, ohne dich von ihr steuern zu lassen. Das ist anstrengend. Anfangs kannst du versuchen, deiner Wut mit Mitgefühl und sanfter Achtsamkeit zu begegnen, während du ein engeres Verhältnis zu deinen Werten aufbaust, die dich tatsächlich steuern werden.

Stell dir zum Beispiel vor, du wurdest tief verletzt, weil dein Partner dir untreu geworden ist, sodass es letztendlich zur Scheidung kam. Deine Wut sitzt noch immer tief, und du willst nicht mit ihm reden, aber ihr müsst logistische Probleme besprechen, die eure Kinder betreffen. In deinem Kopf schreit eine ohrenbetäubende Stimme: »Ich kann nicht glauben, dass er unserer Familie so etwas angetan hat, ich bin so wütend, ich werde nicht mit ihm reden!« Dann nimmst du das Gefühl wahr und benennst es: »Ich empfinde Wut.« Du bist erfüllt von Schmerz und fühlst dich verraten, und auch das könntest du benennen.

Wenn du diese Gefühle akzeptierst, kannst du dir sagen: »Ich empfinde diese Emotionen, aber ich muss nicht danach handeln, wenn ich das nicht möchte. Ich bin zwar voller Wut, doch die gemeinsame Kindererziehung und die Familie sind für mich wichtige Werte. Ich werde mich aktiv für die Co-Elternschaft und die Familie entscheiden, statt den Weg der Wut zu wählen, und meinen Ex anrufen, um das Problem zu besprechen.«

5

Wut schadet anderen mehr als dir selbst.

Wut kann durch echte Verletzung und Verrat entstehen. Oft meint man, wenn man seine Wut auslebe, könne man damit den anderen verletzen oder deutlich machen, welchen Schmerz man selbst empfindet. Der Wunsch, die andere Person zu verletzen, kann verschleiern, dass die Wut im Laufe der Zeit aber *dir selbst* schadet. Seien wir ehrlich: Wut laugt aus. Auch wenn sie dein Verhalten nicht steuert, kann sie deine Gedanken verzehren, deine Sicht auf die Welt beeinflussen und sich auf andere Lebensbereiche auswirken.

6

Vergebung nützt dem Täter.

Vergebung befreit *dich* von der Wut und dem Groll, die *dich* unglücklich machen können. Das mag abgedroschen klingen, es stimmt aber trotzdem. Wenn du dich für Vergebung entscheidest, dient das dir selbst, nicht der Person, die dir etwas angetan hat. Das haben wir uns nicht ausgedacht, sondern eine Meta-Analyse von 54 Studien zum Thema Vergebung kam zu dem Schluss, dass Menschen, die anderen verziehen hatten, durchweg seltener an Depressionen und Ängsten litten und mehr Hoffnung empfanden (Wade et al. 2014).

7

Vergeben bedeutet billigen oder vergessen.

Die *Human Development Study Group* an der Universität von Wisconsin hat Vergebung definiert als »Bereitschaft, auf das eigene Recht auf Groll, negative Urteile und Gleichgültigkeit gegenüber dem Menschen zu verzichten, der uns in ungerechter Weise verletzt hat, während wir ihm gleichzeitig Mitgefühl, Großzügigkeit und sogar Liebe entgegenbringen, obwohl er das nicht verdient« (Enright und North 1998). Dabei ist wichtig, dass man ein *Recht* auf seinen Groll hat und dass der andere die Vergebung *nicht verdient* hat. Warum? Weil Vergebung eben nicht bedeutet, den anderen Menschen von seinem Fehlverhalten freizusprechen oder das Geschehen zu billigen. Vielmehr akzeptiert man, dass das, was der andere getan hat, falsch war, und vergibt ihm trotzdem.

8

Vergebung muss man allein bewerkstelligen.

Vergebung ist nichts, was man sich vornehmen und dann auf der Stelle umsetzen kann. Sie ist ein langsamer Prozess, und du kannst dich dabei von verschiedenen evidenzbasierten Ansätzen leiten lassen. Es würde den Rahmen dieses Buches sprengen, ausführlich darauf einzugehen (denn Vergebung ist kompliziert). Allerdings möchten wir dir zwei Strategien empfehlen, die durch umfangreiche Forschung gestützt sind, nämlich das REACH-Modell der Vergebung nach Worthington (2023) sowie das Vergebungsprozess-Modell nach Enright (Enright und Hildenbrand 2006).

WEITERE LISTEN ZU DIESEM THEMA:

6 Dinge, die du über Wut wissen solltest, Seite 157
4 Tipps, wie du Ruhe findest, wenn die Trauer wütet, Seite 255
5 mögliche Reaktionen auf eine chaotische und unkontrollierbare Welt, Seite 106

27

Tipps, damit du dich weniger isoliert fühlst

Einsamkeit und Isolation können sowohl dein emotionales als auch dein körperliches Wohlbefinden untergraben. Das Gefühl, keinen Zugang zu sozialen Interaktionen zu haben, kann eine Spirale negativer Gedanken über dich selbst (»ich habe anderen nichts zu bieten«, »ich bin nicht interessant«, »ich bin anders«) und über andere auslösen (»alle lügen«, »niemand versteht mich«).

Wenn du einsam bist, sucht dein Gehirn nach Erklärungen dafür, und die Antworten, die es liefert, sind nicht immer besonders logisch. So denkst du vielleicht: »Ich passe nirgends hin«, statt dir zu sagen: »Ich mache gerade eine schwierige Anpassungsphase durch.« Du hältst Vermutungen für Tatsachen; und wenn du dann den Mut aufbringst, einmal das Haus zu verlassen, wirst du die Welt eher durch diese negative Brille sehen.

Diese emotionale Belastung ist schon schlimm genug, aber eine kurze Suche im Internet verrät, dass Einsamkeit mit einer Vielzahl körperlicher Beschwerden wie Arterienverkalkung, Bluthochdruck, Entzündungen, Lern- und Gedächtnisstörungen, Beeinträchtigung des Immunsystems, Anstieg des Stresshormons Cortisol, schlechtem Schlaf und vorzeitiger Alterung in Verbindung gebracht wird. O Mann!

Isolation ist eine Gefahr für die Gesundheit, deshalb solltest du in den Wochen und Monaten nach einem Verlust unbedingt darauf achten, wie du dich verhältst, vor allem wenn du dazu neigst, dich zurückzuziehen. Falls du feststellst, dass du in die

Isolation abrutschst, solltest du am besten kleine Schritte unternehmen, um mit anderen in Kontakt zu kommen. Wir schlagen dir im Folgenden einige Strategien vor, die dir den Einstieg erleichtern könnten.

1 ERKENNE NEGATIVES DENKEN UND DIE GESCHICHTEN, DIE DU DIR ERZÄHLST.

2 PROBIERE EINE EINZEL- ODER GRUPPENTHERAPIE AUS.

3 ENTSCHEIDE FÜR DICH, DASS KONTAKT ZU ANDEREN UND BEZIEHUNGEN PRIORITÄT VERDIENEN.

4 REDE DEINE ISOLATION NICHT KLEIN.

5 BITTE UM HILFE.

6 ERZÄHLE ANDEREN VON DEINER ISOLATION.

7 SCHREIBE EINE E-MAIL, EINE SOCIAL-MEDIA-NACHRICHT, EINE SMS AN ANGEHÖRIGE, SCHICKE EINER FREUNDIN EINEN BRIEF ODER RUF EINEN FREUND AN.

8 NIMM LANGSAM UND WOHLÜBERLEGT WIEDER KONTAKT AUF.

9 GRÜSSE ANDERE, WENN DU DRAUSSEN UNTERWEGS BIST, LÄCHLE SIE AN, ODER NIMM BLICKKONTAKT AUF.

10 DENK DARAN, DASS DU MANCHMAL ETWAS TUN MUSST, WAS DU NICHT TUN MÖCHTEST.

11 WAGE DICH AUS DEINER KOMFORTZONE HERAUS – NIMM EINE EINLADUNG AN, ODER VERABREDE DICH MIT JEMANDEM.

12 BITTE EINE VERLÄSSLICHE, VERTRAUENSWÜRDIGE PERSON UM HILFE.

13 ENGAGIERE DICH EHRENAMTLICH IN EINEM BEREICH, IN DEM KONTAKT MIT ANDEREN MENSCHEN WAHRSCHEINLICH IST.

14 BEDENKE, DASS SOZIALE ISOLATION UND SOZIALE ÄNGSTE NICHT DASSELBE SIND (OBWOHL BEIDES ZUSAMMENHÄNGEN KANN).

15 ÜBERLEGE, WIE DU ONLINE KONTAKT ZU ANDEREN AUFNEHMEN KÖNNTEST.

16 BESUCHE EINE SELBSTHILFEGRUPPE.

17 VERSÖHNE DICH MIT ANDEREN.

18 WIDERSTEH DEM DRANG, VERABREDUNGEN ABZUSAGEN ODER NICHT HINZUGEHEN, AUCH WENN ES DIR SCHWERFÄLLT.

19 MACH DIR KLAR, DASS DIR TROTZDEM NOCH VIEL ZEIT FÜR DICH ALLEIN BLEIBEN KANN.

20 NUTZE DIE ZEIT, IN DER DU ALLEIN BIST, SO GUT WIE MÖGLICH.

21 WENN DU KEIN STARKES UNTERSTÜTZUNGSSYSTEM HAST, AUF DAS DU ZUGEHEN KANNST, BESUCHE GEZIELT VERANSTALTUNGEN, BEI DENEN DU MIT ANDEREN ZUSAMMENKOMMST.

22 ERKUNDIGE DICH BEI ANDEREN, WIE ES IHNEN GEHT.

23 SUCHE NACH HINWEISEN DARAUF, DASS DU GAR NICHT SO ALLEIN BIST.

24 SUCHE BEI ANDEREN NACH ÄHNLICHKEITEN, NICHT NACH UNTERSCHIEDEN.

25 WERDE MITGLIED IN EINEM VEREIN, ODER SUCH DIR EINE GRUPPE VON GLEICHGESINNTEN, DIE DEINE INTERESSEN TEILEN.

26 WENN EINE NEUE BEKANNTSCHAFT ODER GRUPPE NICHT DAS RICHTIGE FÜR DICH IST, SCHREIBE NICHT GLEICH ALLE MENSCHEN ODER GRUPPEN AB, SONDERN UNTERNIMM EINEN NEUEN VERSUCH.

27 VERMEIDE UNGESUNDE BEZIEHUNGEN, ZUMINDEST SO LANGE, BIS DU BESSER DAMIT UMGEHEN UND GRENZEN SETZEN KANNST.

WEITERE LISTEN ZU DIESEM THEMA:

3 Tipps zur Nutzung deines Unterstützungssystems, Seite 290

Deine eigene Liste: Was steht auf deinem Wunschzettel gegen Einsamkeit?, Seite 166

8 Risikofaktoren für Isolation, Seite 168

6

Vorschläge, die dabei helfen, das Alleinsein anzunehmen

Man kann mit anderen zusammen sein und sich trotzdem einsam fühlen. Aber man kann auch allein sein und dennoch keine Einsamkeit empfinden. Wir wissen nicht, wie du dich gerade fühlst – einsam oder nicht. Aber wir wissen, dass ein Verlust die Wahrscheinlichkeit erhöht, dass du allein bist. Ob die Trauer eine Trennung, eine Scheidung, den Tod eines Partners, einen Umzug oder einen anderen Verlust betrifft, sie kann dazu führen, dass man sich von anderen isoliert fühlt.

Du kannst nicht nur lernen, gegen soziale Isolation anzugehen (siehe Seite 314), sondern auch, wie du dich mit dem Alleinsein anfreundest. Wenn du jahrelang mit einem Partner, mit Angehörigen oder Mitbewohnern zusammengelebt hast, kann es schwer sein, sich an das Alleinsein zu gewöhnen. Damit es dir hiermit besser geht, setzt du am besten auf verschiedene Strategien, die der Isolation entgegenwirken und gleichzeitig dazu beitragen, dass du die Situation annehmen kannst. Einige haben wir im Folgenden zusammengestellt.

1

Führ dich selbst aus.

Du brauchst keine Freundin und keinen Partner, um auswärts zu essen, ins Kino, ins Museum oder ins Theater zu gehen, ein Fußballspiel oder eine andere Veranstaltung zu besuchen. Wenn es dir nicht behagt, allein wegzugehen, gewöhne dich ganz allmählich daran. Gehe anfangs dorthin, wo du dich auskennst oder wohlfühlst, und wage dich weiter vor, wenn du dich damit angefreundet hast.

2

Genieße deinen Freiraum.

Wenn du zum ersten Mal allein lebst und es dir leisten kannst, deine Wohnung nach deinen Wünschen zu gestalten, dann setz das in die Tat um. Lass dich von Freunden oder Fachleuten unterstützen, wenn du zwar inspiriert, aber nicht motiviert genug bist. Zu den Vorteilen des Alleinlebens gehört, dass du alles selbst entscheiden kannst. Stell die Möbel um, streich die Wände, kaufe Kunst, die dich begeistert, gönn dir tolle Lautsprecher, wenn du Musik oder Filme liebst, oder investiere in neue Töpfe und Pfannen, wenn du gerne kochst. Du verstehst schon, was wir meinen.

3

Bekämpfe den Drang, dich abzulenken.

Wenn dir die Stille des Alleinseins ohrenbetäubend erscheint, besteht die logische Reaktion darin, sie mit Lärm zu füllen. Vielleicht läuft bei dir ständig der Fernseher, das Radio, Musik oder ein Podcast, damit du mit der Stille und deinen Gedanken nicht allein bist. Etwas gesunde Ablenkung und Vermeidung kann zwar bei der Bewältigung helfen, doch es ist auch wichtig, dass du lernst, mit dir selbst allein zu sein. Anfangs mag das unangenehm sein, aber gewöhne dir an, jeden Tag wenigstens ein paar Minuten ganz präsent und in Ruhe allein zu sein.

4

Überlege (verantwortungsbewusst), ob ein Haustier in Frage kommt.

Haustiere kosten Zeit, Energie und Geld, deshalb überlege gründlich, ob du bereit bist, diese Verpflichtung einzugehen, ehe du eine Entscheidung triffst. Aber wenn du das leere Haus und die Einsamkeit unerträglich findest, können mit einem pelzigen Hausgenossen Trost und Zuneigung Einzug halten – sofern du in der Lage bist, diese Verantwortung zu übernehmen. Tiere sollten den Kontakt zu anderen Menschen nicht vollständig ersetzen, bieten jedoch einen wunderbaren Mittelweg.

5

Probiere neue Hobbys aus.

Natürlich ist das auch möglich, während du mit jemandem zusammenlebst. Aber wenn man nur begrenzt Zeit hat und sich den Platz mit jemandem teilt, ist es schwieriger, ein neues Hobby zu finden. Du kannst etwas aufleben lassen, was dir früher Spaß gemacht hat, oder etwas ganz Neues ausprobieren. Niemand wird sich beschweren, wenn dein Gitarrenspiel schräg klingt oder deine Modelleisenbahn quer durchs ganze Esszimmer fährt, dir steht also alles offen.

6

Mach eine Reise.

Manchmal ist es schon schwer, allein zu einer Sportveranstaltung, ins Restaurant oder ins Kino zu gehen. Aber wenn du dich damit angefreundet hast, allein in deiner Stadt unterwegs zu sein, ist es nur noch ein kleiner Schritt, auch allein zu verreisen. Wenn dich diese Vorstellung abschreckt, such dir zunächst ein Ziel aus, an dem du schon einmal warst und das nicht allzu weit entfernt liegt oder an dem du jemanden kennst. Du kannst auch mit einer Reisegruppe wegfahren, um dich an Reisen ohne Bekannte zu gewöhnen und trotzdem mit anderen zusammen zu sein.

WEITERE LISTEN ZU DIESEM THEMA:

Deine eigene Liste: Was steht auf deiner Trauer-Bucket-Liste?, Seite 232

7 Schritte, die bei der Bewältigung helfen, wenn dir nicht nach Bewältigung ist, Seite 246

Deine eigene Liste: Was steht auf deiner Liste mit Gründen zum Weiterleben?, Seite 347

4

Möglichkeiten, in deinem Umfeld Trauerunterstützung zu finden

Denke dabei an die Ebene deines Unterstützungssystems, die über Freunde und Angehörige hinausgeht, also die Ebene mit Menschen, Gruppen und Organisationen in deinem Umfeld, die formale Unterstützung und Hilfe leisten. Das könnten Selbsthilfegruppen oder Therapieangebote sein, Einrichtungen der Kinderbetreuung, Trainer und Vereine, Ärztinnen oder Buchhalter.

In dieser Liste widmen wir uns ausdrücklich den Menschen und Gruppen, die dich unterstützen können. Viele Trauernde schrecken aus verschiedenen Gründen davor zurück, solche Hilfe in Anspruch zu nehmen, und uns ist klar, dass du vielleicht Hemmungen hast. Allerdings möchten wir dich dazu ermutigen, diese Ebene der Unterstützung in Betracht zu ziehen. Denn es hat viele Vorteile, wenn du dich in Räume begibst, in denen persönlicher Austausch, gemeinsame Erfahrungen, gegenseitige Unterstützung, Wertfreiheit und in manchen Fällen auch Vertraulichkeit zu erwarten sind. Unterstützung aus dem weiteren Umfeld kann auch dann sehr wichtig sein, wenn du nicht viele Freunde oder Angehörige hast, mit denen du über deine Trauer und deinen Verlust reden kannst.

1

Suche nach Therapieangeboten (oder einer Ferntherapie).

Die Suche nach der richtigen Therapeutin oder dem richtigen Therapeuten ist ein bisschen wie Dating – nicht jeder passt zu jedem. Du musst geeignete Fragen stellen, um dir einen Eindruck vom Hintergrund, von der Ausbildung, dem Stil und der Herangehensweise der jeweiligen Person zu verschaffen. In der Regel raten wir dazu, eine zugelassene Fachkraft mit besonderer Erfahrung und Ausbildung in der Arbeit mit Trauernden zu suchen. Wenn dein Verlust mit einem Problem oder einem Erlebnis zusammenhängt, das dir die Trauerbewältigung erschwert, zum Beispiel mit einem Trauma oder einer Sucht, solltest du dir zunächst jemanden suchen, der auf diese Bereiche spezialisiert ist.

2

Suche dir Selbsthilfegruppen, die sich mit deinem speziellen Verlust befassen (Scheidung, Unfruchtbarkeit, Sucht, Tod eines geliebten Menschen).

Oft ist es sinnvoll, wenn man sich einfach umhört, aber auch im Internet kannst du geeignete Angebote in deiner Gegend finden, sofern es diese gibt.

Wenn du um einen geliebten Menschen trauerst, kannst du dich an örtliche Hospize wenden, die meist zumindest allgemeine Unterstützung anbieten, oder andere Einrichtungen in deiner Gegend wie Krankenhäuser oder Kirchen, wenn eine religiöse Ausrichtung für dich in Frage kommt. Zudem gibt es regionale und landesweite Organisationen, die Gruppen für bestimmte Arten von Trauer anbieten, zum Beispiel Gruppen für trauernde Eltern, für Menschen, die einen suchtbedingten Verlust betrauern, und für Hinterbliebene von Suizidopfern.

3

Informiere dich über Trauerbegleitung.

Im Internet findest du verschiedene Angebote zur Trauerbegleitung auch in deiner Region, zum Beispiel auf der Website des Bundesverbands Trauerbegleitung e.V. (bv-trauerbegleitung.de).

4

Suche nach Gesprächskreisen.

Informiere dich auch, ob es zwanglosere Gruppen gibt, die Unterstützung rund um deinen Verlust bieten. Je nachdem, wo du wohnst, gibt es verschiedene Angebote, deshalb solltest du dich im Internet informieren oder jemanden aus deinem Unterstützungssystem nach Tipps fragen.

WEITERE LISTEN ZU DIESEM THEMA:

5 Ws, mit denen du Unterstützungssysteme besser verstehst, Seite 62

3 Tipps zur Nutzung deines Unterstützungssystems, Seite 290

27 Tipps, damit du dich weniger isoliert fühlst, Seite 314

4

Gründe, wieso die Vorstellung von der fortgesetzten Bindung so ansprechend ist

Die Vorstellung einer fortgesetzten Bindung in der Trauer kann eine Reihe von Aha-Erlebnissen auslösen, zum Beispiel:

»Aha! Das klingt so logisch!«
»Aha! Ich wusste doch, dass ich nicht verrückt bin.«
»Aha! Genau so fühle ich mich.«

Wer von diesem Konzept hört, empfindet es oft als sehr einleuchtend, nachvollziehbar und anschaulich. Es klingt so logisch, dass man den Eindruck gewinnt, man habe es schon immer gewusst – man wusste nur nicht, dass man es wusste, ehe es jemand in Worte gefasst hat.

Der Begriff »fortgesetzte Bindung« wurde 1996 in dem Buch *Continuing Bonds: New Understandings of Grief* geprägt, herausgegeben von Dennis Klass, Phyllis Silverman und Steven Nickman. In ihren jeweiligen Werken hatten diese Fachleute beobachtet, dass die fortgesetzte Verbindung zu verstorbenen Angehörigen den Trauernden in vielen Fällen Trost und Unterstützung bei der Bewältigung des Verlusts und der Anpassung verschaffte. Diese Beobachtung stellte bestehende Paradigmen in Frage, nach denen gesunde Trauer dazu führen sollte, dass man loslassen kann. In diesem Werk wurde nun dargelegt, dass es für die Hinterbliebenen normal und oft tröstlich ist, ihre Verbindung zu Verstorbenen aufrechtzuerhalten oder die Bindung zu ihnen fortzusetzen.

Unserer Ansicht nach ist das ein bahnbrechendes Konzept für alle, die über den Tod eines geliebten Menschen trauern. Wenn dein Verlust nicht mit einem Todesfall zusammenhängt, möchten wir dir trotzdem dazu raten, diese Liste zu lesen und zu überlegen, inwieweit sie für das gelten könnte, was du erlebt hast. In gewisser Weise können fortgesetzte Bindungen für jeden Verlust relevant sein, bei denen ein geliebter Mensch nicht mehr da ist oder man sich nach ihm sehnt.

1

Fortgesetzte Bindungen bestätigen, dass die Trauer von Dauer ist.

Uns fallen keine Metaphern mehr ein, die ausdrücken können, dass die Trauer niemals endet, also sagen wir es einfach so: Trauer endet niemals. Sie ist nichts, was man *durchmacht*, sondern wird ein Teil von dir. Das gilt vor allem dann, wenn man um einen geliebten Menschen trauert.

2

Fortgesetzte Bindungen bedeuten, dass es normal ist, mit dem geliebten Menschen verbunden zu bleiben.

Das Konzept der fortgesetzten Bindungen bestätigt die Vorstellung, dass wir verstorbene geliebte Menschen bei uns tragen, oft ein Leben lang. Wir lösen uns nicht von ihnen und lassen sie nicht zurück. Leider ist diese Erkenntnis oft weder in der Gesellschaft insgesamt noch in unseren eigenen Überzeugungen und Ansichten zu Trauer und Trauerbewältigung zu finden.

3

Fortgesetzte Bindungen können viele deiner Verhaltensweisen in der Trauer erklären.

Dass man Gegenstände, alltägliche Gewohnheiten oder persönliche Rituale beibehält, mit dem geliebten Menschen spricht, Orte aufsucht, an denen man sich ihm nahe fühlt, oder an ihn denkt – all das dient dazu, die Verbindung zu Verstorbenen aufrechtzuerhalten. In älteren Trauermodellen gelten solche Verhaltensweisen als pathologisch, doch nach der Theorie der fortgesetzten Bindungen sind sie vollkommen normal.

4

Nach dem Konzept der fortgesetzten Bindungen sind diese Verhaltensweisen nicht nur normal, sondern können sogar zur Trauerbewältigung dienen.

Viele Menschen glauben nach wie vor, es sei schädlich, sich weiter an einen verstorbenen geliebten Menschen gebunden zu fühlen. Deshalb machen sie sich Sorgen, wenn sie fortgesetzte Bindungen spüren, und fragen sich: »Ist das in Ordnung? Bedeutet das, dass ich mit der Trauer nicht richtig umgehe? Ist das bedenklich? Stecke ich fest?« Nur keine Angst. In ihren Untersuchungen kamen Klass et al. (1996) zu dem Schluss, die Verbundenheit zu den Verstorbenen trage oft dazu bei, dass die Hinterbliebenen besser mit dem Verlust und den damit einhergehenden Veränderungen zurechtkamen.

Natürlich gibt es auch Fälle, in denen eine fortgesetzte Bindung zu einem verstorbenen Menschen nicht förderlich ist. Die Beziehung zu Toten kann genauso kompliziert sein wie die Beziehung zu Lebenden. Wenn ein Verhältnis vor dem Tod problematisch war, bleibt es das oft auch danach.

WEITERE LISTEN ZU DIESEM THEMA:

5 häufige Fragen zum Thema Sehnsucht, Seite 110
20 Möglichkeiten, Erinnerungen aufrechtzuerhalten, Seite 340
11 Fragen, die du dir stellen solltest, wenn du allmählich nach vorne schaust, Seite 351

64

Tipps, wie man Feiertage (und andere besondere Anlässe) nach einem Verlust übersteht

Nach einem Verlust sind Trauernde oft in einer schrecklichen Lage. Traditionen machen überdeutlich, wie sehr sich »damals« und »heute« unterscheiden. Vielleicht denkst du: »Wenn nur alles so sein könnte wie immer«, »Vielleicht können wir einfach so tun, als sei alles in Ordnung« oder »Wenn der geliebte Mensch doch nur hier wäre« …

Leider kann nichts so bleiben, wie es war, und diese Wahrheit geht mit Verlustgefühlen und Trauer einher, die man unbedingt zur Kenntnis nehmen sollte. Das Schlimmste wäre, einen Feiertag einfach auf sich zukommen zu lassen, ohne dem Offensichtlichen ins Auge zu sehen, und einfach zu hoffen, dass sich alles von selbst regeln wird.

Wir raten dringend dazu, Feiertage so zu planen, wie es für dich und deine Familie am besten passt. Die folgende Liste gibt Anregungen, wie man nach einem Verlust mit Traditionen, Feiertagen und besonderen Anlässen umgehen könnte.

1. Mach dir von vornherein klar, dass gewisse Aspekte an diesem Tag schwierig sein werden.
2. Vertraue darauf, dass du den Tag überstehen wirst, auch wenn er phasenweise schmerzhaft sein wird.

3. Habe kein schlechtes Gewissen, wenn du an einem Feiertag traurig bist. Es ist ganz normal, dass du an Tagen voller Feierstimmung, Freude und Dankbarkeit an deinen Verlust denken musst.
4. Ziehe die Möglichkeit in Betracht, dass auch du Freude und Frieden empfinden wirst.
5. Denke daran, dass kleine Rituale genauso wichtig sind wie größere Traditionen. Das sagen wir, weil es Beständigkeit und Trost vermitteln kann, wenn du kleinere, leichter umsetzbare Traditionen beibehältst, auch wenn sich der größere Rahmen ändern muss.
6. Mach dir klar, dass Traditionen nicht perfekt sein müssen.
7. Wenn du um einen geliebten Menschen trauerst, könntest du eine neue Tradition zu seinen Ehren einführen, um die Erinnerung an ihn sinnvoll und dauerhaft zu pflegen.
8. Veränderungen sind in Ordnung und müssen nicht für ewig sein. Familienrituale und Traditionen ändern und entwickeln sich ständig. Das ist ganz normal.
9. Konzentriere dich auf das, was du beeinflussen kannst, und verschwende keine Energie auf Dinge, die du nicht zu steuern vermagst.
10. Plane so weit wie möglich, wie du den Tag verbringen wirst. Wo willst du sein? Mit wem möchtest du ihn verbringen? Was wirst du tun?
11. Beziehe die Kinder in die Planung der Feiertage ein. Sie sollen sagen, was ihnen wichtig ist und was sie gerne tun möchten. Sag ihnen ehrlich, was sich gegebenenfalls ändern muss. Und vor allem erlaube ihnen, dass sie Spaß haben.
12. Sei dir und anderen gegenüber ehrlich in Bezug auf das, was du an einem Feiertag tun möchtest und was nicht.

13. Sprich mit den Menschen, mit denen du den Tag verbringen wirst. Sind alle mit den Plänen einverstanden? Falls bestimmte Aufgaben oder Traditionen übernommen werden müssen, wer kommt dafür in Frage?
14. Wenn du den Tag mit anderen verbringst, die ebenfalls trauern, solltet ihr vorab besprechen, wie ihr einander stützen könnt. Welche Aspekte des Tages oder der Feier finden die anderen schwierig? Welche besondere Unterstützung erhoffen sie sich?
15. Falls du den Tag allein verbringst, was hast du vor? Wirst du den ganzen Tag Trübsal blasen? Gut für dich selbst sorgen? Dir mit Filmen und Puzzeln die Zeit vertreiben?
16. Überlege, welche Trauer-Trigger auftreten könnten, und lege dir einen groben Plan zurecht, wie du gegebenenfalls damit umgehen willst.
17. Nimm dir fest vor, die wichtigen Teile des Tages durchzustehen, aber überlege dir, wie du dich notfalls zurückziehen oder dir etwas Luft verschaffen kannst, falls dir alles zu viel wird.
18. Wenn andere ebenfalls trauern, solltest du bedenken, dass sie ihrer Trauer vielleicht anders Ausdruck verleihen (oder vielleicht auch gar nicht).
19. Akzeptiere, dass andere sich entscheiden könnten, den Feiertag anders zu begehen (zum Beispiel allein). Das mag dich enttäuschen, kann aber ein Zeichen für spezifische Trauerbedürfnisse sein.
20. Nimm dir vor, am Tag vor oder nach dem besonderen Datum mit einem Freund, einer Beratungsstelle oder einer Trauergruppe zu sprechen.
21. Schicke Freunden, zu denen der Kontakt eingeschlafen ist, eine Grußkarte.
22. Nimm Kontakt zu anderen auf, von denen du weißt, dass dieser Tag für sie schwer ist.

23. An einem Tag, der für dich oder einen Menschen, den du liebst, eine besondere Bedeutung hat (Schulabschluss, Hochzeit), könntest du überlegen, was dir der geliebte Mensch geraten hätte, oder mit anderen darüber sprechen.
24. Nimm dir deine Trauer-Bucket-Liste von Seite 232 vor, und ermittele, welche Strategie an diesem Tag besonders sinnvoll sein könnte.
25. Sag Nein zu besonderen Veranstaltungen oder Verpflichtungen rund um diesen Tag, wenn du bereits unter Stress stehst.
26. Hab kein schlechtes Gewissen, wenn du Nein sagst.
27. Lass dich nicht von anderen im Auto mitnehmen, wenn du befürchtest, dass dir eine Veranstaltung zu viel werden könnte (es sei denn, dir wird fest versprochen, dass du entscheidest, wann ihr fahrt). So verhinderst du, dass du dort festsitzt.
28. Lege an dem Feiertag alte Fotoalben bereit, damit alle in Erinnerungen schwelgen können.
29. Bereite an dem Feiertag Familienrezepte oder Lieblingsspeisen zu.
30. Plane mit einem kleineren Kreis als üblich.
31. Oder plane mit einem größeren Kreis als üblich und lade alte Freunde und entferntere Verwandte ein.
32. Verschicke in diesem Jahr keine Grußkarten, wenn du dich dazu nicht imstande fühlst (und habe deshalb kein schlechtes Gewissen).
33. Entscheidet als Familie, ob sich die Erwachsenen wirklich beschenken wollen (und ob ihr euch das leisten könnt).
34. Besuche ein Treffen, einen Workshop oder ein Webinar für Menschen, die an den Feiertagen trauern.
35. Verzichte auf Feiertags-Deko, wenn dir das zu viel wird. Festliche Stimmung kannst du auch genießen,

indem du durch deine Nachbarschaft fährst oder läufst und dir besonders schön geschmückte Häuser anschaust.

36. Verzichte über die Feiertage auf Social Media, wenn dich die guten Wünsche von anderen traurig machen.
37. Es ist in Ordnung, wenn du mitten am Tag oder während der Feier weinen musst. Es ist aber auch in Ordnung, wenn du nicht weinst.
38. Ignoriere alle Ratschläge dazu, was du am Feiertag tun oder nicht tun solltest. Hör auf dein Bauchgefühl.
39. Wenn du merkst, dass sich bei dir Panik anbahnt, überlege dir drei Dinge, für die du dankbar bist.
40. Achte auf deinen Alkoholkonsum an den Feiertagen. Wenn du gestresst oder einsam bist oder dich bei einer Feier unbehaglich fühlst, werden aus einem Drink schnell fünf.
41. Bestelle online, wenn du dem Trubel entgehen willst.
42. Gönn dir ein Geschenk für dich selbst.
43. Bitte um Hilfe.
44. Nimm Hilfe an.
45. Umgib dich mit Trauerfreunden und Menschen, die dich unterstützen.
46. Sorge für ruhige Zeit für dich selbst oder Zeit, in der du dich deinem Wohlbefinden widmest.
47. Nimm dir eine Stunde für Planungsarbeiten, wenn dir Termine und Aufgaben über den Kopf wachsen.
48. Wenn es dir helfen würde, gewisse Termine zu streichen, dann tu das, sofern es möglich ist.
49. Führe dir bei Feiertagen, die sich jedes Jahr wiederholen, vor Augen, dass im nächsten Jahr alles anders sein wird.
50. Erlaube dir, auch Freude, Glück, Lachen und Frieden zu erleben.

Wenn du trauerst, weil ein geliebter Mensch nicht bei dir ist:

51. Zünde bei dir zu Hause eine Kerze zur Erinnerung an diesen Menschen an.
52. Gestalte eine Erinnerungsschachtel (oder einen Beutel, einen Korb oder Ähnliches). Bitte die Leute, mit denen du den Tag verbringst, dass sie Erinnerungen aufschreiben und in die Schachtel legen, sodass ihr sie anschließend gemeinsam lesen könnt.
53. Spende im Namen des geliebten Menschen für eine gute Sache, die ihm wichtig war.
54. Kaufe ein Geschenk, das du dem geliebten Menschen gemacht hättest, und spende es an eine Wohltätigkeitseinrichtung oder schenke es jemand anderem.
55. Suche ein paar besondere Dinge aus, die dem geliebten Menschen gehört haben, und schenke sie Freunden oder Angehörigen.
56. Gestalte einen Erinnerungsschmuck, einen Kranz, einen Baum oder ein anderes Deko-Stück zum Gedenken an den geliebten Menschen.
57. Wenn es dir schwerfällt, dich von den Habseligkeiten des geliebten Menschen zu trennen, nutze die Feiertage, um sie an Bedürftige zu spenden.
58. Suche einen Ort auf, an dem du dich dem geliebten Menschen nahe fühlst, und lege dort einen Kranz, eine Blume oder etwas anderes nieder, das für dich eine tiefere Bedeutung hat.
59. Erstelle eine Party- oder Feiertags-Playlist mit der Lieblingsmusik des geliebten Menschen.
60. Lasse an der Feiertafel zum Gedenken an den geliebten Menschen einen Platz frei.
61. Engagiere dich zum Gedenken an den geliebten Menschen für einen guten Zweck.

62. Unterstütze trauernde Kinder, indem du für eine Erinnerungsaktivität spendest oder an einem Feiertagsworkshop für Familien in einem örtlichen Trauerzentrum mitwirkst.
63. Spende zum Gedenken an den geliebten Menschen Blumen oder andere Dekorationen für deine Religionsstätte.
64. Ergänze das Feiertagsgebet um eine Schweigeminute, oder sprich einen Toast zum Gedenken an den geliebten Menschen.

WEITERE LISTEN ZU DIESEM THEMA:

Deine eigene Liste: Was sind deine Trauer-Trigger?, Seite 263
5 Bausteine des Wohlbefindens, Seite 228
4 Gründe, wieso die Vorstellung von der fortgesetzten Bindung so ansprechend ist, Seite 329

---

20 Möglichkeiten, Erinnerungen aufrechtzuerhalten

Wie traurig es ist, dass nach einem Verlust bestimmte Erinnerungen mit der Zeit verblassen, müssen wir dir sicher nicht erklären – zum Beispiel die Erinnerung an die Stimme eines geliebten Menschen oder an den Geruch in Großmutters Küche. Für viele Trauernde ist es ein schlimmer sekundärer Verlust, dass sie bestimmte Erinnerungen an Menschen, Orte und Momente der Vergangenheit nicht mehr abrufen können. Wenn du große Sehnsucht danach hast, dich an die Vergangenheit zu erinnern, kannst du dem Gedächtnis mit den folgenden Tipps auf die Sprünge helfen.

1. Sieh dir alte Fotoalben oder Aufnahmen an.
2. Schau alte Videos.
3. Frage Freunde und Angehörige, ob sie Fotos oder Alben haben, die du dir anschauen kannst.
4. Frage Freunde und Angehörige, ob sie Fotos haben, die sie online stellen oder dir per E-Mail schicken können.
5. Erzähle Geschichten aus der Vergangenheit.
6. Schreibe über die Vergangenheit oder notiere Erinnerungen in deinem Tagebuch.
7. Suche einen Ort auf, an dem du lange nicht warst (deine alte Heimatstadt, deine ehemalige Schule, dein früheres Haus und so weiter).

8. Finde mehr über deine Familiengeschichte heraus.
9. Erstelle einen Familienstammbaum.
10. Erstelle eine Playlist mit Songs, die du früher gerne gehört hast.
11. Bitte Freunde und Angehörige um Geschichten aus deiner Jugend oder Geschichten über geliebte Verstorbene.
12. Achte darauf, ob du an dir etwas feststellst, das von einem geliebten Menschen aus deiner Vergangenheit inspiriert ist. Das kann eine bestimmte Gewohnheit oder eine typische Redewendung sein.
13. Stelle in deiner Wohnung Dinge von Menschen und Orten aus der Vergangenheit auf.
14. Halte Familientraditionen aufrecht. Das können wichtige Festtagstraditionen sein, aber auch kleine Traditionen wie ein Schlaflied für deine Kinder, das dir schon deine Großmutter vorgesungen hat.
15. Nimm Kontakt zu jemandem auf, mit dem du schon lange nicht mehr gesprochen hast.
16. Schau dir alte Jahrbücher an.
17. Koche etwas, was dich an geliebte Menschen oder an die Vergangenheit erinnert.
18. Nimm ein altes Hobby wieder auf.
19. Lies noch einmal Bücher oder sieh dir Wiederholungen von Fernsehsendungen oder Filmen an, die dich an die Vergangenheit erinnern.
20. Teile deine Erinnerungen an die Vergangenheit mit der jüngeren Generation. (Teenager mögen zwar die Augen verdrehen, haben aber meist mehr Interesse, als sie zugeben wollen.)

WEITERE LISTEN ZU DIESEM THEMA:

5 häufige Fragen zum Thema Sehnsucht, Seite 110
5 Gründe, warum es so wirken kann, als hätte man deine Trauer vergessen, Seite 177
16 Fragen, mit denen du deine Trauergeschichte besser verstehst, Seite 359

4

Fakten, die dir Mut geben sollen, wenn das Leben nicht den geplanten Verlauf nimmt

»Was willst du werden, wenn du groß bist?« Das fragt man Kinder schon in einem Alter, in dem sie meist nur etwa zehn Berufe kennen. Aber damit bitten wir sie bereits, sich ein Bild von ihrer Zukunft zu machen. Sie sollen sich vorstellen, wie ihr Leben aussehen wird – wer sie sein werden, welchen Beruf sie haben werden, wo sie leben werden. So harmlos die Frage auch scheinen mag, sie suggeriert, dass die Kleinen die Antwort kennen, einen Weg zu ihrem Ziel entwerfen und ständig darauf hinarbeiten sollten.

Dann macht das Leben, was es nun einmal tut: Es nimmt seinen Lauf, ganz ohne Rücksicht auf das Leben, das wir uns ausgemalt hatten. Ob du deinen Beruf, dein Zuhause, deine Gesundheit, die Hoffnung auf Kinder oder einen lieben Menschen verloren hast, von dem du dachtest, dass er für immer Teil deines Lebens sein würde – du bist damit konfrontiert, dass du nicht mehr das Leben führen wirst, das du geplant hattest. Die Route, die du dir zurechtgelegt hattest, kannst du nun nicht mehr verfolgen.

Wenn das ausgemalte Leben nicht mehr existiert, können Orientierungslosigkeit und Ohnmacht schnell in einen Strudel aus Hoffnungslosigkeit und Verzweiflung ausarten. In solchen

Momenten empfinden wir die Worte von Viktor E. Frankl als tröstlich. Der Psychiater, der das Konzentrationslager Auschwitz überlebt hatte, sagte, *»daß man dem Menschen … alles nehmen kann, nur nicht: die letzte menschliche Freiheit, sich zu den gegebenen Verhältnissen so oder so einzustellen.«* (Frankl 2018).

Es gibt nicht die eine perfekte Weisheit für die Momente, in denen es scheint, als hätte man alles verloren, als könne man nicht mehr das Leben führen, für das man sich einen Plan entworfen hat. Aber deine Fähigkeit, deinen eigenen Weg zu wählen, hat Bestand, und diese Tatsache kann dir zusammen mit den folgenden vier Fakten helfen, nach vorne zu schauen.

1

Das Leben verläuft niemals genau so, wie man es geplant hat.

Hattest du etwas Hoffnungsvolleres erwartet? Das tut uns leid. Aber diese Wahrheit ist sehr wichtig. Dein Verlust mag der größte und verheerendste sein, den du je erlebt hast, vermutlich ist es jedoch nicht das erste Mal, dass das Leben nicht so verläuft, wie du es geplant hattest. Frühere Verluste mögen dir vielleicht weniger schlimm erscheinen, aber sicher war es schon früher nicht immer ganz leicht, in einer ungewissen Zukunft einen Sinn zu sehen. Trotzdem hast du das überstanden, und das Leben hat langsam um den Verlust herum Gestalt angenommen und ist weitergegangen. Das kann auch jetzt wieder passieren, selbst wenn es schwer vorstellbar erscheint.

②

Das Leben, das du dir vorgestellt hast, ist nicht das einzig lebenswerte.

Diese Wahrheit vermittelt zwar Hoffnung, aber wir haben festgestellt, dass sie in der Trauer besonders schwer zu akzeptieren ist. Wenn man stets von einem bestimmten Leben ausgegangen ist und sich ausgemalt hat, wie dieses Leben Freude bereiten sowie einen Sinn und Zweck vermitteln würde, mag es wirken, als gäbe es keine andere Möglichkeit. Dann kann es helfen, wenn du an Menschen denkst, von denen du weißt, dass sie einen ganz anderen Weg eingeschlagen haben als du selbst, an Menschen aus deinem Bekanntenkreis, die ihren Lebensweg ändern mussten, oder an andere Pläne, die du früher einmal in Betracht gezogen hattest – auch wenn das schon sehr lange zurückliegt.

③

Vieles musste sich ändern, aber manches ist gleich geblieben.

Wenn dein Leben auf den Kopf gestellt wurde und du nicht die Zukunft erleben wirst, die du dir vorgestellt hast, ist es ganz normal, dass du dich auf das konzentrierst, was du verloren hast. Du kannst dich darin verzetteln, wer du nicht sein wirst, wen du nicht haben wirst, was du nicht tun wirst, wo du nicht hinkommen wirst. Allerdings gibt es auch Bereiche, die sich nicht verändert haben, Menschen, die immer noch bei dir sind, und Werte, die dich nach wie vor leiten. Der Verlust wird dadurch zwar nicht geschmälert, doch es ist wichtig, sich vor Augen zu führen, dass vieles andere noch da ist.

4

Du kannst dich nach dem Leben sehnen, das du wolltest, und trotzdem das Leben schätzen, das du hast.

Wenn du nach dem Verlust Dankbarkeit und Sinn empfindest, schmälert das deine Trauer nicht. Dein Verlust wird dadurch nicht weniger verheerend, und es bedeutet ganz sicher nicht, dass du dich über den Verlust freust. Es bedeutet lediglich, dass wir Menschen das unglaubliche Glück haben, uns ein Leben wünschen zu können, das wir nicht haben, und trotzdem das Leben zu schätzen, das wir führen. Beides ist gleichzeitig möglich.

WEITERE LISTEN ZU DIESEM THEMA:

Deine eigene Liste: Was hoffst du?, Seite 362
4 Strategien zum Umgang mit widersprüchlichen Gefühlen, Seite 242
Deine eigene Liste: Was ist deine Identität? (Eine Vorher-nachher-Liste), Seite 189

DEINE EIGENE LISTE

Was steht auf deiner Liste mit Gründen zum Weiterleben?

Im Jahr 2017 führte Terry Gross, die viele Jahre lang die Radiosendung *Fresh Air* moderierte, ein Interview mit dem Schriftsteller David Sedaris. Er hatte kürzlich ein Buch mit kuratierten Tagebucheinträgen veröffentlicht, die er zwischen 1977 und 2002 geschrieben hatte. Terry Gross bat Sedaris, einen bestimmten Eintrag vorzulesen:

16. Februar 1988, Chicago

Gründe, am Leben zu bleiben
Weihnachten
Der Strandausflug mit der Familie
Ein Buch schreiben, das veröffentlicht wird
Meinen Namen in einer Zeitschrift sehen
Erleben, dass C. langsam kahl wird
Ronnie Ruedrich
Amy [seine Schwester] im Fernsehen sehen
Die Bücher anderer Leute
Meine Feinde überleben
Von Terry Gross für Fresh Air *interviewt werden*

Nachdem Sedaris die Liste vorgelesen hatte, die sechs Jahre vor dem Erscheinen seines ersten Buches und lange vor dem Interview für *Fresh Air* entstanden war, äußerte sich Terry Gross geschmeichelt und besorgt zugleich. Sie sagte, es habe sie »beunruhigt, dass die Überschrift ›Gründe, am Leben zu bleiben‹ lautet. Ich wusste wirklich nicht, wie ich das deuten sollte. Waren das, äh, eher Dinge, die Anlass zur Freude waren, oder vielmehr Gründe, sich nicht das Leben zu nehmen?«

Sedaris erwiderte: »Das waren Gründe, mich nicht umzubringen … Ich hatte mich von jemandem getrennt. Und ich war, nun ja, sehr mitgenommen und deprimiert. Deshalb waren das … Gründe, um durchzuhalten.«

Terry Gross' Frage beruht auf dem problematischen Entweder-oder-Denken, worauf wir auf Seite 242 eingegangen sind. Sie suggeriert, dass es zwei Optionen gäbe – entweder will man leben, oder man will sich umbringen. Das ist kein Vorwurf an Terry Gross. Im Bereich der psychischen Gesundheit sind solche Äußerungen üblich: »Haben Sie Suizidgedanken?«, »Haben Sie schon einmal daran gedacht, sich etwas anzutun?« … Ja oder nein?

Für einige ist die Antwort ganz klar. Laut einer Studie der Substance Abuse and Mental Health Services Administration des US-Gesundheitsministeriums aus dem Jahr 2020 haben in den USA jedes Jahr zwölf Millionen Menschen ernsthafte Suizidgedanken. Diese Zahl steigt noch, wenn man auch diejenigen dazurechnet, die mit bestimmten Arten der Trauer zu kämpfen haben. Bei anderen Trauernden hat der Verlust dagegen keine Folgen für den Lebenswillen, obwohl sie sehr leiden. Und vielen fällt die Antwort gar nicht so leicht.

Wenn du schon einmal durch die trüben Gewässer von Krankheit, Verletzung, Trauma, Verlust, Trauer oder Depression gewatet bist, warst du vielleicht irgendwo im Graubereich, in dem die Antwort nicht eindeutig Ja oder Nein lautet, sondern eher: »Nein, aber ich habe durchaus schon gedacht, dass es viel einfacher wäre, wenn ich morgen nicht mehr aufwachen würde.« Oder: »Nein, ich habe noch nie an Suizid gedacht. Ich würde mir nie etwas antun, aber ich habe auch keine Lust mehr zu leben.« Und diese Antwort kann sich von Stunde zu Stunde ändern und wandeln.

Jeder Mensch sollte eine Liste mit Gründen für das Leben haben, ganz gleich, in welchem Bereich dieses Spektrums er sich gerade befindet. Den Namen kannst du dir ausdenken: »Gründe, morgens aufzuwachen«, »Ereignisse, auf die ich mich freuen kann«, »Gründe, mich nicht umzubringen«, »Dinge, für die du dankbar sein kannst«, »Wofür es sich zu leben lohnt« oder »Gründe, um weiterzumachen«. Bedenke nur, dass diese Liste nicht dazu dienen soll, deinen Schmerz zu verdrängen. Sie wird dein Leid nicht bekämpfen. Sie soll nicht darüber hinweggehen, dass es dir an manchen Tagen unmöglich erscheint, einen Fuß vor den anderen zu setzen.

Der Philosoph Seneca sagte einst: »Manchmal ist schon das Weiterleben ein Zeichen von Tapferkeit.« Diese Liste soll dich daran erinnern, warum es sich lohnt zu leben.

So gehst du vor:

- Nimm dir ein Blatt Papier und notiere deine Gründe für das Leben.
- Wenn du fertig bist, machst du ein Foto von der Liste und speicherst es auf deinem Handy. Man kann nie wissen, wann es nötig sein wird, dass du dir genau das vor Augen führst.

Wenn du an Suizid denkst

Dass jemand nicht mehr am Leben hängt, nicht weiterleben will oder sterben möchte, kommt viel häufiger vor, als man glaubt, doch viele Menschen schämen sich zutiefst, so etwas zuzugeben. Die Vorstellung, dass derartige Gedanken ein Zeichen von Schwäche oder Versagen sind, ist tief verwurzelt. Aber das sind sie nicht. Wenn du daran denkst, dir in irgendeiner Weise etwas anzutun, such dir bitte sofort Hilfe und mach dir klar, dass du dich für deine Gedanken und Gefühle nicht schämen musst. Ein Gespräch kann sehr helfen, deinen Schmerz und Gedanken an Selbstverletzung zu lindern. Wenn du keinen Therapeuten hast, mit dem du reden kannst, wende dich unter 0800–1110111 oder online unter https://online.telefonseelsorge.de an die Telefonseelsorge, oder informiere dich unter www.suizidpraevention.de.

11

Fragen, die du dir stellen solltest, wenn du allmählich nach vorne schaust.

Gemeinhin wird dazu geraten, nach einem schweren Verlust möglichst sechs bis zwölf Monate zu warten, ehe man eine wichtige Lebensentscheidung trifft. Der Ratschlag ist nicht schlecht, wenn du erst dann entscheiden willst, wenn sich dein »Trauerhirn« etwas beruhigt hat. Es ist oft sehr sinnvoll, große Entscheidungen gründlich zu überschlafen, sofern man sich diesen Luxus erlauben kann. Denn wenn die emotionale Belastung gerade sehr groß ist, lässt sich schwer vorhersagen, wie man sich später fühlen wird. George Loewenstein, ein Psychologe an der Carnegie Mellon University, bezeichnet diese Problematik als *hot-cold empathy gap,* das heißt als »Empathiegefälle zwischen heiß und kalt«.

Das Empathiegefälle ist gut erforscht und besagt, dass man in einer sogenannten kalten Phase, in der man ruhig und nicht in Gefahr ist, nur schwer vorhersagen kann, wie man sich in einer heißen Phase fühlen und verhalten würde, in der man Wut, Angst oder auch Liebe empfindet (und umgekehrt). Wer ängstlich ist, kann sich nur schwer vorstellen, locker und entspannt zu sein; und wenn man gerade den komplizierten Emotionen der akuten Trauer ausgesetzt ist, kann man sich ein Leben jenseits der akuten Trauer schwerlich ausmalen (Loewenstein 2005).

Allerdings gibt es viele Fälle, in denen eine große Entscheidung leider nicht warten kann, bis sich der Himmel aufgeklart hat. Oder vielleicht willst du auch gar nicht warten. In diesen Fällen solltest du dir die folgenden klärenden Fragen stellen, ehe du kurz nach einem Verlust eine wichtige Entscheidung triffst.

1. Muss ich diese Entscheidung jetzt treffen, oder kann sie noch ein wenig warten?
2. *Will* ich diese Entscheidung jetzt treffen, obwohl ich weiß, dass ich in ein paar Monaten vielleicht ganz anders denken werde?
3. Kommt diese Entscheidung zustande, weil ich etwas vermeiden will? Versuche ich damit, vor einem Menschen, einem Ort oder einer Sache zu flüchten, die mich an meinen Verlust erinnern?
4. Wenn ja, kann ich versuchen, meinen Schmerz anzunehmen, sodass ich keine weitreichende Entscheidung treffe, nur um diesen Schmerz zu vermeiden?
5. Gehe ich ein unglaublich großes Risiko ein, weil es mich erschreckt, wie kurz das Leben ist?
6. Werde ich die unmittelbaren Folgen für meinen Körper, meine Emotionen, meine Finanzen, meine Beziehungen, meine Psyche verkraften, wenn es nicht so läuft, wie ich es mir vorstelle? Gilt das auch für die langfristigen Folgen?
7. Wird diese Entscheidung Menschen verletzen, die ich liebe? Wenn ja, wen? Kann ich mit dieser Verletzung leben? Habe ich mit dem betroffenen Menschen gesprochen? Ist die Entscheidung es wert, dass diese Beziehung beschädigt oder zerstört wird?
8. War das etwas, was ich mir schon vor meinem Verlust gewünscht oder überlegt habe?
9. Welches Risiko würde es bedeuten, wenn ich diese Entscheidung aufschiebe?

10. Entspricht diese Entscheidung meinen Werten? Oder verstößt sie gegen sie?
11. Was würde ich jemanden fragen, den ich sehr liebe, wenn dieser Mensch vor der gleichen Entscheidung stünde? Was würde ich ihm raten?

WEITERE LISTEN ZU DIESEM THEMA:

7 Schritte, die dir dabei helfen, nach deinen Werten zu leben, Seite 208

6 Gründe, wieso die Trauer deine Prioritäten verschieben kann, Seite 181

3 existenzielle Fragen, die ein Verlust aufwerfen kann, Seite 185

5

Bereiche, in denen man nach einem Verlust wachsen kann

»Und wenn der Sandsturm vorüber ist, wirst du kaum begreifen können, wie du ihn durchquert und überlebt hast. Du wirst auch nicht sicher sein, ob er wirklich vorüber ist. Nur eins ist sicher. Derjenige, der aus dem Sandsturm kommt, ist nicht mehr derjenige, der durch ihn hindurchgegangen ist. Darin liegt der Sinn eines Sandsturms.«

HARUKI MURAKAMI, *KAFKA AM STRAND*

In den sozialen Medien und manchen Selbsthilfe-Ressourcen wird oft der Eindruck vermittelt, dass Trauer zu Wandel, Erneuerung, Selbstentdeckung oder Metamorphose führt, sofern man die »richtige« Perspektive habe. Der Mythos besteht in diesem Fall nicht darin, dass so etwas möglich ist – denn möglich ist es durchaus –, sondern dass man fest damit rechnen sollte. Oder dass man beim Trauern versagt hat, wenn man später nicht den Eindruck gewinnt, dadurch gewachsen und ein besserer Mensch geworden zu sein.

Die Wahrheit lautet: Wachstum ist nicht das Ziel der Trauer. Es zeigt auch nicht, ob jemand »gut« getrauert hat. In der Trauer geht es um das Weiterleben, um seelische Widerstandskraft (Resilienz), Neuaufbau, Verbindung mit der Vergangenheit, Neudefinition der eigenen Identität, Neuausrichtung der eigenen Werte und so weiter. Dieser Prozess wird bei manchen Menschen dazu führen, dass sie wachsen, aber sicher nicht bei allen. Und wer meint, Wachstum erfahren zu haben, erkennt das oft erst einige Zeit nach dem Verlust.

Wenig bekannt ist auch die Tatsache, dass man durchaus das Gefühl haben kann, in seiner Trauer zu wachsen, aber dennoch starken Schmerz über den Verlust empfindet. Wir müssen deutlich machen, was es mit dem »posttraumatischen Wachstum« (PTW) wirklich auf sich hat, damit klar wird, dass dies keineswegs eine einfache Methode zur Überwindung oder Bewältigung des Schmerzes ist. Im Gegenteil, diese Form von Wachstum und Wandel ist nur möglich, wenn man sich dem Schmerz stellt und sich damit auseinandersetzt. Richard Tedeschi, der Wissenschaftler, der diese Art von Wachstum erstmals feststellte und untersuchte, stellt ausdrücklich klar: »Posttraumatisches Wachstum bedeutet nicht, dass man glücklich ist … sondern geht oft mit Leid einher« (Sarner 2021).

Was genau ist posttraumatisches Wachstum also? Die renommierten PTW-Forscher Richard Tedeschi und Lawrence Calhoun definieren es als »positive psychologische Veränderung, die durch die Bewältigung äußerst schwieriger Lebensumstände zustande kommt.«

In diesem Zusammenhang ist zwischen Resilienz und PTW zu unterscheiden. Resilienz bezieht sich in der Regel auf die Fähigkeit, Schicksalsschlägen die Stirn zu bieten und trotz Widrigkeiten psychisch gesund zu bleiben. Im Falle von PTW wurde das Weltbild der Betroffenen so erschüttert, dass Resilienz unmöglich ist. Sie sind psychisch nicht gesund geblieben und wussten nicht mehr vor noch zurück. Doch ihr Kampf und ihre Neuausrichtung (und nur das) haben bewirkt, dass sie gewachsen sind.

Für diese Liste spielt es keine Rolle, ob du Resilienz oder PTW erlebt hast oder ob du dich gerade mühsam durchs Leben quälst und dich nichts weniger interessieren könnte als die genaue

Definition. Wir möchten dich nur wissen lassen, dass Wachstum meist fünf Lebensbereiche betrifft. Manchmal handelt es sich dabei um posttraumatisches Wachstum, manchmal bedeutet es, dass du in einem Verlust einen Sinn erkennst. Ob du ein solches Wachstum wahrnimmst oder nicht, hat nichts mit Erfolg oder Misserfolg zu tun. Aber wenn du die jeweiligen Bereiche kennst, kannst du deine Trauer interessiert betrachten und dich leichter darauf einlassen.

1

Mehr Wertschätzung für das Leben und/oder Verlagerung der Prioritäten

Wachstum in diesem Bereich könnte bedeuten, dass du …

- das, was du hast, mehr zu schätzen weißt,
- erlebst, dass sich deine Prioritäten verschieben,
- neu definierst, was dir wichtig ist, und
- die kleinen Dinge des Lebens mehr zu schätzen weißt.

2

Offenheit für neue Möglichkeiten im Leben

Wenn man die eigene Verletzlichkeit erkennt und neue Kraft und neue Perspektiven entdeckt, kann das dazu führen, dass man neue oder bedeutungsvollere Entscheidungen für den eigenen Lebensweg trifft.

3

Vertraulichere, innigere oder herzlichere Beziehungen zu anderen

Wir geben gerne zu, dass negative Erfahrungen mit dem Unterstützungssystem nach einem Verlust bislang im Vordergrund standen, aber in Wirklichkeit erleben viele Menschen in der Trauer ganz wundervolle zwischenmenschliche Kontakte. Wachstum in diesem Bereich könnte sich einstellen, wenn du …

- mehr Mitgefühl mit anderen hast,
- Mitgefühl von anderen erfährst,
- dich auf die wirklich wichtigen Beziehungen konzentrieren kannst und diejenigen ignorierst, die schädlich oder nicht zielführend sind,
- spürst, dass du nun weißt, auf wen du wirklich zählen kannst,
- erkennst, dass du deine Beziehungen wertschätzen solltest.

4

Spirituelles Wachstum

Ganz gleich, ob du dich zum Zeitpunkt des Traumas als religiös betrachtet hast oder nicht – wenn man mit existenziellen, spirituellen Fragen zu kämpfen hat, entsteht oft ein tieferer, ausgeprägterer Sinn für Glauben und Verstehen. Dieses Wachstum kommt dadurch zustande, dass man begreifen will.

(5)

Das Gefühl, stärker geworden zu sein (oder die eigene Stärke entdeckt zu haben)

Viele Menschen haben das Gefühl, dass sie allem gewachsen sind, wenn sie ihren Verlust überstanden haben. Wachstum in diesem Bereich kann sich folgenderweise äußern:

- Du meinst, dich besser im Griff zu haben und emotional ausgeglichener zu sein.
- Es gelingt dir besser, Aufgaben und Herausforderungen zu bewältigen und dich anzupassen.
- Du bist in schweren Phasen zuversichtlicher.
- Du bekommst das Gefühl, eigenständiger zu sein und mehr Selbstvertrauen zu haben.

WEITERE LISTEN ZU DIESEM THEMA:

6 Gründe, wieso die Trauer deine Prioritäten verschieben kann, Seite 181

3 existenzielle Fragen, die ein Verlust aufwerfen kann, Seite 185

Deine eigene Liste: Was ist deine Identität? (Eine Vorher-nachher-Liste), Seite 189

16

Fragen, mit denen du deine Trauergeschichte besser verstehst

»Leben heißt leiden, überleben heißt, im Leiden einen Sinn zu finden.«

GORDON ALLPORT

Dein großes, schönes, scheußliches, chaotisches und kompliziertes Leben besteht aus Milliarden von einzelnen Augenblicken.

Diese Augenblicke haben die Geschichte geprägt, die du darüber erzählst, was du getan hast, wo du warst, was du glaubst, wen du liebst, was du tust, wohin du gehst, was wichtig war und was nicht, was du dir erhoffst und was du fürchtest, wann du Erfolg hattest, wann du versagt hast und wer du bist. Welcher Verlust dich auch zu diesem Buch geführt haben mag, er ist in dein Leben eingebrochen, und höchstwahrscheinlich ist dir immer noch nicht ganz klar, was er für dich und deine Geschichte bedeutet.

Nach einem schweren Verlust erscheint es oft verlockend, in der Vergangenheit zu leben – sich zu wünschen, es wäre anders gekommen, darüber zu klagen, wie unfair alles ist, jede Entscheidung auseinanderzunehmen, um zu ermitteln, was schiefgegangen ist oder was man hätte anders machen können, sich vorzustellen, wie das Leben jetzt aussähe, wenn die Vergangenheit nach den eigenen Wünschen verlaufen wäre. Doch wir alle müssen früher oder später »die Hoffnung auf eine bessere Vergangenheit aufgeben«, so Irvin Yalom, der Begründer der Existenziellen Psychotherapie (Yalom 1989).

Du kannst die Fakten deiner Geschichte nicht ändern, du kannst deinen Verlust nicht ändern. Aber du kannst diesen Verlust zu einem Teil dessen machen, was du jetzt bist, und entscheiden, was er in Zukunft für dich bedeuten wird. Man könnte versucht sein, sich das Leben als Reihe von Ereignissen vorzustellen, die dir widerfahren; die eigene Geschichte wäre dann ein Bericht über diese Ereignisse. Aber so einfach ist es nicht. Du wirst nicht nur durch das geprägt, was dir widerfährt, sondern auch durch den Sinn, den du in deinen Erlebnissen siehst.

Es gibt die Geschichte, die du bis zu diesem Augenblick gelebt hast, und die Geschichte, die du aktuell lebst, erzählst und schaffst. Du erzählst sie nicht nur, sondern schreibst sie auch. Wie du die Geschichte deiner Vergangenheit und deiner Gegenwart verstehst, gestaltet die Zukunft, die sich noch herausbilden wird.

Deine Trauergeschichte schreibst du selbst. Es gibt keine allgemeingültige Liste mit Fragen, die du abarbeiten kannst, um deiner Vergangenheit einen Sinn zuzumessen und zu ermitteln, was sie für deine Zukunft bedeuten wird. Dieser Prozess wird ständig weiterlaufen und sich weiterentwickeln. Wir beide haben Verluste erlebt, die zum Teil schon Jahrzehnte zurückliegen und mit denen wir uns immer noch befassen. Wir trauern erneut darum und sehen ihre Rolle und ihre Bedeutung für unser Leben immer wieder mit anderen Augen. Deine Trauergeschichte wird niemals enden, denn dein Verlust ist mit deiner Identität und deinem Leben verflochten, und beides wächst weiter.

Diese Fragen sind ein Einstieg in die Auseinandersetzung mit deiner Geschichte. Du kannst sie verwenden oder auch nicht, ganz wie du willst. Ergänze die Liste. Sieh sie dir alle paar Monate oder alle paar Jahre noch einmal an.

1. Wer warst du vor deinem Verlust?
2. Wer bist du jetzt?
3. Was hast du verloren?
4. Was hast du vor deinem Verlust über dich geglaubt, glaubst es jetzt aber nicht mehr?
5. Was hast du vorher nicht über dich geglaubt, glaubst es aber jetzt?
6. Was hast du vor deinem Verlust über andere Menschen geglaubt, glaubst es jetzt aber nicht mehr?
7. Was hast du vorher nicht über andere Menschen geglaubt, glaubst es aber jetzt?
8. Was hast du vor deinem Verlust über die Welt geglaubt, glaubst es jetzt aber nicht mehr?
9. Was hast du vorher nicht über die Welt geglaubt, glaubst es aber jetzt?
10. Was war dir vor deinem Verlust wichtig, ist es jetzt aber nicht mehr?
11. Was war dir vorher nicht wichtig, ist es aber jetzt?
12. Wenn du mit deinem jetzigen Wissen zu dem Zeitpunkt des Verlusts zurückreisen könntest, was würdest du dir sagen?
13. Was hat dir der Verlust gegeben oder deutlich gemacht?
14. Was hat dir der Verlust genommen, womit du nicht gerechnet hättest?
15. Hat der Verlust deinem Leben einen neuen Sinn gegeben oder ein Wachstum bewirkt?
16. Welche Veränderung in deinem Leben würdest du gerne sehen, wenn du in zehn Jahren auf deinen Verlust zurückschaust?

DEINE EIGENE LISTE

Was hoffst du?

Viele Leute denken fälschlicherweise, Hoffnung sei erst möglich, wenn die Trauer vorbei ist. Aber wenn man genauer darüber nachdenkt, ist das unlogisch. Hoffnung muss auch in der Trauer bestehen, denn nur wenn es dunkel ist, sehnt man sich nach Licht. Hoffnung besteht, weil man im Leid verloren ist; und einen Weg hinaus findet man nur, wenn man die Hoffnung hat, dass es diesen Weg gibt.

Natürlich hat man manchmal das Gefühl, alle Hoffnung sei verloren. Hoffnungslosigkeit ist bei Trauernden weit verbreitet und ehrlich gesagt verständlich, denn Hoffnung bedeutet, dass man sich etwas wünscht und damit rechnet, dass dieser Wunsch in Erfüllung gehen könnte. Somit stellt sich die Frage, ob du ernsthaft damit rechnen kannst, dass sich deine Hoffnungen erfüllen. Ein Verlust lehrt dich nämlich, mit deinen Erwartungen und Wünschen vorsichtig zu sein. Und wenn sich Zweifel daran regen, dass du das, was du willst oder brauchst, jemals bekommen wirst, kann es sein, dass du die Hoffnung verlierst.

Aber die Hoffnung verschwindet niemals ganz. Sie ist immer da, wenn man dafür bereit ist. Und da du zu diesem Buch gegriffen und es bis zum Ende durchgelesen hast, gehen wir davon aus, dass du bereit bist. Allerdings ist die Hoffnung manchmal schwer zu erkennen, weil sie nicht so aussieht, wie man sie sich gemeinhin vorstellt. In der Trauer ist Hoffnung kein wohlig-warmes Gefühl, das dich aufmuntert und über deine Sorgen hinwegschweben lässt. Die Hoffnung nach einem Verlust ist vielmehr zäh und robust, eine Hoffnung, die sich trotz extremer Unsicherheit und Zweifel nicht unterkriegen lässt. Diese Art von Hoffnung weiß, was du durchgemacht hast, womit sie es aufnehmen muss, wann sie besser schweigt und wann sie leise »Vielleicht« flüstern kann.

Unser sehnlichster Wunsch ist, dass du hoffnungsvoll in die Zukunft blicken kannst. Ob deine Hoffnungen nun groß oder klein sind – solange du dir vorstellen kannst, dass es dir irgendwann besser geht, ist Hoffnung da. Aber natürlich ist uns klar, dass du vielleicht gar nicht mehr weißt, was du dir erhoffst. Du hast dich verändert – dein Leben, deine Beziehungen und deine Zukunft haben sich verändert –, deshalb sind natürlich auch deine Hoffnungen und Träume nicht mehr die gleichen.

So gehst du vor:

- Nimm dir ein Blatt Papier und einen Stift. Schreibe: »Ich hoffe …«, und beende diesen Satz.
- Schreibe viele weitere Hoffnungen auf.
- Halte große und kleine Dinge fest.
- Schreibe auf, was dein Leben lebenswerter machen würde.
- Schreibe auf, was zu deinen Werten passt.
- Schreibe auf, was bewirken könnte, dass du dich wohlfühlst oder Freude, Verbundenheit, Liebe oder Frieden verspürst.
- Führe die Liste fort, bis dir nichts mehr einfällt.

Bibliografie

Alimujiang, A., Wiensch, A., Boss, J. et al.: »Association Between Life Purpose and Mortality Among US Adults Older Than 50 Years.« *JAMA Network Open*, 3/2(5) (2019): e194270.

Barlow, D. H.: *Anxiety and Its Disorders: The Nature and Treatment of Anxiety and Panic*. New York: Guilford Press 1988.

Boelen, P. A.: »Self-identity after Bereavement: Reduced Self-Clarity and Loss-Centrality in Emotional Problems after the Death of a Loved One.« *Journal of Nervous and Mental Disease,* 205 (5), 2017, 405–408.

Bonanno, G. A.: *Die andere Seite der Trauer – Verlustschmerz und Trauma aus eigener Kraft überwinden*. Bielefeld: Aisthesis 2012.

Boss, P.: *Verlust, Trauma und Resilienz – Die therapeutische Arbeit mit dem »uneindeutigen Verlust«*. Stuttgart: Klett-Cotta 2008.

Bowlby, J. und Parkes, C. M.: »Separation and Loss within the Family.« In *The Child in His Family: International Yearbook of Child Psychiatry and Allied Professions*, hrsg. v. E. J. Anthony und C. Koupernik: 197–216. New York: Wiley 1970.

Brown, B.: »Shame Resilience Theory: A Grounded Theory Study on Women and Shame.« *Families in Society* 87, Nr. 1 (Januar 2006): 43–52.

Bruce, E. und Schultz, C.: »Non-finite Loss and Challenges to Communication between Parents and Professionals.« *British Journal of Special Education* 29, Nr. 1 (März 2002), www.mdpi.com/2076-0760/11/11/518.

Carroll, L.: *Alice im Wunderland.* Aus dem Englischen von Christian Enzensberger, Frankfurt am Main: Insel Verlag 1963.

Center for Prolonged Grief – Website. Columbia University School of Social Work. https://prolongedgrief.columbia.edu/professionals/complicated-grief-professionals/overview.

Cigna: »2020 U.S. Report: Loneliness and the Workplace Survey« (2020), www.cigna.com/static/www-cigna-com/docs/about-us/newsroom/studies-and-reports/combatting-loneliness/cigna-2020-loneliness-factsheet.pdf.

Corrigan, P.W. und Rao, D.: »On the Self-Stigma of Mental Illness: Stages, Disclosure, and Strategies for Change.« *Canadian Journal of Psychiatry* 57, Nr. 8 (2012): 464–469.

Didion, J.: *Das Jahr magischen Denkens.* Berlin: Ullstein Taschenbuch 2021.

Dimidjian, S., Barrera jr., M., Martell, C., Muñoz, R.F. und Lewinsohn, P.M.: »The Origins and Current status of Behavioral Activation Treatments for Depression.« *Annual Review of Clinical Psychology*, Nr. 7 (2011): 1–38.

Doka, K.J.: *Disenfranchised Grief: New Directions, Challenges, and Strategies for Practice.* Champaign, Illinois: Research Press 2002.

Eisma, M.C., Stroebe, M.S., Schut, H.A.W., van den Bout, J., Boelen, P.A. und Stroebe, W.: »Development and Psychometric Evaluation of the Utrecht Grief Rumination Scale.« *Journal of Psychopathology and Behavioral Assessment* 36, Nr. 1 (2014): 165–176.

Eisma, M.C., Stroebe, M.S., Schut, H.A. W., Stroebe, W., Boelen, P.A. und van den Bout, J.: »Avoidance Processes Mediate the Relationship Between Rumination and Symptoms of Complicated Grief and Depression Following Loss.« *Journal of Abnormal Psychology* 122, Nr. 4 (2013): 961–970.

Enright, R.D. und North, J. (Hg.): *Exploring Forgiveness.* Madison, WI: University of Wisconsin Press 1998.

Enright, R.D. und Hildenbrand, A.: *Vergebung als Chance. Neuen Mut fürs Leben finden.* Bern: Huber 2006.

Frankl, V.E.: *… trotzdem Ja zum Leben sagen: Ein Psychologe erlebt das Konzentrationslager.* 13. Auflage. München: Penguin 2018.

Freud, S.: »Die Abwehr-Neuro-Psychosen (1894).« In *Gesammelte Werke* Band I, Frankfurt am Main: Fischer Verlag 2010.

–, *Trauer und Melancholie,* ebenda, Band X.

Grimm, J. und Grimm, W.: »Sehnsucht.« *Deutsches Wörterbuch.* München: dtv 1984. Nachdruck des Deutschen Wörterbuchs von J. Grimm und W. Grimm, Leipzig: Hirzel 1854–1871.

Hayes, S. C.: *Kurswechsel im Kopf: Von der Kunst anzunehmen, was ist, und innerlich frei zu werden.* Weinheim: Beltz 2020.

Hibberd, R., Elwood, L. S., und Galovski, T. E.: »Risk and Protective Factors for Posttraumatic Stress Disorder, Prolonged Grief, and Depression in Survivors of the Violent Death of a Loved One.« *Journal of Loss and Trauma* 15, Nr. 5 (2010): 426–447.

Holt-Lunstad, J.: »Social Isolation and Health.« *Health Affairs* (21. Juni 2020), www.healthaffairs.org/do/10.1377/hpb20200622.253235/full.

Holt-Lunstad, J., Smith, T. B., Baker, M., Harris, T., und Stephenson, D.: »Loneliness and Social Isolation as Risk Factors for Mortality: A Meta-analytic Review.« *Perspectives on Psychological Science* 10, Nr. 2 (2015): 227–237.

Kashdan, T. B. & Ciarrochi, J. (Eds.).: Mindfulness, acceptance, and positive psychology: The seven foundations of well-being. Oakland: Context Press 2013

Kierkegaard, S.: *Furcht und Zittern. Dialektische Lyrik von Johannes de Silentio,* hrsg. v. von Liselotte Richter. Hamburg: CEP Europäische Verlagsanstalt 2016.

Klass, D., Silverman, P. R. und Nickman, S. L.: *Continuing Bonds: New Understandings of Grief.* Washington, DC: Taylor and Francis 1996.

Klass, D. und Steffen, E.: *Continuing Bonds in Bereavement: New Directions for Research and Practice.* New York: Routledge, Taylor & Francis Group 2018.

Kray, L. J., George, L. G., Liljenquist, K. A., Galinsky, A. D., Tetlock, P. E., und Roese, N. J.: »From What Might Have Been to What Must Have Been: Counterfactual Thinking Creates Meaning.« *Journal of Personality and Social Psychology* 98, Nr. 1 (Januar 2010): 106–118.

Kübler-Ross, E.: *Interviews mit Sterbenden.* Freiburg im Breisgau: Verlag Kreuz 2014.

Kübler-Ross, E. und Kessler, D.: *Dem Leben neu vertrauen: Den Sinn des Trauerns durch fünf Stadien des Verlustes finden.* Freiburg im Breisgau: Verlag Kreuz 2006.

Lazarus, R.S. und Folkman, S.: *Stress, Appraisal, and Coping.* New York: Springer 1984.

Lewis, C.S.: *Über die Trauer.* Berlin: Insel Verlag 2009.

Lindemann, E.: »Symptomatology and Management of Acute Grief.« Erstmals veröffentlicht 1944. *American Journal of Psychiatry,* Nr. 151, Nr. 6 Beilage (1994): 155–160.

Loewenstein, G.: »Hot-Cold Empathy Gaps and Medical Decision Making« (PDF). *Health Psychology,* Nr. 24/4 (2005), Suppl.: S49–S56.

Maciejewski, P.K., Zhang, B., Block, S.D., und Prigerson, H.G.: »An Empirical Examination of the Stage Theory of Grief.« *JAMA* 297, Nr. 7 (21.2.2007): 716–723. https://doi.org/10.1001/jama.297.7.716.

Mezzacappa, E.S.: »Epinephrine, Arousal, and Emotion: A New Look at Two-Factor Theory.« *Cognition & Emotion* 13, Nr. 2 (1999): 181–199.

Neal, D.T., Wood, W., und Quinn, J.M.: »Habits – A Repeat Performance.« *Current Directions in Psychological Science* 15, Nr. 4 (2006): 198–202.

Newman, M.G. und Llera, S.J.: »A Novel Theory of Experiential Avoidance in Generalized Anxiety Disorder: A Review and Synthesis of Research Supporting a Contrast Avoidance Model of Worry.« *Clinical Psychology Review* 31, Nr. 3 (April 2011): 371–382.

Nolen-Hoeksema, S., Wisco, B.E., und Lyubomirsky, S.: »Rethinking Rumination.« *Perspectives on Psychological Science* 3, Nr. 5 (2008): 400–424.

Norton, M.I. und Gino, F.: »Rituals Alleviate Grieving for Loved Ones, Lovers, and Lotteries.« *Journal of Experimental Psychology.* General 143, Nr. 1 (Februar 2014): 266–272.

O'Connor, M.-F. und Sussman, T.: »Developing the Yearning in Situations of Loss Scale: Convergent and Discriminant Validity for Bereavement, Romantic Breakup, and Homesickness.« *Death Studies* 38 (2014): 450–458.

Oxford University Press: »Yearn«. Lexico.com (2021), www.dictionary.com/browse/yearn.

Perlman, D. und Peplau, L.: »Loneliness«. In *Encyclopedia of Mental Health,* Band 2, hrsg.v. H.S. Friedman, 571–581. San Diego: Academic Press 1998.

Rando, T.A.: *How to Go on Living When Someone You Love Dies.* New York: Bantam Books 1991.

–, Treatment of Complicated Mourning. *Champaign, Illinois: Research Press* 1992.

Rubin, S.S.: »The Two-Track Model of Bereavement: Overview, Retrospect, and Prospect.« *Death Studies* 23, Nr. 8 (1999): 681–714.

Sarner, M.: »Post-traumatic Growth: The Woman Who Learned to Live a Profoundly Good Life After Loss.« *Guardian,* 11. Mai 2021. www.theguardian.com/lifeandstyle/2021/may/ll/post-traumatic-growth-the-woman-who-learned-to-live-a-profoundly-good-life-after-loss.

Seligman, M.E.P.: Pessimisten küsst man nicht: Optimismus kann man lernen. *München: Droemer Knaur 2001.*

–, *Wie wir aufblühen: Die fünf Säulen des persönlichen Wohlbefindens.* München: Goldmann 2015.

Shear, M.K.: »Complicated Grief.« *New England Journal of Medicine* 372, Nr. 2 (2015): 153–160.

Smeets, E., Neff, K., Alberts, H., und Peters, M.: »Meeting Suffering with Kindness: Effects of a Brief Self-Compassion Intervention for Female College Students.« *Journal of Clinical Psychology* 70, Nr. 9 (September 2014): 794–807.

Stroebe, M. und Schut, H.: »The Dual Process Model of Coping with Bereavement: Rationale and Description.« *Death Studies* 23, Nr. 3 (1999): 197–224.

Stroebe, M., Boelen, P.A., van den Hout, M., Stroebe, W., Salemink, E., und van den Bout, J.: »Ruminative Coping as Avoidance: A Reinterpretation of Its Function in Adjustment to Bereavement.« *European Archives of Psychiatry and Clinical Neuroscience* 257, Nr. 8 (2007): 462–472.

Tedeschi, R.G., Shakespeare-Finch, J., Taku, K., und Calhoun, L.G.:

»Theories Related to Posttraumatic Growth.« In *Posttraumatic Growth*: 60–80. New York: Routledge, 2018.

Tilghman-Osborne, C., Cole, D.A., und Felton, J.W.: »Definition and Measurement of Guilt: Implications for Clinical Research and Practice.« *Clinical Psychology Review* 30, Nr. 5 (2010): 536–546.

»Understanding the Stress Response.« Harvard Health Publishing (6.7.2020), www.health.harvard.edu/staying-healthy/understanding-the-stress-response.

VanderBos, G.: *APA Dictionary of Psychology.* 2. Auflage. Washington, DC: American Psychological Association, 2015.

Wade, N. G., Hoyt, W.T., Kidwell, J. E. M., und Worthington jr., E. L.: »Efficacy of Psychotherapeutic Interventions to Promote Forgiveness: A Meta-Analysis.« *Journal of Consulting and Clinical Psychology*, Nr. 82/1 (2014): 154–170.

Warren, F.: »Tell Me a Secret.« Reportage von L. Cowan, produziert von A. Shavelson. *Sunday Morning,* CBS (28.4.2019), www.cbsnews.com/news/postsecret-private-secrets-anonymously-shared-with-the-world.

Weiten, W., und McCann, D.: *Psychology: Themes and Variations.* 7. Auflage. Toronto: Nelson 2006.

Wood, W., Quinn, J. M., und Kashy, D.A.: »Habits in Everyday Life: Thought, Emotion, and Action.« *Journal of Personality and Social Psychology 83,* Nr. 6 (2002): 1281–1297.

Worden, J.W.: *Beratung und Therapie in Trauerfällen: Ein Handbuch.* 5. Auflage. Göttingen: Hogrefe 2017.

Worthington, E.: »REACH Forgiveness« (2023), www.evworthington-forgiveness.com/reach-forgiveness. Siehe zum Beispiel auch Beucher, S.: »REACH Prozess – eine Übung« (o. D.), https://paarlament.de/wp-content/uploads/2021/10/PAARLAMENT-Versoehnung.pdf.

Yalom, I. D.: *Existenzielle Psychotherapie.* Köln: Edition Humanistische Psychologie 1989.

Zhou, X., Wildschut, T., Sedikides, C., Chen, X., und Vingerhoets, A. J.: »Heartwarming Memories: Nostalgia Maintains Physiological Comfort.« *Emotion* 12, Nr. 4 (August 2012): 678–684.

Die Liste mit Listen

Teil eins: Grundlegendes zur Trauer

Teil zwei: Das breite Spektrum der Trauer

Teil drei: Umgang mit Trauer

Register

Danksagungen

Ein dickes Dankeschön an alle, ohne die dieses Buch nicht entstanden wäre:

Eleanors Mutter und Litsas Vater, die schon gestorben waren, als wir beide mit dieser Arbeit begannen. Wir sind so dankbar für das, was uns euer Leben und euer Tod über das Leben und den Verlust gelehrt haben, obwohl wir dieses Wissen, unsere Karrieren und dieses Buch selbstverständlich sofort hergeben würden, wenn wir euch dafür zurückbekommen könnten.

Unsere Freunde und Angehörigen, die uns seit den Anfängen von *What's Your Grief* unterstützt haben. Als wir noch ein Blog waren, der von 25 Personen gelesen wurde, waren darunter 20 von euch. Ob das uns zum Gefallen war oder weil ihr uns ernst genommen habt oder ein bisschen von beidem – ihr wart da, und das bedeutete uns alles.

Alle, die unsere Website *What's Your Grief* lesen. Ihr habt *What's Your Grief* von Anfang an zusammen mit uns gestaltet. Im tiefsten Schmerz habt ihr uns eure Geschichten anvertraut, uns ermutigt, unsere Arbeit geteilt und euch gegenseitig unterstützt. Wir sind unendlich glücklich, dass wir so viele von euch als *Trauerfreunde* bezeichnen dürfen.

Das Team von Quirk Books, das uns dieses Buch zugetraut hat. Vielen Dank für euer Engagement, euren Fleiß und eure Geduld, während wir uns zum ersten Mal damit auseinandergesetzt haben, wie ein Buch zustande kommt.

Unsere Ehemänner, Partner und Kinder, die im letzten Jahr viel aushalten mussten. Unsere Irrwege, Ängste und Selbstzweifel im Zusammenhang mit diesem Buch habt ihr anstandslos über euch ergehen lassen. Danke, dass ihr uns beruhigt habt und mehr Vertrauen in uns hattet als wir in uns selbst. Wir lieben euch.

Über die Autorinnen

Eleanor Haley, MS, und Litsa Williams, MA, LCSW-C (klinische Sozialarbeiterin), haben gemeinsam die Online-Trauercommunity *What's Your Grief* gegründet. Die beiden sind im Bereich der psychischen Gesundheit tätig und haben zusammen mehr als 25 Jahre Erfahrung in der Arbeit mit Menschen, die die verschiedensten komplizierten Verluste und Lebensbrüche bewältigen müssen.

Eleanor und Litsa lernten sich in Baltimore kennen, wo sie Familien betreuten, die Angehörige durch traumatische und unerwartete Todesfälle verloren hatten. Beide hatten selbst Verlust erlebt und waren frustriert, weil sie keine geeigneten Trauerressourcen fanden, die sie selbst gerne genutzt hätten oder ihren Klienten empfehlen konnten. Nach jahrelangem Ärger gründeten sie schließlich *What's Your Grief* als Online-Plattform mit dem einfachen Ziel, anderen dabei zu helfen, ihre Verluste besser zu verstehen und zu bewältigen. Sie sprachen offen über ihre eigenen Verluste (und waren überzeugt davon, dass Trauerbegleitung auch ohne geneigte Köpfe und beruhigenden Singsang möglich ist), und ihre Community wuchs ganz von selbst zu einer der größten und meistbesuchten Websites zur Trauerbegleitung, die jährlich von über fünf Millionen Menschen aufgesucht wird.

Eleanor hat an der Loyola University in Maryland ein Masterstudium in Beratungspsychologie abgeschlossen, Litsa einen Master in klinischer Sozialarbeit an der University of Maryland School of Social Work und einen Master in Philosophie an der University of Warwick im Vereinigten Königreich erworben. Ihre Arbeit ist vor allem aufgrund ihrer Fachkenntnisse so wertvoll, doch beide haben zudem als junge Erwachsene Elternteile verloren sowie die traumatische Hirnverletzung eines Geschwisterkinds, Drogenabhängigkeit bei nahen Angehörigen, Scheidungen, den unerwarteten Tod enger Freunde und eine tödliche Überdosis bei einem geliebten Menschen erlebt. Dieses Buch über die Bewältigung von Verlusten jeglicher Art und jeglichen Ausmaßes berührt sie damit längst nicht nur auf beruflicher Ebene.